WER'S GLAUBT, IST SELIG

Rutger Booß

WER'S GLAUBT,

IST SELIG

Eine kurze Geschichte der Wunder und warum wir an sie glauben

SCHWARZKOPF & SCHWARZKOPF

INHALT

WUNDER

Definitionen und Aphorismen

»1. Außergewöhnliches, den Naturgesetzen oder aller Erfahrung widersprechendes und deshalb der unmittelbaren Einwirkung einer göttlichen Macht oder übernatürlichen Kräften zugeschriebenes Geschehen, Ereignis, das Staunen erregt
2. etwas, was in seiner Art, durch sein Maß an Vollkommenheit das Gewohnte, Übliche so weit übertrifft, dass es große Bewunderung, großes Staunen erregt«

DUDEN (2018)

»Man kann nicht elektrisches Licht und Radioapparat benutzen, in Krankheitsfällen moderne medizinische und klinische Mittel in Anspruch nehmen und gleichzeitig an die Geister- und Wunderwelt des Neuen Testaments glauben.«

Rudolf Bultmann, Theologe (1884–1976)

»Das Wunder ist des Glaubens liebstes Kind.«

Johann Wolfgang von Goethe (1749–1832)

»Wunder ist das Ereigniswerden des Unmöglichen.«

Gustav Mensching (1957)

»Wunder gibt es immer wieder
Heute oder morgen
Können sie geschehen
Wunder gibt es immer wieder
Wenn sie dir begegnen
Musst du sie auch sehen.«

Katja Ebstein, Sängerin (1970; 3. Platz beim Grand Prix d'Eurovision de la Chanson)

»Was der eine als ein Wunder erlebt, gehört für den anderen zur Routine seines Alltags.«

Ulrike Popp-Baier, Religionswissenschaftlerin (2007)

»Jesus konnte Wasser in Wein verwandeln. Aber ist es nicht mindestens so erstaunlich, dass der menschliche Körper in der Lage ist, über Nacht aus dem gesamten Wein wieder Wasser zu machen?«

Eckart von Hirschhausen, Arzt und TV-Entertainer (2016)

»Kleines Wunder. In Deutschland kommen so viele Kinder zur Welt wie seit Jahrzehnten nicht mehr.«

Süddeutsche Zeitung (29./30.3.2018)

»Denn das große unzerstörliche Wunder ist der Menschen-Glaube an Wunder, und die größte Geistererscheinung ist die unsrer Geisterfurcht in einem hölzernen Leben voll Mechanik.«

Jean Paul (1763–1825)

»Die Liebhaber lügenhafter Wunder und Weissagungen, ob sie nun bereitwillige Zuhörer oder Verbreiter sind, (…) sind unersättlich, wenn irgendwo Schauergeschichten von Erscheinungen, Totengeistern, Gespenstern, Abgeschiedenen und tausenderlei Wundern dieser Art berichtet werden. Je unwahrscheinlicher sie sind, umso bereitwilliger werden sie geglaubt und umso angenehmer juckt und kitzelt es in den Ohren. Das alles eignet sich nicht nur zum Zeitvertreib, sondern dient sogar dem Erwerb, besonders bei Geistlichen und Predigern.«

Erasmus von Rotterdam (1466–1536)

»Wenn keiner mehr an Wunder glaubt,
dann wird's auch keins mehr geben.
Denn wer der Hoffnung sich beraubt,
dem fehlt das Licht zum Leben.«

Vorweihnachtlicher Bettelbrief
der Diakonie Katastrophenhilfe (14.11.2017)

»Ey, es wär' schön blöd, nicht an Wunder zu glauben
Und es wär' zu schön, um es nicht zu riskier'n«

Wincent Weiss, Popmusiker, Refrain »An Wunder«
(2018; Top 20 der deutschen Single-Charts)

»Was ist Magie? Die Menschen in ihrem Glauben an das Wunderbare nicht zu stören, sondern zu bestärken.«

Erik Jan Hanussen,
Wunderheiler (1889–1933)

»Du bist ein Wunder, so wie ein Wunder
Ein wunder Punkt in meinem Leben
Du bist ein Wunder, so wie ein Wunder
Ein wunder Punkt auf meinem Herz
Ich hab versucht, dich zu vergessen
Doch ich schaff es einfach nicht
Weil man ein Wunder
Das man erlebt hat nie mehr vergisst.«

Wolfgang Petry, Popmusiker,
Refrain »Du bist ein Wunder« (1992)

»Nichts kann ohne Ursache geschehen, und es geschieht nichts, was nicht geschehen kann. Wenn dasjenige geschehen ist, was geschehen konnte, so darf solches nicht für ein Wunder gehalten werden. Also gibt es keine Wunder.«

Marcus Tullius Cicero, römischer Staatsmann
(106 v. Chr. – 43 v. Chr.)

»Wunderbares und Unerhörtes vergrößert das von Fabeln gewährte Vergnügen. Das Wunderbare kann nicht nur angenehm, sondern auch fruchtbar sein. Weiber und niederes Volk muss man durch Fabeln und Wundergeschichten zur Gottesfurcht bringen.«

Strabon, griechischer Historiker
(63 v. Chr. – 23 n. Chr.)

Vorbemerkung

Wunder sind in. Das Buch *Wunder wirken Wunder* des Fernseharztes und Entertainers Eckart von Hirschhausen steht seit Monaten auf der Bestsellerliste. Der US-Film *Wunder* des Regisseurs Stephen Chbosky, der 2017 in die Kinos kam, wurde ein großer Kassenerfolg. Schon durch den sprechenden Namen *Wunderino* weckt ein erfolgreiches deutsches Online-Spielcasino Erwartungen seiner wundergläubigen und spielsüchtigen Kundschaft.

Religiöse Überlieferungen bilden einen großen Schatz wundervoller Geschichten, angefangen von der jüdisch-christlichen Schöpfungsgeschichte bis zu hinduistischen Milchwundern in unserer Zeit.

Jahrhundertelang verfügten die unterschiedlichsten Religionen über das Leben der Menschen mit dem Anspruch der Zuständigkeit für ihr Seelenheil. In der Zukunft drohen eher Algorithmen und Künstliche Intelligenz unsere Existenz zu bestimmen. Nutzen wir doch einfach mal den gesunden Menschenverstand, um uns dem Phänomen der Wunder zu widmen.

Wie sagte schon Altmeister J. W. Goethe: »Das Wunder ist des Glaubens liebstes Kind.«

Vor einigen Jahren untersuchte das Institut für Demoskopie Allensbach das Verhältnis der Deutschen zum Wunder. Die Ergebnisse der Befragung wurden zuerst in der *Frankfurter Allgemeinen* und später von Ulrike Popp-Baier im Rahmen einer wissenschaftlichen Publikation vorgestellt, auf die nachfolgend Bezug genommen wird.[1] 56 % der Befragten beantworteten die Frage »Glauben Sie an Wunder?« mit einem klaren Ja. Dabei zeigten sich Geschlechts- und regionale Unterschiede. Männer waren mit 46 % weniger wundergläubig als Frauen (66 %), 59 % der Westdeutschen stärker wunderaffin als Ostdeutsche (45 %). Die Studie ergab eine bemerkenswerte Zunahme der Wundergläubigkeit. Bei einer ähnlichen Befragung im Jahr 2000 hatten sich nur 29 % zur Wundergläubigkeit bekannt.

»Zur Frage, welche Dinge oder Lebenssituationen sie als Wunder bezeichnen könnten, gaben 67 % der Befragten an, dass die Heilung von einer schweren, scheinbar hoffnungslosen Krankheit als Wunder bezeichnet werden könne, 56 % nannten es ein Wunder, wenn jemand einen schweren Unfall unbeschadet überstehe, 47 % nannten die Rettung aus einer scheinbar aussichtslosen Notlage ein Wunder, ebenfalls 47 % die Geburt eines Menschen und noch 42 % nannten auch die Schönheit der Natur ein Wunder. Außergewöhnliche politische, sportliche oder gesellschaftliche Vorgänge wie das ›Wunder von Bern‹ oder das ›Wirtschaftswunder‹ akzeptierten nur wenige als ›echte Wunder‹.«[2]

Eine Studie in den Niederlanden zeigte, »dass die Akzeptanz christlicher Denkbilder in der Gesamtbevölkerung der Niederlande zwischen 1991 und 2002 ungefähr gleich geblieben ist oder abgenommen hat, mit einer Ausnahme: Der Glaube an Wunder nahm zu. Ungefähr 50 % der Niederländer glaubten an ein Leben nach dem Tod und 40 % der Niederländer glaubten, dass es einen Himmel gebe. Dieser Prozentsatz veränderte sich zwischen 1991 und 2002 nicht. An die reale Existenz von Adam und Eva glaubten 1991 noch 36 % der Niederländer, 2002 waren es nur noch 24 %. Aber an die Möglichkeit religiöser Wunder glaubten 1991 31 %, im Jahr 2002 waren es bereits 43 %. (…) Am stärksten nahm der Glaube an Wunder bei der jüngsten Generation der Kirchenmitglieder zu, bei denjenigen, die 1960 oder später geboren sind. Von ihnen glaubten 1991 50 % an Wunder, 2002 waren es bereits 78 %.«[3]

Kein Wunder, dass bei einer solchen Wunderkonjunktur in den protestantischen Niederlanden ein katholischer Fernsehsender ab 2003 eine Reihe unter dem Titel »Wunder existieren« ausstrahlte. 500 der persönlich erlebten, an den Sender eingesandten Wundergeschichten wurden einer qualitativen Inhaltsanalyse unterzogen. Dabei ergab sich die folgende sehr weit gefasste alltagsorientierte Aufschlüsselung: »Wunderbare Rettung (20 %), besonderes Zeichen im Sinne von Führung oder eines Hinweises (15,4 %), Kontakt mit Verstorbenen (15,2 %), Eintreffen einer Voraussage (10,4 %), Wunderheilung (10 %), Wiederfinden einer verlorenen Person oder eines verlorenen Gegenstandes (7,6 %), Erfüllung eines dringenden Wunsches (7,4 %), Erscheinung einer Person, eines Engels oder eine Vision (5,8 %), Kontakt mit oder Erfahrung einer anderen Wirklichkeit (4,8 %), eigenes wunderbares Auftreten (2,4 %).«[4]

Während christlich motivierter Wunderglaube sich anhaltender Beliebtheit und ganz besonders bei jungen Leuten, bei der Smartphone-Generation, erfreut – das werden wir auch im Verlaufe dieses Buches sehen –, schrumpft das Interesse an christlicher Glaubensbotschaft in Printform unaufhörlich. »2008 verkauften die 37 im Vermarktungsverband *Kompress* zusammengeschlossenen konfessionellen Wochenzeitungen noch 1,16 Millionen Exemplare pro Woche – Ende 2016 waren es nur noch 645.000. Die katholischen Bistumsblätter haben seit 2005 ihre Auflage auf 421.000 Exemplare halbiert. 2017 lag das Durchschnittsalter der Leser bei 70,6 Jahren.«[5] Die Leser der Kirchenpostillen sind treu, aber sterben aus.

Dafür wächst die Zahl der Wunderheiler. Zu Beginn des 21. Jahrhunderts sollen in Deutschland 7.000 Wunderheiler praktiziert und »angeblich insgesamt zwischen 2,5 und 11 Millionen Patienten« beglückt haben. Das jedenfalls behauptet die Evangelische Kirche in einer Studie.[6]

»Hokuspokus – Geld weg! Heiler, Gurus, Scharlatane: Der Boom der Alternativmedizin« überschrieb der *SPIEGEL* vor einigen Monaten eine Titelstory und zog ein deutliches Fazit: »Das Geschäft mit esoterischen Therapien (...) boomt. Gutgläubige Patienten werden dabei mit falschen Hoffnungen geködert, nachweislich wirksame Behandlungen bleiben ungenutzt. Krankenkassen übernehmen für manchen Hokuspokus sogar die Kosten.«[7]

Dieses Buch beschränkt sich weitgehend auf die Darstellung von Wundern in der Geschichte und Gegenwart der großen Religionen und ihrer Anhänger. Uferlos sind die kursierenden Geschichten über UFOs, Kornkreise und Ähnliches. Für die Darstellung esoterischer oder politisch motivierter Verschwörungstheorien (z. B. Chemtrails etc.) war mir die Zeit zu schade. Und Seiten im Netz, auf denen die Begriffe »spirituell«, »authentisch« und »achtsam« ausufernd um Aufmerksamkeit buhlen, erweckten mein größtes Misstrauen und mussten draußen bleiben.

Wie kam ich als Agnostiker auf die Idee, dieses Buch zu schreiben? Im Frühjahr 2017 erregte eine Meldung mein Interesse. Die russische Parlamentarierin Natalja Poklonskaja behauptete, auf der Krim habe eine Statue des letzten russischen Zaren Nikolaus II. echte Tränen geweint. »Das ist ein Wunder, das nicht einmal Wissenschaftler erklären können«, sagte die Anhängerin des russischen Präsidenten Putin, der nach der Besetzung der Krim im Dezember 2014 erklärt hatte, die Krim sei heilige Erde, »vergleichbar mit dem Tempelberg in Jerusalem.« Die russisch-orthodoxe Kirche hatte den Zar im Jahr 2000 als Märtyrer heiliggesprochen. Das passte alles wunderbar zusammen. Wenige Tage nach dem Tränenwunder der Zarenstatue wurde berichtet, eine Lenin-Statue im Zentrum von Wyborg an der finnischen Grenze habe ebenfalls zu weinen begonnen. Spötter sagten, der Revolutionär, der die Hinrichtung der Zarenfamilie angeordnet hatte, mache sich mit Freudentränen über Frau Poklonskajas Treiben lustig.[8]

Der religiöse, wundergläubige Mensch wird in diesem Buch viel Interessantes finden, das er vielleicht noch nicht kennt. Er kann sich an Marienerscheinungen und Stigmatisationswundern sattlesen. Der Wunderskeptiker genießt tiefe Einblicke in eine verstandesferne Welt und hat in jedem Fall ordentlich was zu staunen und zu lachen.

Rutger Booß

1. KAPITEL

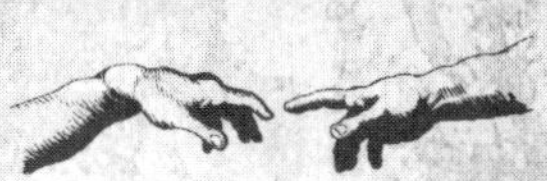

WIE ALLES ANFING

Der erste Mensch wundert sich

Wir wissen, dass der Neandertaler der erste Mensch war, der unser schönes Europa bevölkerte. Das war ca. 200.000 Jahre, bevor unser direkter Vorfahr, der Homo sapiens, aus Afrika kommend, in Europa einwanderte. Wir wissen nicht, wie der stämmige Neandertaler, unser genetischer Cousin, auf Blitz und Donner reagiert hat. Wir wissen auch nicht, wer sich nach dem Zusammentreffen vor ca. 100.000 Jahren mehr gewundert hat: der Neandertalermann oder die Homo-sapiens-Frau. Eins ist jedenfalls bewiesen: Dass sie es miteinander getrieben haben. Nicht im Neandertal bei Düsseldorf, sondern irgendwo im Vorderen Orient. Sonst gäbe es nicht ein bis vier Prozent Neandertalgene in unseren Körpern. Und sonst hätten wir Europäer eine viel dunklere Hautfarbe. Der Sex mit der Homo-sapiens-Frau hat übrigens keineswegs das Aussterben des Neandertalers verhindert. Es war wohl eher der gigantische Vulkanausbruch auf den Phlegräischen Feldern in der Nähe des Vesuvs, der im Bunde mit der Eiszeit um 39.000 v. Chr. zu einem vulkanischen Winter und zum Verlust der Nahrungsgrundlage des Neandertalers führte.

Wir wissen, dass die frühen Menschen, nachdem sie sich geschätzt 13,8 Milliarden Jahre nach der Entstehung der Erde und zwei bis drei Millionen Jahre vor unserer Zeit zu Zweibeinern entwickelt und das Krabbeln auf den Bäumen aufgegeben hatten, am liebsten in Höhlen zurückgezogen haben, um dort vor Sturm und Gewittergetöse und vor wilden Tieren einigermaßen sicher zu sein. Und daher erstaunt es nicht, dass sich in Höhlen in Frankreich, Spanien und auf der indonesischen Insel Sulawesi die ersten schriftlichen Zeugnisse unserer Vorfahren in Gestalt von Höhlenzeichnungen fanden. Die Höhlen sind sozusagen die Archive frühester menschlicher Dokumentationstätigkeit. Und wenn dann so ein Archiv auch noch einstürzt wie der Abri Castanet in der Dordogne und erst Tausende Jahre später aufgeschlossen wird, können sich Scharen von Doktoranden drauf stürzen, um die Felszeichnungen zu dokumentieren und zu interpretieren.

Vor ca. 40.000 Jahren zeichneten die Steinzeitmenschen vorzugsweise Tiere, aber auch wie auf Sulawesi Hände in den Fels. Die Kunsthistoriker halten diese Zeichnungen für die ersten Kunstwerke, die der Homo sapiens geschaffen hat. Uns interessiert aber eher, welche religiöse Bedeutung diese Zeichnungen hatten. Eine Zeit lang glaubte die Wissenschaft, es handele sich bei den Abbildungen großer Tiere um Jagdmagie. Dabei geht es darum, den Erfolg einer Jagd durch Magie zu erzielen. Sei es durch das »Besprechen« von Jagdwaffen mit Zauberformeln, durch spirituelle Verbindung zu den Seelen der Beutetiere oder durch die symbolische erfolgreiche Bejagung mit Pfeil und Bogen. Die neuere Forschung ist der Meinung, dass die bemalten Höhlen eine sakrale Funktion hatten. Große Tiere wie Bisons, Rinder, Mammuts, Nashörner, Löwen und Pferde symbolisieren Lebensmächtigkeit, und der steinzeitliche Mensch befand sich ja nicht auf einer Insel der Seligen, sondern musste sehr hart um sein Überleben kämpfen. Ohne Jagdglück drohte ihm das Verhungern, bei der Jagd selbst ging er ein hohes Risiko ein, sich zu verletzen oder gar zu Tode zu kommen, und er lief Gefahr, selbst zur Beute von Löwen oder Bären zu werden.

Archäologen und Religionswissenschaftler sind sich in der Bewertung einer möglichen Religiosität und eines Wunderglaubens der frühen Menschen durchaus nicht einig. Was soll's. Dem Altsteinzeitler ist es egal, was die wissenschaftliche Spekulation über ihn zu Papier bringt. Woran er geglaubt und worüber er sich gewundert hat, werden wir nie erfahren.

Als die Menschen sich die Götter machten

Der Soziologe Max Weber (1864–1920) hat die Bedeutung des Geisterglaubens für die Entwicklung von Religionen benannt: »Der ›Geist‹ ist zunächst weder Seele, noch Dämon oder gar Gott, sondern dasjenige unbestimmt: materiell und doch unsichtbar, unpersönlich und doch mit einer Art von Wollen ausgestattet gedachte Etwas, welches dem konkreten Wesen seine spezifische Wirkungskraft erst verleiht, in dasselbe hineinfahren und aus ihm – aus dem Werkzeug, welches unbrauchbar wird, aus dem Zauberer, dessen Charisma versagt – auch irgendwie wieder heraus, ins Nichts oder in einen anderen Menschen oder in ein anderes Objekt hineinfahren kann.«[1]

Bei der Entstehung der Religionen gebe es einerseits Götter ohne Eigennamen, »benannt nur nach dem Vorgang, über den sie Gewalt haben«, so Max Weber. Diese Götter erhalten später einen Namen. Es gebe aber auch die Entwicklung, dass »Eigennamen mächtiger Häuptlinge oder Propheten zur Bezeichnung göttlicher Mächte geworden sind, ein Vorgang, aus welchem nun umgekehrt der Mythos wieder das Recht schöpft, reine Götterbezeichnungen zu Personennamen vergötterter Heroen zu machen.«[2]

Der Tübinger Religionswissenschaftler Bernhard Maier hat in seinem 2018 erschienenen Werk *Die Ordnung des Himmels. Eine Geschichte der Religionen von der Steinzeit bis heute* überzeugend dargestellt, dass sich die ersten Vorstellungen von einem göttlichen Wirken »vermutlich auf Schutzgottheiten im persönlichen Umfeld der einzelnen Menschen« bezogen. Im alten Ägypten verehrte man Tauret/Taweret, »die als Göttin der Schwangeren bei den Gefahren der Entbindung und des Kindbetts Hilfe bringen konnte. Dargestellt wurde sie zumeist als aufrecht stehendes trächtiges Nilpferd mit löwenähnlichen Beinen, einem oft löwenähnlichen Kopf und menschlichen Armen und Brüsten.«[3] Auch eine für Liebe, Sexualität und Fortpflanzung zuständige Göttin gab es in den frühen Gesellschaften. »Sie erscheint in sumerischen Texten als Inanna, in akkadischen als Ischtar, in Kleinasien als Schawuschka, in Syrien als Astarte und im frühen Griechenland als Aphrodite.«[4]

In den arbeitsteiligen altorientalischen Gesellschaften dauerte es nicht lange, bis es Gottheiten für einzelne Berufe gab. In Ägypten war der Gott Thot als »Herr des Wissens und Berechnens die Schutzgottheit der schriftkundigen Beamten«, während der Gott Enki/Ea in Mesopotamien als Beschützer der Handwerker galt. Bei den Griechen wurde der Götterhimmel immer differenzierter: Artemis war die Schutzgöttin der Jagd, Hermes beschützte den Handel, Apollo war für Musik und Hephaistos für die Schmiedekunst zuständig.[5]

Als die Menschen sesshaft wurden und von Ackerbau und Viehzucht lebten, schufen sie sich Schutzgötter für gutes Wetter und eine reichliche Ernte. So kamen die Germanen zu ihrem Donnergott Thor/Donar.

Die Sicherung ihres Herrschaftsgebietes war für die Herrschenden schon immer überlebenswichtig. Königliche Herrschaft vollzog sich in göttlichem Auftrag. Eine Art Gottesgnadentum gab es schon in den altorientalischen Reichen. »König Hammurabi von Babylon herrschte im Auftrag des Sonnengottes Schamasch, der zugleich als Hüter der Gerechtigkeit galt.«[6]

Kriege wurden daher unter dem Schutz eines Gottes geführt. (Daran hat sich bis heute nichts geändert.) »Nach dem Willen Ahura Mazdas [des obersten Gottes der Perser] bin ich König«, lässt der Perserkönig Darius I. auf einer Inschrift verkünden. Widerstand gegen den König, dessen Armee zahlreiche Territorien unterworfen hatte, ist quasi Gotteslästerung.[7]

Ausgewählte Schöpfungswunder

Von Enuma Elisch bis zum Fliegenden Spaghettimonster

Wo es dezidierte Gottesvorstellungen gab, gab es auch Kosmogonien, Vorstellungen über die Entstehung der Welt, über Schöpfungswunder. Der alttestamentarische christliche Schöpfungsmythos darf als bekannt vorausgesetzt werden. Nachfolgend einige hübsche andere.

Einer der ältesten bekannten schriftlichen Schöpfungsmythen stammt aus dem Zweistromland. Die Sumerer hielten ihn auf einer Keilschrifttafel fest. In dem um 2.000 v. Chr. verfassten Dokument wird vom Himmelsgott An, von Enil, dem Gründer der Erde, und von Enki, dem König des Ozeans, erzählt, »der eine Weltordnung herstellt, der den sumerischen Bauern fruchtbares Ackerland verschafft, der die Stadt Eridu gründet und der sich selbst am Ufer des Euphrat einen kostbaren Tempel errichtet.«[8]

Im altbabylonischen Schöpfungsmythos Enuma Elisch, geschrieben auf sieben Tontafeln in Keilschrift, »wird geschildert, wie die Erde geschaffen wurde. Apsu (›der Unaufdringliche‹) und Tiamat

(›die sie alle gebar‹), dargestellt als ein Seeungeheuer, sind die ersten Daseinsformen, lange vor der Schöpfung.«[9] »Diese Weltschöpfung selbst ist voll mythischer Wunderereignisse. Mythisch-fantastisch wird das allmächtige Götterwirken ausgeschmückt in diesen Erzählungen, wenn z. B. Marduk aus der besiegten Urmutter Tiamat die Welt gestaltet, Menschen schafft und den Gestirnen ihre Bestimmung zuweist.«[10] Einzelne Wundertaten dienen der Bestätigung der göttlichen Macht. Als ein Gewand vor Marduk hingestellt wird mit der Aufforderung, es zu vernichten und wiederzuerschaffen, wird das Gewand auf Marduks Befehl vernichtet und wiederhergestellt. Das Kraftwort bringt's – wie auch später bei Jesu Wundern.

Wer einmal in Ägypten im Tal der Könige bei Luxor war oder die Pyramiden besucht hat, der hat eine Vorstellung davon bekommen, wie wichtig den alten Ägyptern der Totenkult war. Die Ägypter glaubten an ein Jenseits, das dem Diesseits ähnlich war. Tote galten als besonders schutzbedürftig. Deshalb die Mumifizierung. Den Toten wurden häufig Tonfigürchen beigegeben. Diese sollten im Jenseits Arbeiten verrichten, zu denen der Verstorbene aufgerufen wird.[11]

Altägypten ist zudem reich an Schöpfungsmythen. Jede Stadt hatte ihre eigenen Hauptgötter. Re ist die Mittagssonne im Zenit, Atum, dargestellt als Mann mit Widderkopf, ist die untergehende Sonne des Abends. Auf einem Papyrus wird dargestellt, wie Atum den Luftgott Schu unterstützt, »der seine Tochter Nut, die Himmelsgöttin, über ihren Bruder Geb, die Erde, emporhebt und so der Welt ihre Gestalt gibt. Die mythische Trennung von Himmel und Erde war eine der ägyptischen Erklärungen für den Anfang allen Seins.«[12]

Die ältesten chinesischen Schöpfungsmythen kennen interessanterweise weder einen allmächtigen Schöpfer noch einen göttlichen Willen. Aber sie kennen schon die Trennung von Himmel und Erde. »In der frühesten Version befiehlt der Himmelsgott Zhuan Xu seinen beiden Enkeln Chong und Li für immer den Himmel zu stützen und die Erde nach unten zu drücken, damit der Kosmos nicht ins Chaos zurückkehrt.«[13] Nun wäre noch von Yin und Yang zu reden. »Die Urmaterie hatte die Gestalt eines Hühnereies und teilte sich nach 18.000

Jahren in Himmel und Erde. Zwischen Himmel und Erde wurde daraufhin der Halbgott Pan Gu geboren. Nach neuen Metamorphosen wurde er so göttlich und weise wie Himmel und Erde. Nach 18.000 Jahren bildeten diese drei die Trinität von Himmel, Erde und Mensch, woraus später die drei Herrscher hervorgingen.«[14]

Von geradezu moderner Skepsis geprägt ist der altindische Mythos. Über das Wunder der Schöpfung heißt es im Rigveda (ca. 1200 v. Chr.):

Nicht Nichtsein war damals und nicht das Sein.
Kein Luftraum war, kein Firmament.
Wer hielt die Welt? Wer schloss sie ein?
War es das Wasser im Abgrund?
Nicht Tod war da und nicht das Leben,
nicht Sonne, nicht Mond und nicht die Sterne.
Dann aber kam es zum Seienden.
Das Eine war da. Da war Atem.
Dunkelheit war noch in der Welt,
Das All – ein großes Gewoge.
Da kam das Leben, ein Same, ein Keim,
geboren durch die Macht der Glut.
Zeugungslust aus bloßem Gedanken
Wurde zum ersten Samen.
Sinnende Denker, forschend im Herzen,
verknüpften das Sein mit dem Nichtsein.
Es gab ein Oben. Es gab ein Unten,
getrennt durch eine Schnur.
Oben aber war das Gewähren, unten das Begehren.
Dem Nichtsein verbanden die Denker das Sein.
So wurden die ersten Dinge.
Wer aber weiß das alles gewiss,
wie diese Schöpfung entstanden ist?
Diesseits der Schöpfung sind die Götter.
Doch wo sind sie hergekommen?
Wer weiß, wie dies alles sich begab

und ob es durch Tatkraft geschah?
Ein höchster Gott im Licht des Himmels –
Er weiß es. – Oder weiß er es nicht?[15]

Diesen äußerst rätselhaften Text paraphrasiert der Religionswissenschaftler Bernhard Maier im Jahr 2018 wie folgt: »Die Entstehung der Welt aus einem anfangslosen einheitlichen Urprinzip lehrt der 129. Hymnus des 10. Buches: Bevor das Seiende und das Nichtseiende, Tod und Unsterblichkeit, Sonne und Mond existierten, habe es nur ›das Eine‹ (tad ekam) gegeben. Durch Erhitzung (tapas) sei daraus das Verlangen entstanden, das aus der Einheit die Vielfalt hervorgebracht habe. In den beiden letzten Strophen äußert der Dichter jedoch Zweifel daran, dass irgendjemand etwas Zuverlässiges über die Entstehung der Welt aussagen könne. Da auch die Götter erst im Zuge der Schöpfung entstanden seien, wisse dies vielleicht nur der hier als ›Aufseher‹ bezeichnete oberste Gott im höchsten Himmel – vielleicht aber auch nicht einmal er.«[16]

Das später in den indischen Upanishaden (800–400 v. Chr.) fixierte Schöpfungswunder sah so aus: »Das Brahman, das numinose Ursein, drang mit ›Name und Gestalt‹ in die ungestaltete Weltmaterie ein, sodass die gestaltete Welt entstand.«[17]

In der Theogonie (»Götterentstehung«) des Griechen Hesiod (ca. 700 v. Chr.) finden wir wieder das Motiv des Götterkampfs, das wir schon bei dem babylonischen Weltentstehungsmythos kennengelernt haben. Hesiod erzählt »von einem uranfänglichen Raum (*chaos*), von der Vermählung des Himmels (Uranos) und der Erde (Gaia) und von ihrem jüngsten Sohn Kronos, der seinen Vater mit einer Sichel entmannte, ihm die Herrschaft entriss und seine eigenen Kinder verschlang, um schließlich selbst von seinem Sohn Zeus entmachtet zu werden.«[18] Jetzt wissen wir, was Chaos ist und was für eine gewalttätige Bande die griechischen Götter waren. Von den wunderbaren magischen Verwandlungen des Zeus in Schwan und Stier, um seinen Testosterondruck loszuwerden, brauchen wir nicht zu reden. Das alles ist in Gustav Schwabs *Sagen des Klassischen Altertums* hinlänglich beschrieben.

Wie hielten es denn unsere lieben Vorfahren in den Wäldern Germaniens mit dem Wunder der Weltentstehung? Die Germanen hinterließen unglücklicherweise keine schriftliche Überlieferung, und wir sind auf die Bemerkungen des antiken Historikers Tacitus (~58–~120) angewiesen. Er schrieb: »In alten Liedern, was bei ihnen [den Germanen] die einzige Art geschichtlicher Überlieferung darstellt, feiern sie einen aus der Erde hervorgegangenen Gott Tuisto. Ihm schreiben sie einen Sohn Mannus als Ahnherrn und Gründer ihres Volkes zu, dem Mannus wiederum drei Söhne, nach deren Namen man die dem äußeren Weltmeer zunächst wohnenden Stämme Ingaevonen, die in der Mitte Erminonen und die übrigen Istaevonen nennt.«[19]

Fast 1000 Jahre später entstand wahrscheinlich schon unter christlichem Einfluss die altnordische Voluspá-Saga. Hier lebt im Nichts noch vor der Weltentstehung ein Wesen namens Ymir. Und ein gewisser Bur ist auch schon da. Burs Söhne hoben »die kahle Erde, in der bereits der Weltenbaum Yggdrasil keimte, empor und schufen Midgard, auf der Erde, Sonne, Mond und die Gestirne entstanden, und obwohl die Himmelslichter noch nicht ihren Platz eingenommen hatten, ließ schon der Sonnenschein das erste Gras wachsen.«[20] Die ersten beiden Menschen namens Ask und Empla wurden von drei Göttern, unter ihnen Götterboss Odin, geschaffen. Und zwar aus dem Holz zweier Baumstämme, das die Götter, die ausnahmsweise nicht wie sonst Karten spielten, sondern spazieren gingen, am Meeresstrand fanden.

Ziemlich originell ist auch das Schöpfungswunder, das in dem finnischen Nationalepos *Kalevala* geschildert wird: »In dieser Kosmographie kann das Schöpfungswesen Ilmatar als Wassermutter (auch *Maid der Lüfte* genannt) 700 Jahre lang nicht gebären. In ihrer Verzweiflung ruft sie Ukko, den Donnergott, den Herrn des Himmels, zur Hilfe. Der schickt die Taucherente, die auf das Knie der Wassermutter sieben Eier legt. Als diese Eier im Urwasser zerbrechen, werden sie zu Elementen der Welt. Aus den unteren Hälften entsteht die Erde, aus den oberen der Himmel. Aus dem Eigelb wird die Sonne, aus dem Eiweiß der Mond, aus den gesprenkelten Schalen werden Sterne und Wolken. Neun Jahre danach kann Ilmatar gebären. Es entstehen Landvorsprünge, Laichgründe für Fische, glatte Strände, breite Buchten, Inseln und Riffe, Feld und Flur.«[21]

Das Ei als materielle Basis der Weltschöpfung spielt auch im chinesischen Daoismus eine wichtige Rolle. »Im Anfang war das Chaos, Leere, Dunkelheit, unergründliche Tiefe des Ur-Ozeans. Aus dem Chaos entstand das Ur-Ei, das Welten-Ein. Im Ei schlief ein erstes lebendes Wesen: P'an Ku. Der Schlaf dauerte 18.000 Jahre. P'an Ku schlief und schlief und wuchs. Und P'an Ku begann sich zu strecken. Er wachte auf. Das Ei zerbrach.«[22] Und aus dem hellen Teil der Schale wurde Yang, aus dem dunklen Yin. Yang war der helle Himmel, Yin die dunkle Erde. Aufgepasst: Wenn Du, liebe Leserin, lieber Leser, die beiden grafischen Symbole für Yin und Yang irgendwo siehst: Respektiere sie! Das sind die Schalen des Welten-Eis und nicht die Spielerei eines Grafikers, der frisch von einer China-Reise zurückgekommen ist.

Die »Kirche des Fliegenden Spaghettimonsters«, abgekürzt FSM, predigt mit Augenzwinkern ein ganz spezielles Schöpfungswunder. Die Welt sei von dem nicht nachweisbaren Fliegenden Spaghettimonster erschaffen worden. Alle Hinweise auf eine Evolution seien von dem Monster bewusst gestreut worden, um die Menschheit zu verwirren. Das Fliegende Spaghettimonster als solches ähnelt, oberflächlich gesehen, einer Krake. Es besteht aus einem großen Nudelgeflecht mit Fleischbällchen, oben gucken zwei Stielaugen heraus. Pastafaris, die Anhänger dieser Religionsparodie, haben u. a. ein Preisgeld von einer Million Dollar für denjenigen ausgesetzt, »der empirische Beweise erbringen kann, dass Jesus nicht der Sohn des Fliegenden Spaghettimonsters ist.«[23] Die Pastafaris entstanden 2005 in den USA als im Prinzip atheistische Gegenbewegung zu den immer aggressiver auftretenden evangelikalen Kreationisten, die Darwins Evolutionstheorie aus den Schulen verbannen wollen. Die Pastafaris verstehen sich als eine Weltanschauungsgemeinschaft. »Dabei sehen wir diese satirisch-kritische Religion als völlig gleichberechtigt mit anderen Religionen. Unser Ziel«, heißt es in ihrer Selbstdarstellung, »ist die Förderung wissenschaftlicher Weltanschauungen, unsere Religion ein Mittel, um dies zu erreichen.«[24]

Zum parodistischen Gehabe der Pastafaris gehört auch das »Monsterunser«-Gebet, das mit »RAmen« endet, einem Wort für eine in Japan verbreitete Nudelart. Als religiöse Kopfbedeckung gilt den Pastafaris ein Nudelsieb, und sie kämpfen mit unterschiedlichem Erfolg dafür, sich mit Nudelsieb auf dem Kopf auf Passfotos ablichten zu lassen. Die Spaßreligion der Pastafaris findet weltweit immer mehr Anhänger und ist in Deutschland in Form eines gemeinnützigen Vereins organisiert, misstrauisch von den Amtskirchen beäugt.

Jede Ethnie in der Menschheitsgeschichte besitzt ihre eigenen Mythen über die Entstehung der Welt. Die Vielzahl aller Schöpfungswunder kann im Rahmen dieses Buches nicht dargestellt werden. Zum Abschluss dieses Kapitels noch eine Bemerkung, wie Schöpfungsmythen und Wunderglaube zur tödlichen Falle ganzer Völker werden können. Der Aztekengott Quetzalcoatl ist in der Mythologie des mittelamerikanischen Volkes eine Schöpfungsgottheit von weißer Haut. Auch Viracocha, höchster Gott der Inka, ist bärtig und von weißer Hautfarbe. Der Aztekenkönig Montezuma hielt 1519 den marodierenden spanischen Goldsucher Hernan Cortés für den wiederkehrenden Gott Quetzalcoatl. Montezuma und sein Volk bezahlten den Irrtum mit ihrer Vernichtung.

Auch den Inka erging es nicht besser. König Atahualpa traf sich mit den spanischen Eroberern, die sich schwergetan hatten, das gebirgige Reich der Inka überhaupt zu finden. Offensichtlich war der König von dem weißhäutigen und bärtigen Anführer der Fremden zu Pferde (die Inka kannten keine Pferde) beeindruckt. Der ehemalige Schweinehirt Francisco Pizarro aus der spanischen Estremadura legte mit seiner Räuberbande einen Hinterhalt, nahm den König gefangen und ließ ihn 1533 mit der Garotte erdrosseln.

Bei der Entstehung der Erde waren keine Reporter anwesend, die uns Fake News oder Fakt News berichten können. Es darf daher weiter unbeschwert über das Wunder der Schöpfung spekuliert werden. Vielleicht klärt einmal einer, wie sich der Sprung von der unbelebten zur belebten Materie vollzog. Einen ersten Ansatz dazu machen Geomikrobiologen, die sich mit Bakterien auf Steinen beschäftigen. Über die Erforschung des Beginns des Lebens auf der Erde berichtete die

Süddeutsche 2018: »Seit etwa 3,8 Milliarden Jahren gibt es Leben auf der Erde. Die längste Zeit davon war es mikroskopisch, es bestand aus einfachen Einzellern. (…) Lange bevor es Pflanzen gab, haben Bakterien Sauerstoff produziert, ohne den es kein Leben auf der Erde geben würde, wie wir es heute kennen: keine Pflanzen, keine Tiere und keine Menschen.«[25] Aber wovon haben sich die hungrigen Bakterien ernährt? »Dass die ersten Lebewesen Steine gefressen haben, liegt auf der Hand; es gab ja nicht viel anderes«, sagt Kirsten Küsel, Professorin für Geomikrobiologie an der Uni Jena.[26]

2. KAPITEL

BUDDHISMUS

Siddharta Gautama, gehätschelter nordindischer Fürstensohn, ist der Begründer der Religion des Buddhismus. Er lebte in einer Welt, in der »das magische Wunder zu Hause ist und seine Möglichkeit nirgend bezweifelt wird.«[1] Die Lebensdaten sind ungesichert. Früher ging man davon aus, dass der historische Siddharta Gautama von 563 bis 483 v. Chr. lebte, inzwischen wird er fast ein Jahrhundert später verortet, mit einem Todesdatum zwischen 420 und 368 v. Chr.

In einem frühen Text heißt es über den Religionsstifter: »Der Herr ist im Besitze mannigfacher Arten von Wunderkräften: obwohl einer ist er vielfach, obwohl vielfach ist er einer. Er wird sichtbar und unsichtbar; er geht, ohne irgendwo festen Fuß zu fassen, über Mauern, Wälle und Berge wie in der Luft; er taucht auf der Erde auf und nieder wie im Wasser; er schwebt auf dem Wasser, ohne dass es auseinandergeht, wie auf der Erde; er geht mit untergeschlagenen Beinen durch die Luft dahin, wie ein geflügelter Vogel.«[2] Kurzum, die Gesetze der Physik gelten für Buddha nicht. Denn er verfügt über die iddhi, die magischen Kräfte. Darüber hinaus zeichnen Buddha die »zehn Kräfte« aus, ausschließlich Fähigkeiten zu geistiger Erkenntnis. In den alten Pali-Texten, in denen von Buddha die Rede ist, spielt diese Erkenntnis eine weitaus größere Rolle als materielle Wunder.

Mit der Ausbreitung des Buddhismus entstand offenbar die Notwendigkeit, Buddhas Wirksamkeit mit Wundern auszuschmücken. So »wird berichtet, dass der Erhabene an den Ganges kam, der Hochwasser führte. Da er kein Boot zum Übersetzen hatte, wünschte er sich auf die andere Seite und stand alsbald am anderen Ufer.«[3]

Buddha selbst anerkennt nur ein Wunder, nämlich das der Lehre, das wiederum drei große Wunder enthält: »Erleuchtung, erste Predigt und das Eingehen in das Nirvana.«[4]

Der frühe Buddhismus war eine Mönchsreligion. Der sog. Mahayana-Buddhismus wurde zur Religion der Massen und konnte daher auf magische Wunder nicht verzichten. Nun taucht ähnlich wie im Christentum ein Empfängniswunder des Religionsstifters auf. »Klar und bei vollem Bewusstsein ging er, als junger weißer Elefant mit sechs Stoßzähnen, zur rechten Seite in den Leib seiner Mutter ein, als diese gerade Fasttag hielt. Sein Kopf war purpurfarben, die Reihe der Zähne blitzte wie Gold, und er war mit allen Körperteilen wie Gliedern wohlversehen und von vollkommenen Organen.«[5] Auch bei der Geburt des Erhabenen fehlt es nicht an Wundern. Alle »Winde stehen still, alle Quellen und Flüsse hören zu fließen auf, (…) Edelsteinbäume erscheinen, wohlriechendes heißes und kaltes Wasser strömt hervor, aus dem Himalaya kommen junge Löwen in die Stadt Kapilvastu, ohne jemandem etwas zu tun.«[6]

Selbstverständlich begleiten auch Wunder Buddhas Tod. Der Baum, unter den sich der sterbende Buddha niedergelegt hatte, erblüht in voller Schönheit, obwohl es nicht die Zeit der Baumblüte ist; himmlische Harfen erklingen und »nachdem der Herr völlig zur Ruhe gegangen war, da entstand zugleich mit dem völligen Nirvana ein großes Erdbeben, ein furchtbares, Schauder erregendes, und Göttertrommeln erdröhnten.«[7]

Chinesische Wundererzählungen

Das 2012 erschienene Buch *Signs from the Unseen Realm* ist ein 300 Seiten starkes Kompendium buddhistischer Wundererzählungen aus dem frühmittelalterlichen China.[8] Es enthält Erzählungen, die Ereignisse wiedergeben, die irgendjemandem passiert sein sollen. Den Geschichten, die wegen des Buchumfangs hier leider nicht im Einzelnen wiedergegeben werden können, liegen religiöse Praktiken zugrunde, die verbreitet waren und sich im sozialen Gedächtnis des mittelalterlichen China festgesetzt haben. In der Tradition des Mahayana-Buddhismus stehend, sind die Zielgruppe der Erzählungen Laien, nicht Mönche. Die Zuhörer sollen überzeugt, nicht informiert werden.

In den Geschichten geht es um Rettungswunder, um Tod und Rückkehr, Berichte über das Erlebte und die Wiedergeburt. In zahlreichen Erzählungen werden Bestrafungswunder für ein Fehlverhalten gegenüber der Religion geschildert. Zwei Beispiele:

Ein Dieb stahl Münzen aus einem buddhistischen Tempel, um Spielschulden zu bezahlen. Wenig später wurde er krank. Der Vater des Diebes bezweifelte die Gottesnatur Buddhas und stahl, diebisch wie sein Sohn, mit Juwelen besetzte Markisen, die das Geschenk einer Gläubigen für den Tempel waren. Er hängte sich das wertvolle Textil als Schärpe um seinen Leib. Bald zeigten sich Flecken unter der Schärpe, die ersten Zeichen einer Krankheit. Vater und Sohn starben auf elende Weise.[9]

Eine Mutter, ehemals Nonne, stahl eine Textilrolle aus ungefärbter Seide, um daraus Kleidung für ihren Sohn zu schneidern. Doch es war keine gewöhnliche Seidenrolle, sondern das Material eines heiligen Sutratextes. Der Missbrauch führte zu Brandwunden auf der Haut der Diebin. Sie erlitt Höllenqualen und starb innerhalb einer Woche.[10]

Sutras sind als heilige Texte tabuisiert. Schon ihre Bearbeitung wird mit Strafe belegt. Wer an den heiligen Texten herumfummelt, wird während des Schlafes von Geistern heimgesucht.[11]

Die Wundergeschichten haben pädagogische, lebenspraktische und missionarische Funktion. Die Zuhörer werden über den Kosmos ihres Lebens unterrichtet. Das ist besonders in Bezug auf dessen Unsichtbarkeit erforderlich. Mit lebenspraktischen Geboten sollen Glaubensgrundsätze gefestigt werden. Dazu gehören die Essensregeln für Mönche und Nonnen mit der uns heute befremdenden Maßgabe, keine Mahlzeit nach dem Mittag zu sich zu nehmen.

Allein 60 Wundergeschichten preisen das Vegetariertum. In der spirituellen Entwicklung von Mönchen und Laien spielt der Verzicht auf Fleisch und Fisch eine große Rolle. Wer gegen das Abstinenzgebot verstößt, den trifft ein ganz spezielles Fegefeuer, in dem der Ernährungssünder Schreckliches erlebt. In diesem Spezialfeuer werden nämlich Fleischesser hungrigen Hunden zum Fraß vorgeworfen. Einigen Sündern gelingt die Rückkehr in das irdische Leben. Fortan predigen sie den Verzicht auf fleischliche Genüsse.[12]

Wie bei den meisten Religionen stehen die Wunder auch hier im Dienst missionarischer Propaganda. Der Glaube soll durch Wundertaten des Boddhisattva erzeugt oder verstärkt werden. Himmlische

Heerscharen helfen den Frommen, und böse Geister bestrafen die schlechten Menschen. Wer sich an die religiösen Gebote hält, dem wird von guten Geistern geholfen.

Träume, Visionen und Trance sind die Kanäle zum magischen Zugang zu der verborgenen Welt der Geister. Und Artefakte, die göttliche Wesen darstellen, besitzen wie christliche Reliquien wundertätige Funktion.

Bildwunder im Internet-Zeitalter

Dass eine Buddha-Statue auch im Internetzeitalter in China heilsame Wirkung entfaltet, wird durch das Internet mehr als glaubhaft belegt. Hier die hübsche Geschichte vom heilenden Buddha: »Zeng Zuokang, ein in Taiwan lebender pensionierter Lehrer, fand 1989 eine wunderschöne Buddha-Statue in einem Möbelauktionshaus und nahm sie als Wohnzimmerschmuck mit nach Hause. 1992 sah Dr. Yutang Lin bei einem Besuch in Zuokangs Haus die Statue und erbot sich, diese zu weihen, was er dann auch ordnungsgemäß tat.

Am dritten Tag nach dieser Zeremonie erschien Zeng Zuokang am frühen Morgen, während er noch im Bett lag, ein gewaltiges, goldenes Bild des heilenden Buddha. Die Hand des Buddha klopfte kräftig auf Zuokangs Kopf, worauf sich dessen Körper den ganzen Tag über heiß anfühlte; seine Zunge vor allem fühlte sich wie verbrannt an.

Trotzdem war die Empfindung eigentlich wohltuend und angenehm. Am Abend telefonierte er mit Dr. Lin (der gerade in Amerika war) und fragte ihn, was das zu bedeuten habe. Dr. Lin sagte, dass die Weihe den Buddha herbeibeschworen habe und die Begebenheit ein Segen sei.

Daraufhin stellte Zuokang zu Hause einen Altar auf und rezitiert seitdem morgens und abends die Namen Buddhas und das Diamantsutra, verbrennt Weihrauch und verneigt sich vor dem Bild. Auf Anregung von Dr. Lin Zeng verbreitet Zuokang über eine Website kostenlos Fotografien des heilenden Buddhas. Viele Menschen machen wundersame Erfahrungen, wenn sie zu dem heilenden Buddha beten, und einige behaupten, dass sie geheilt wurden.«[13] Das Berührungswunder hat sich zum beliebig reproduzierbaren Heiligenbildchenwunder weiterentwickelt, ohne dass es seine, dem Wunder immanente, Einmaligkeit verloren hat.

Das Wunder des lebenden Leichnams

»Das Wunder des Buddhismus in Sibirien« betitelte das *Russland-Journal* am 13.07.2009 einen Artikel, der Daschi-Dorscho Itigelow, dem geistlichen Oberhaupt der Buddhisten Burjatiens, gewidmet war. Burjatien ist eine russische Republik an der Grenze zur Mongolei. Itigelow wurde 1852 geboren, studierte Philosophie und Medizin und wurde 1911 zum 12. Pandito Hambo Lama (Oberhaupt der russischen Buddhisten) ernannt. In dieser Funktion setzte er sich bis 1917 sehr stark für den Buddhismus im zaristischen Russland ein. »Der Lama Daschi-Dorscho Itigelow schrieb selbst 50 philosophische Werke und ein Standardwerk für die tibetische Pharmakologie und war als einer der erfahrensten Yogis bekannt. Seine Zeitgenossen erinnerten sich, dass er die Menschen durchschauen konnte«, rühmt *RusslandJournal* den buddhistischen Führer.[14]

Für Itigelow brach mit der Oktoberrevolution 1917 und der damit verbundenen Ausbreitung des Atheismus eine schlechte Zeit an. 1926 empfahl er den buddhistischen Mönchen, das Land zu verlassen. Er blieb im Land und starb ein Jahr später. Doch starb er wirklich?

Am 15. Juni 1927 versammelte Itigelow seine Klosterbrüder und teilte ihnen mit, er habe den Entschluss gefasst, in die andere Welt hinüberzugehen. »Er bat sie, ihn nach dreißig Jahren aus dem Grab zu holen. Er werde nicht verwesen. Er soll im Lotussitz meditierend aus der Welt gegangen sein«, berichtet die *Berliner Zeitung* am 18.06.2014.[15] Itigelow wurde in einer Kiste aus Zedernholz begraben. Zedernholz hält bekanntlich Insekten ab und wirkt antibakteriell. Um das Grab wurde ein Entwässerungsgraben gegraben und der Leichnam vermutlich auf Salz gebettet. Salz bindet Wasser.

Mit dem Ende der Sowjetunion kam die Renaissance des Glaubens und Aberglaubens und der Wunder nach Russland zurück. Itigelow wurde im Jahr 2002 exhumiert, und die Leiche war angeblich in einem Zustand, als ob der Tod erst 36 Stunden zurücklag. »Er ist weder einbalsamiert noch mumifiziert«, sagte der Leiter der Moskauer Chemisch-Technischen Universität in einer ZDF-Dokumentation. »Er hat weiche Haut, die dem Druck nachgibt. Die Gelenke sind elastisch. Er reagiert auf die Umgebung, nicht schnell, aber er reagiert. Ab und zu macht er den Mund auf, ab und zu die Augen.« Und weiter: »Wenn ein System von sich aus aktiv ist, dann kann man sagen: Es ist lebendig. Es ist eine Existenzform, von der wir nichts wissen, aber es ist lebendig.«[16]

Der gut erhaltene Mönch sitzt derzeit in einem Glasschrein in einem Kloster im burjatischen Ivolginsk. Die dortigen Mönche freuen sich über den Zustrom der Pilger und erklären, der 1927 vermeintlich Verstorbene habe mit spiritueller Kraft die Grenze zwischen Leben und Tod verschoben. »Im Universum, in der Zeit existiert eine Lücke«, sagte der Klosterchef in der ZDF-Dokumentation. Und das klang wie Albert Einstein. »Itigilow hat diese Lücke gefunden, sein Körper existiert in dieser Lücke, deshalb spielt Zeit für ihn keine Rolle.«[17]

Michael Tsokos, Chef der Rechtsmedizin in der Berliner Charité, ist allerdings von einer neuen Existenzform nicht überzeugt. »Es handelt sich hierbei unzweifelhaft nicht um eine neue Lebensform, sondern um das Phänomen der natürlichen Mumifikation, das wir in der Rechtsmedizin zuweilen sehen.« Und er erklärt die Mund- und Augenbewegungen des vor 90 Jahren Verstorbenen so: »Unter sich ändernden Umgebungstemperaturen können solche postmortalen Bewegungen durchaus stattfinden.«[18]

Eine gründliche rechtsmedizinische Untersuchung lassen die frommen Mönche von Ivolginsk nicht zu. Eigentlich müssten sie daran interessiert sein, ihr einzigartiges Wunder von weltweit renommierten Forschern bestätigen zu lassen. Doch der ständige Zustrom von wundergläubigen Pilgern ist für das Kaff am Rande der mongolischen Steppe einträglicher als akademische Scharmützel.

Das Rettungswunder in der Tham-Luang-Höhle

Zwölf Jungen einer Fußballmannschaft im Alter zwischen elf und 16 Jahren und ihr Trainer stiegen nach dem Training am 23. Juni 2018 in eine bekannte Höhle im Norden Thailands, 54 km von der Provinzhauptstadt Chiang Rai entfernt, ein. Ein Wassereinbruch versperrte ihnen den Rückweg.

In den folgenden Tagen beteten 3000 Jungen und Mädchen der Mae-Prasitsart-Schule auf dem Schulhof im Schneidersitz für ein Rettungswunder. In vielen deutschen Zeitungen wurde eine dpa-Meldung über das Ereignis abgedruckt: »Die Hände haben sie zur buddhistischen Gebetshaltung gefaltet. Buddhisten glauben an Wiedergeburt und daran, dass Handlungen in früheren Leben Auswirkungen auf dieses Leben haben. ›Mögen die Göttin Nang Non, alle ehrwürdigen Wesen, Engel und heiligen Wesen, die wir nicht sehen können, die 13 Leben gehen lassen‹, bitten die Schüler die in der Region verehrte Berggottheit um Hilfe. ›Diese Menschen sind meine Freunde, bitte beschützt sie.‹«[19]

Leider berichtete dpa nicht, was es mit der Göttin Nang Non auf sich hat. Diese Göttin besitzt hier im Goldenen Dreieck und in unmittelbarem Zusammenhang mit der Tham-Luang-Höhle eine magische Qualität: »Die Legende besagt, dass sich in uralten Zeiten eine schöne Prinzessin in einen Stallburschen verliebte und schwanger wurde. Da ihre Liebe verboten war, floh das Paar zur Höhle, um dort zu bleiben. Als der junge Mann auf Nahrungssuche ging, wurde er von der Armee des Vaters der Prinzessin gefangen genommen und getötet. Die verzweifelte Prinzessin erstach sich, und die Legende sagt: Ihr Blut wurde zum Wasser, das durch die Höhle fließt, während ihr Körper die umliegenden Berge bildet, die wie eine schlafende Frau aussehen.«[20]

Nach einer Woche gelang es einem Team von Experten aus Thailand, Großbritannien und Australien, die Jugendlichen in dem Höhlensystem zu finden. Nach 17 Tagen konnte die spektakuläre Rettungsaktion erfolgreich beendet werden. Alle Kinder und ihr

Trainer konnten ohne größere physische Schäden geborgen werden. Ein Rettungstaucher ließ an einem der ersten Tage der Bergungsaktion sein Leben.

Zwei Tage vor dem erfolgreichen Abschluss der Bergung ist in einer Reportage zu lesen: »Überall beten sie jetzt für die Jungen und ihren Trainer, auch unten vor dem großen Berg. Dort hat ein Mönch einen blauen Plastikstuhl in den Schlamm gepflanzt, vor ihm steht ein Tisch mit Metallschüsseln. In einer goldenen Schale hat der Geistliche Zweige mit Betelnüssen aufgehäuft, er greift zu einem Bündel Stroh, taucht es ein in das Wasser und spritzt Richtung Berg, einmal, zweimal, dreimal. Er murmelt religiöse Verse, sein monotoner Gesang hallt durch die Senke, hinüber an die grüne Wand des Berges.«[21] Der Adressat der Gebete des buddhistischen Mönchs im safranfarbenen Gewand sind die Geister. »Die Geister, sagt er, sitzen drüben auf dem Berg in den Wäldern. Und natürlich hocken sie unten in der Höhle, weil sie doch die Sonne scheuen.«[22]

Ohne die Hilfe der Geister bewegt sich nach dem Glauben der Thais nicht viel. Die guten Geister im Verbund mit der Berggöttin und erfahrenen Tauchern, das Ganze dirigiert von der wachsamen königlich thailändischen Militärregierung, bewirkten das von der Weltöffentlichkeit erfreut aufgenommene Rettungswunder mit Happy End. Denn die geretteten Jungen erhielten eine Einladung zum Endspiel der Fußball-WM in Russland. Aus gesundheitlichen Gründen konnten sie der Einladung leider nicht folgen. Stattdessen durften sie als Novizen für ein paar Wochen in ein buddhistisches Kloster einziehen.[23]

Zum Schluss dieses Kapitels noch ein kleines Schmankerl aus der *Chinabuddhismencyclopedia*: »In einer buddhistischen Schrift heißt es, dass ein Asket zu Buddha kam und sagte: ›Ich habe 20 Jahre lang Askese betrieben und kann jetzt über den Fluss schweben.‹ Buddha antwortete: ›Warum, wenn die Fähre nur einen Penny kostet?‹«[24]

3. KAPITEL

HINDUISMUS

Seit Echnaton (gest. 1335 vor unserer Zeitrechnung) gibt es monotheistische Religionen; das Christentum führte die ziemlich komplizierte Dreifaltigkeit ein; der Islam kehrte zum Monotheismus zurück. Es gibt aber eine noch aktive Religion, die ca. 330 Millionen Gottheiten kennt.

Der Hinduismus ist nach Christentum und Islam die drittgrößte Weltreligion mit 850 – 900 Millionen Anhängern. Diese mysteriöse Religion – von manchen nicht als Religion, sondern als Weltanschauung bezeichnet – hat keinen Gründer oder Religionsstifter, kennt keinen Buddha oder Mohammed.

Im Indus-Tal gab es, wie Archäologen festgestellt haben, vor ca. 4000 Jahren eine blühende Zivilisation. Die Menschen verehrten »Tiere, Pflanzen, eine Art Muttergottheit und andere, oft vielköpfig dargestellte Gottheiten. Dieser bunte Götterpantheon vermischte sich um 1800 vor Christus mit den Glaubensvorstellungen eines zentralasiatischen Nomadenvolkes, das in Nordindien eingefallen war: den Ariern. Das Reitervolk brachte kriegerische männliche Götter mit, deren Geschichten in den Veden erzählt werden. Diese uralten Texte prägen bis heute den Hinduismus; es sind die ältesten, aber nicht die einzigen religiösen Schriften der Hindus.«[1] Den originellen, fast schon ironisch zu nennenden Schöpfungsmythos des Rigveda haben wir schon im ersten Kapitel geschildert.

Alles, was je in der Geschichte der Religionen als Wunder bekannt und benannt wurde, findet sich im Hinduismus. Er ist quasi die Wunderreligion par excellence. Bilokation und Telepathie sind normal. Alle magischen Kräfte, die sog. Siddhi, werden aufgefahren. Vorauswissen, Überwindung von Hunger und Durst, Allmacht, Allwissenheit. Siddhi, die besonderen übernatürlichen Kräfte und Fähigkeiten, kann man durch spirituelle Praxis erlangen. Manche Yogis besitzen die Fähigkeit, in den Körper eines toten Menschen überzugehen. Und Totengeister können bewirken, dass die Verstorbenen sich umherbewegen.

Bereits vor dem Christentum gab es im Hinduismus schon das Phänomen der Parthenogenese. Parvati, die Mutter des elefantenköpfigen Gottes Ganesha, erschuf sich ihren Sohn selbst, weil ihr Mann Shiva als Asket ihr den Beischlaf verweigerte. Als Shiva das

Kind sah, das nicht von ihm stammte, schlug er voller Eifersucht dem Kind den Kopf ab. Weil Parvati beim Anblick ihres kopflosen Sohnes eine unermessliche Traurigkeit überfiel, erbarmte sich Shiva seiner Frau und versprach, dem kopflosen Kindskörper den Kopf des ersten vorbeikommenden Lebewesens aufzusetzen. Wie der Zufall es wollte, kam ein Elefant des Weges. So wurde Ganesha zum elefantenköpfigen Gott, von allen Hindus als Sinnbild von Weisheit, Wissenschaft und Wohlstand geehrt.

Bali sperrt die Dämonen aus

Das indonesische Eiland Bali wird nicht zu Unrecht »Insel der Götter« genannt. Hinduistisch-animistischer Wunderglaube und Dämonenfurcht sind hier in schönster Synthese vereint. Vor jedem Hauseingang, vor jeder Boutique, vor jeder Kneipe werden täglich den Göttern kleine Opferschalen mit Blumen, Reis und Früchten präsentiert. Straßenkreuzungen werden versetzt gebaut, um Dämonen den Weg zu versperren. Trotz der schlechten Infrastruktur ist an den Bau gerader Straßen nicht zu denken. Extrem schmale Hauseingänge blockieren den Durchmarsch der Dämonen ins Haus.

Das wichtigste Ritual zur Abwehr böser Überraschungen findet jährlich im Frühjahr statt. Hari Raya Nyepi, das balinesische Frühjahrsfest, wird immer am Tag nach Neumond während der Tag-Nacht-Gleiche im Frühjahr gefeiert. Am Vorabend des Neujahrsfestes werden selbst gebaute monsterähnliche Kreaturen (Ogoh-Ogoh) durch die Dörfer gefahren und anschließend verbrannt. Man fühlt sich an die alemannische Fasenacht erinnert. Die Dämonen werden vertrieben. Am folgenden Tag kehrt absolute Stille über Bali ein, totale Ausgangssperre. Kein Mensch darf auf die Straße, kein Flugzeug darf im internationalen Flughafen Denpasar starten oder landen. Alle Geldautomaten wurden bereits am Vortag abgeschaltet. Radio und Fernsehen sind tot. Den Dämonen, die nach Volksglaube wirkmächtig, aber ziemlich dumm sind, wird so weisgemacht, die ganze Insel sei unbewohnt. Feuerwehrautos und Krankenwagen werden am Vortag von Priestern mit einem Spezialsegen ausgestattet, sodass sie für die Dämonen unsichtbar sind, wenn sie zu Einsätzen über die Insel fahren müssen.[2] Nach 24 Stunden ist der Spuk vorbei. Bali-Reisende aufgepasst: Am 7. März 2019 läuft hier gar nichts. Dann ist nämlich wieder Nyepi.

Die feuerspeienden Götter im Mount Agung

Am Fuß des 3.142 m hohen Vulkans Gunung Agung liegt Balis bedeutendster Tempel Pura Besakih. Die balinesische Mythologie erzählt, dass der Agung in der Vorzeit von den Hindugöttern von Indien nach Bali versetzt und zu ihrem Sitz erkoren wurde. 1963 spuckte der Vulkan ein bisschen Asche und Gesteinsbrocken. Niemand rechnete mit dem Schlimmsten. »Beim Ausbruch kam es zur Katastrophe, mehr als 1100 Menschen starben« schrieb die *Süddeutsche.* »Glühend heiße Gesteinswolken, auch pyroklastische Ströme genannt, rasten den Südostabhang hinunter und töteten allein im Dorf Sebudi Hunderte Bewohner. Weil der Agung als heiliger Berg gilt, hatten die Leute dort ausgeharrt und die Götter noch mit Musik und Gebeten beschworen, bevor sie in den Glutwolken starben.«[3]

Doch es geschah auch ein Wunder. Unmittelbar vor den betenden Massen am Tempel Besakih an der Westseite des Berges beendete der Lavastrom seinen zerstörerischen Lauf.[4] Als im Spätherbst 2017 der balinesische Sitz der Götter wieder zu spucken begann, ließen sich die zuständigen Behörden auf kein Wunder ein und evakuierten Zehntausende.

Das Wunder-Motorrad (»Heiligs Blechle«)

Auf einer Studienreise durch das westindische Rajasthan sah ich in einer Raststätte an einer Fernstraße ein über und über mit Blumen geschmücktes Motorrad auf einem Altar stehen. Auf meine Frage, was denn dieses Motorrad in so einer Fernstraßenraststätte solle, wurde mir folgende Geschichte erzählt. Vor einigen Wochen sei ein Motorradfahrer auf der Straße tödlich verunglückt. Der Tote sei mitsamt seinem Motorrad abtransportiert worden. Am nächsten Tag habe das Motorrad wieder an der Unfallstelle gestanden. Es sei diskret entfernt worden. Aber am nächsten Tag habe es wieder an derselben Stelle gestanden. Man habe es noch einmal entfernt. Und wieder sei das Motorrad an den Unfallort zurückgekehrt. Daraufhin habe man es in die Raststätte verbracht. Ein frisches Wunder in der an Wundern nicht armen indischen Welt. Und ein neuer magischer Ort, an dem vor allem Motorradfahrer dem Zweirad-Wunder Ehrerbietung erweisen. »Heiligs Blechle!« würde der Schwabe sagen.

Das Milchwunder von Delhi

Am 21. September 1995 kam in Indien das Gerücht auf, »dass eine Ganesha-Statue in einem Tempel in Delhi mit ihrem Rüssel oder Stoßzahn Milch trinke. Die Nachricht verbreitete sich wie ein Lauffeuer. Bald hörte man Ähnliches aus allen Landesteilen, lange Schlangen bildeten sich, jeder wollte das Wunder von Ganesha – vergleichbar mit den blutenden Marienstatuen in Italien, Polen oder Irland – sehen. Selbst in Singapur, Hongkong, London oder Hamburg wurde das Phänomen bestätigt. In Delhi sollen an einem Tag 120.000 Liter Milch zusätzlich verkauft worden sein.«[5] Der Verkehr brach in der Hauptstadt und im Norden des Landes zusammen. Auch die Börse wurde geschlossen. Gläubige Hindus strömten in die Tempel, um das Wunder zu erleben, wie Götter die von den Gläubigen dargebrachte Opfergabe tranken. Ganesha sei in diesen Tagen die durstigste aller Gottheiten gewesen.[6] Der Indien-Korrespondent des *Independent* ging davon aus, dass viel Milch verschüttet wurde, um eine Massenhysterie zu erzeugen. Urheber sei ein »heiliger Mann« namens Chandroswami, der unter dem Verdacht stehe, einen Mörder gedeckt zu haben. Chandroswami habe den ganzen Zauber initiiert, um von seiner Anklage abzulenken.

Ein paar Tage später erklärte der oberste Hindu-Priester in London das Wunder für beendet, berichtete Reporter Ralf Neukirch in der *Abendzeitung*. Die Götter hätten jetzt genug Milch getrunken und würden jetzt schlafen.[7]

Die Hindu-Götter haben sich seinerzeit wohl dermaßen viel Milch reingezogen, dass bis heute kein weiteres Milchwunder erforderlich war, um den großen Durst des Elefantenköpfigen und seiner Kollegen zu stillen.

Am Rande: Milchwunder (*lactatio*) gab es schon in der Antike. In der christlichen Mythologie wird aber nicht Jesus oder dem Christengott ein Milchopfer dargebracht. In den meisten Fällen ist es so, dass Maria, die Mutter des Jesus, Erwachsene oder Heilige stillt. Bernhard von Clairvaux versicherte glaubhaft, dass Maria ihm in einer Vision die Brust gegeben habe. Die Milch spendende Maria wurde zum Topos in Legenden und bildlichen Darstellungen. Die »Milch des Glaubens« (vulgo die »Milch der frommen Denkungsart«) wurde sogar Teil der katholischen Eucharistie. In seiner »Dogmatischen Mariologie« von 1850 trieb Johann Heinrich Oswald den Marien-Milch-Kult auf die Spitze. Ein einziger Tropfen von Marias Milch könne das Fegefeuer auslöschen.[8] Diese Vergöttlichung der Marienmilch ging allerdings schon 300 Jahre früher einigen Leuten auf den Geist: Luther schrieb 1537: »Aber ich mag Mariens Brüste noch Milch nicht, denn sie hat mich nicht erlöset noch selig gemachet.«

4. KAPITEL

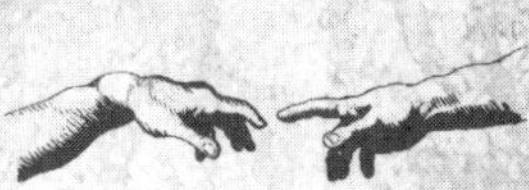

DIE BIBLISCHE WUNDERWELT

Wundergeschichten im Alten Testament

Das Alte Testament ist reich an Wundergeschichten. Sie unterscheiden sich nicht wesentlich von den Wundergeschichten des Neuen Testaments. Jahve, der Gott der israelitischen Volksreligion, gibt den Auserwählten »Zeichen«. Das ist das hebräische Wort für Wunder. Zu unterscheiden sind Wunder, die Jahve selbst bewirkt, von solchen, die durch seine Gottesmänner veranstaltet werden.

Die Herausführung des jüdischen Volkes aus Ägypten steht im Zentrum vieler Wundergeschichten. Plagen sollen den ägyptischen Pharao zur Entlassung Israels bewegen. »Bei den ersten Plagen können die ägyptischen Magier die Wunder noch wiederholen (…), dann jedoch nicht mehr – ein deutlicher Verweis auf die Übermacht Jahves gegenüber den ägyptischen Zauberern und ihren Göttern. Die Errettung Israels am Schilfmeer vor den verfolgenden Ägyptern wird (…) in zwei miteinander verwobenen Wundergeschichten erzählt.«[1] In der bekanntesten teilt Moses durch eine Geste das Wasser des Meeres. Durch die Gasse können die Israeliten unbehelligt hindurchziehen, während die nachfolgenden Ägypter unter einfallenden Wassermassen begraben werden. Während ihres Zuges durch die Wüste werden die Israeliten mit Wachteln und Manna versorgt. Und die Gesetzgebung am Sinai ist mit Naturwundern gespickt, die der jüdische Philosoph Philo schildert: »Alles in der Umgebung des Ortes war, wie es sich von selbst verstand, voller Wunder (2. Mos. 19, 16 ff.): das Getöse von Donnerschlägen, größer als ein Ohr auszuhalten vermag, das helle Aufflammen von Blitzen, der weithin reichende Schall einer unsichtbaren Trompete, eine niederschwebende Wolke, die einer Säule gleich auf dem Boden stand, in dem übrigen Umfang aber bis an den Äther reichte, ein dahinflutendes himmlisches Feuer, das alles ringsum in dichten Rauch einhüllte.«[2]

Und dann gibt es noch Sara, die 90-jährig einen Sohn gebiert, die Verwandlung des Stabs Aarons in eine Schlange, die redende Eselin Bileams, den rückwärts gehenden Zeiger an einer Sonnenuhr, das nicht schwindende Mehl und Öl im Krug der Witwe, von Elia bewirkt, und nicht zu vergessen die von Elischa bewirkte wunderbare Wiederbelebung (durch Mund-zu-Mund-Beatmung) und Speisung.

Marias jungfräuliche Empfängnis

Die Idee der jungfräulichen Empfängnis (Parthenogenese) und Niederkunft der Jesus-Mutter Maria hat sich erst peu à peu entwickelt. Im ältesten der vier Evangelien, im Markus-Evangelium, gibt es keinen Hinweis auf Jesu Geburt. Nur in zwei Stellen bei Matthäus und Lukas ist von übernatürlicher Empfängnis und jungfräulicher Geburt die Rede.

Jungfräuliche Zeugung im biologischen Sinn ist nach heutigem Wissensstand nicht bei höheren Wirbeltieren, nur bei Mehlwürmern, Schnecken, Schlangen und Komodowaranen etc. möglich. Forschern gelang dieser Tage der Nachweis, dass »der Marmorkrebs Procambarus virginalis als einzige bekannte Krebsart ausschließlich Parthenogenese, Jungfernzeugung«, betreibt.[3] Zur Menschwerdung ist nach dem bescheidenen Wissensstand des 21. Jahrhunderts je ein weiblicher und ein männlicher Chromosomensatz erforderlich. »Ohne Männer geht es nicht«, titelt die *Süddeutsche* und fragt: Warum eigentlich? Nachdem im Londoner Zoo die Riesenechse Sungal ohne männliches Zutun 22 Eier legte, aus denen im März 2006 vier Nachkommen schlüpften.[4] Marias jungfräuliche Empfängnis ist also grundsätzlich als ein Wunder anzusehen.

Das Motiv der jungfräulichen Geburt ist schon in der antiken Mythologie weit verbreitet. Perseus wurde von Danae geboren, Minerva entsprang mutterlos aus dem Haupt von Jupiter. Ovid erzählt von der vaterlosen Geburt der Juno.

In der frühchristlichen Kirchentradition stritten sich die Gelehrten über die Eigenheiten von Marias Jungfräulichkeit. Eine These behauptete, Maria habe als Jungfrau Jesus vom Heiligen Geist empfangen und auch vor der Geburt Jesu mit keinem Mann verkehrt. Die zweite Ansicht lautete: Maria sei auch während und nach der Geburt Jungfrau geblieben und mit Josef nur dem Namen nach verheiratet gewesen. Die Frage der sog. Unbefleckten Empfängnis beschäftigte katholische Theologen, die offenbar nichts Besseres zu tun hatten, jahrhundertelang. Schon früh war es zu einem Glaubenssatz geworden, dass Maria, die jungfräuliche Mutter des Erlösers, frei von der Erbsünde sei und deshalb vom Tode ausgenommen war. Doch im Mittelalter wurde die Frage nach dem Zeitpunkt der Reinigung zum theologischen Zankapfel. Maria sei bei der Verkündigung von der Erbsünde gereinigt worden (purificatio), glaubten die einen, bereits im Leibe Annas [d. i. die Mutter Marias] sei sie von der Sünde gereinigt worden (sanctificatio), waren vor allem Thomas von Aquin und die Dominikaner überzeugt. Sie sei schon ohne Erbsünde von Anna empfangen worden (immatriculatio), propagierten mit Duns Scotus die Franziskaner. Papst Alexander VII. setzte 1661 diesem aus heutiger Sicht ziemlich schwachsinnigen Streit zugunsten der Immatriculisten ein Ende, und 1854 wurde die Unbefleckte Empfängnis per päpstliche *ordre de mufti* zu einem Dogma erhoben.

Uta Ranke-Heinemann, Professorin für katholische Theologie und Tochter des Bundespräsidenten Gustav Heinemann, büßte 1987 die kirchliche Lehrerlaubnis (missio canonica) ein und verlor ihre Professur, weil sie die Jungfrauengeburt des Jesus von Nazareth leugnete. Wir können frohgemut diese Debatte beenden, da ein gynäkologischer Befund nicht vorliegt bzw. nicht überliefert wurde. Und über Joseph, den gehörnten Ziehvater Jesu, schweigt des Sängers Höflichkeit.

Dass es eine historische Person namens Jesus gegeben hat, ist wohl unbestritten. »Über die Details wird seit Jahrhunderten debattiert. Aber kein seriöser Akademiker bezweifelt, dass es die historische Person gegeben hat.« So die Einschätzung von Eric Meyers, Archäologe und emeritierter Professor für Judaistik an der Duke Universität/ USA.[5]

Nur zwei der vier sog. Evangelisten erzählen von Jesu Geburt und das in verschiedenen wunderlichen Versionen: Von Lukas stammt die schöne Geschichte von der Geburt in der Krippe nebst Schafhirten; Matthäus steuerte die drei Weisen, den Kindermord und die Flucht nach Ägypten zur Überlieferung bei. Wo auch immer die Geburt des historischen Jesus stattfand, Forscher vermuten jedenfalls, dass Lukas & Co. sie nach Bethlehem verlegten, »weil das Alte Testament die Stadt als Geburtsort des Messias prophezeite.«[6]

Heilungswunder

Der neutestamentarische Jesus beginnt seine Wunderwirksamkeit als Exorzist. Seine ersten öffentlichen Auftritte, die ihm zu wachsender Popularität verhalfen, waren Teufelsaustreibungen, Heilungen von Besessenen aller Art. Das erste von ihm überlieferte Wunder ist die Befreiung eines Besessenen vom »unreinen Geist« im Dorf Kapernaum am Nordufer des See Genezareth, und zwar durch die gezielte Ansprache des unreinen Geistes. Der Berichterstatter Markus schildert, das Erschrecken der Augenzeugen sei sehr groß gewesen.

Anschließend heilte Jesus die bettlägerige Schwiegermutter des Simon Petrus durch Handauflegen vom Fieber, sodass sie aufstehen und sich wieder der Küchenarbeit widmen konnte. Nun folgt in der Berichterstattung des Markus Wunder auf Wunder. »Als es aber Abend geworden und die Sonne untergegangen war, brachten sie zu Jesus alle Kranken und Besessenen. Und die ganze Stadt war vor der Türe versammelt. Und er heilte viele, die an mancherlei Krankheit litten, und trieb viele Dämonen aus.« (Mk 1, 32-34)

Das Evangelium des Markus ist das älteste der vier Evangelien, die die Grundlage des Neuen Testaments bilden. Markus schrieb es ca. 40 Jahre nach dem Tod des Jesus von Nazareth, gestützt auf Erzählungen von Anhängern des neuen christlichen Glaubens, auf. Im achten Kapitel seines spannenden Legendenbuches schildert Markus sogar die Fernheilung einer Besessenen. Eine Frau sei vor Jesus auf die Füße gefallen und habe ihn gebeten, den Dämon aus ihrer Tochter auszutreiben. »Da sprach er zu ihr: ›Lass zuerst die Kinder satt werden; denn es ist nicht recht, das Brot der Kinder zu nehmen und den Hündlein vorzuwerfen.‹ Sie aber antwortete ihm: ›Doch, Herr! Auch die Hündlein unter dem Tisch fressen von den Brosamen der Kinder.‹ Da sprach er zu ihr: ›Um dieses Wortes willen geh hin; der

Dämon ist ausgefahren aus deiner Tochter.‹ Als sie nach Hause kam, fand sie das Kind auf dem Bette liegen und den Dämon ausgefahren.«

Nicht einfach zu begreifen ist Markus' süffige Story über den besessenen Untoten von Gerasa und die Vernichtung der stellvertretend vom unreinen Geist befallenen Schweine (die von Markus' Kollegen Matthäus nur sehr verkürzt erzählt wird). Ein Mensch mit unreinem Geist sei aus einer Grabkammer auf Jesus zugelaufen und habe sich vor ihm auf den Boden geworfen. Jesus habe gesagt: »Fahre aus von dem Menschen, du unreiner Geist!« Darauf der Besessene: »Ich beschwöre dich bei Gott, quäle mich nicht.« Jesus habe den Geist gefragt, wie er heiße. Und der habe geantwortet: »Legion ist mein Name; denn unser sind viele.« Die Geisterlegion habe Jesus gebeten, sie nicht aus der Gegend zu vertreiben. »Da baten sie ihn: Schicke uns zu den Schweinen, dass wir in sie hineinfahren! Er [Jesus] gestattete es ihnen, und die unreinen Geister fuhren aus und in die Schweine; die Herde aber stürzte sich den Abhang hinunter in den See, etwa zweitausend an der Zahl, und sie ertranken im See.« Die Hirten gerieten logischerweise in Panik, nicht nur wegen des Verlustes der Schweineherde; auch als sie den ehemals behinderten Bewohner der Grabkammer putzmunter durch die Gegend spazieren sahen. (Markus 5, 2–14)

Wieso treten in dieser Story Schweine an die Stelle des Besessenen? Die Adressaten des Erzählers Markus waren Juden, und für die (und später auch für Moslems) waren Schweine a priori unrein. Aus jüdischer Sicht war das ein guter Deal: Tausche 2.000 Schweine gegen die Heilung eines Besessenen. Mit Schweinen, die ins Meer gejagt werden, könnten aber auch symbolisch die verhassten römischen Besatzungstruppen gemeint sein. Denn ein Eber war das Symbol der Legion X Fretensis, die seit dem Jahr 70 in Jerusalem stationiert war.[7]

Jesus belässt es nicht bei Exorzismus. Die meisten seiner Wunder sind Heilungswunder. Zum Repertoire gehören Heilungen von Blinden, Taubstummen und Gelähmten. Der Heilerfolg geschieht durch die Aura, gelegentlich auch durch Handauflegen in der Art eines erfahrenen Osteopathen. Es wird berichtet, dass Jesus manchmal Heilmethoden wie ein Arzt anwendet; am effektivsten ist jedoch das befehlende und sofort Wunder bewirkende Wort: »Steh auf, nimm dein Bett und geh nach Hause!«

Die Historikerin Gabriela Signori zählt die kompletten Heilungswunder des Jesus von Nazareth auf, von denen die Erzähler des Neuen Testaments berichten: »Die Wunderkraft entströmte seinen Händen, sie ging sogar von seinem Gewandsaum aus (Lk 8, 44). Zuweilen benutzte er aber auch seinen Speichel. In einer Stadt nahe des Sees Genezareth heilte er einen Aussätzigen durch Handauflegung (Lk 5, 12–14), kurz darauf einen gichtbrüchigen, lahmen Mann (Lk 5, 18–20). Mit derselben Geste befreite er eine verkrümmte Frau von ihrem langjährigen Leiden (Lk 13, 11–13) und einen wassersüchtigen Mann (Lk 14, 2–4). In Betesda befahl er einem anderen lahmen Mann aufzustehen und zu gehen (Joh 5, 1–9); am Galiläischen Meer führte er einem taubstummen Mann seine Finger ins Ohr und berührte seine Zunge mit Speichel (Mk 7, 31–37). Kurz darauf heilte er in Betsaida einen Blinden, wiederum indem er das Auge mit Speichel benetzte und seine Hand auflegte (Mk 8, 22–26).«[8]

Bestsellerautor Dr. med. Eckart von Hirschhausen stellt süffisant die berechtigte Frage: »Wenn Jesus die Gabe hatte, Menschen zu heilen, warum hat er dann kein Krankenhaus eröffnet und das von morgens bis abends gemacht? Er wusste, was er kann, hielt es aber offenbar für sinnvoller, in der ambulanten Versorgung zu bleiben.«[9]

Matthäus erzählt sogar von einem Fernwunder des jungen Jesus bei dessen Zug durch die Dörfer Galiläas. Ein Offizier habe Jesus in dem schon erwähnten Ort Kapernaum um Hilfe gebeten: »Herr, mein Knecht liegt gelähmt zu Hause und leidet große Qual.« Der sich anschließende Diskurs endet mit den Worten des Wundertäters: »›Geh hin. Wie du geglaubt hast, soll dir geschehen!‹ Und der Knecht wurde geheilt zu jener Stunde.« (Matthäus 8, 5–13)

Die Heilungswunder des Jesus von Nazareth bilden die Basis der meisten Wunder, die Heiligen zugeschrieben werden. Fleißige Forscher haben Statistiken über die Heilungswunder der Heiligen erstellt. Bei insgesamt 351 Wunderheilungen aus dem 9. und 10. Jahrhundert gab es »41 Prozent Lahme und Verkrümmte, 19 Prozent Blinde, 13 Prozent Besessene und 9 Prozent Taube und Stumme.«[10] Eine ähnliche Untersuchung ermittelte für das 11. und 12. Jahrhundert »2.700 Wunderheilungen, davon rund tausend an gelähmten und verkrüppelten Menschen (36 Prozent). Weitere 17,5 Prozent der Wunder betreffen Blinde, 11 Prozent Taube und Stumme sowie 8 Prozent ›geistig verwirrte‹ Personen, größtenteils Besessene.«[11]

Erstaunlicherweise sind durch Seuchen verursachte Krankheitsbilder in den mittelalterlichen Wunderberichten ausgeblendet. Dabei gab es genug Seuchen und ganz besonders, nachdem die Pest im Jahr 1346 in Europa ausgebrochen war.

Auch die Ruck-zuck-Selig- und Heiligsprechung des polnischen Papstes Johannes Paul II. erfolgte nicht wegen seiner Verdienste um die katholische Kirche, sondern wegen zwei kirchlich beglaubigter Heilungswunder. Das erste postume Wojtyla-Wunder, die Heilung einer Nonne von der Parkinson-Krankheit, ermöglichte die Seligsprechung; Als zweites Wunder musste die Heilung einer Costa Ricanerin von einem Aneurysma herhalten. Im Netz ist die spannende Story ausführlich nachzulesen.[12]

Nahrungswunder

Fast noch sensationeller als einzelne Heilungswunder ist die Erzählung des Markus und seiner Kollegen über die Speisung der 5.000 Jesus-Fans. Jesus hatte seinen Mitstreitern Ruhe an einem abgelegenen Ort verordnet, aber sein Ruf als Wundertäter hatte sich so verbreitet, dass an dem Ort im Nirgendo 5.000 Menschen eintrafen. Markus erzählt: »Als es schon spät geworden war, traten seine Jünger zu ihm und sprachen: ›Die Gegend ist abgelegen, und es ist schon spät. Entlasse sie [die Fans], damit sie in die umliegenden Höfe und Dörfer gehen und sich etwas kaufen zum Essen.‹ Er aber sprach zu ihnen: ›Wie viele Brote habt ihr? Geht hin und seht nach!‹ Sie stellten es fest und sagten: ›Fünf, und zwei Fische.‹ Da befahl er ihnen, es sollten sich alle niederlassen, nach Essgemeinschaften verteilt auf dem grünen Rasen. Und sie ließen sich nieder in Gruppen zu hundert und zu fünfzig. Er aber nahm die fünf Brote und die zwei Fische, sah zum

Himmel auf, sprach den Segen, brach die Brote und reichte sie den Jüngern zum Austeilen an sie; auch die zwei Fische verteilte er unter alle. Und alle aßen und wurden satt.« (Mk 6, 35-42)

Markus erzählt auch von ökologischer Resteverwertung. Die Jünger sammelten die Reste der Mahlzeit und packten sie in zwölf Körbe. Der Fabulierkünstler Markus belässt es aber an diesem Abend nicht bei einem Nahrungswunder. Nachdem die Essensreste in die zwölf Körbe eingepackt sind, drängt Jesus die Jünger zum Aufbruch. Er will noch am Ufer zurückbleiben. Die Jünger besteigen das Boot, Gegenwind kommt auf, das Rudern wird mühselig. Jesus sieht das, wandelt auf dem See, steigt ins Boot, und der Wind legt sich. Alles wird gut. Ein paar Tage später vollbringt Jesus ein weiteres Nahrungswunder, diesmal mit 4.000 hungrigen Mäulern. Und bei dieser Gelegenheit haben die Jünger sieben Brote bei sich, und nach der nunmehrigen Brotvermehrung bleiben Reste in sieben Körben zurück. Leider erzählt Markus nicht, welcher sinnvollen ökologisch korrekten Verwendung der Korbinhalt zugeführt wurde. Es wird wohl eine Spende für die einschlägige Tafel, den *Galiläischen Brotkorb e.V.*, gewesen sein.

Zur christlichen Wunderbasis gehört natürlich das Wunder bei der Hochzeit zu Kana. In allen Generationen haben Menschen davon geträumt, dass das Wasser auf dem Esstisch vor ihnen in einen anständigen Wein verwandelt würde. Johannes, wie Markus ein wortgewandter Erzähler von Jesu Wundertaten, schildert das spektakuläre Event ziemlich emotionslos. Jesus und seine Mutter Maria seien auf einer Hochzeit in Kana (Galiläa) eingeladen gewesen. Maria habe ihren Sohn darauf aufmerksam gemacht, dass der Wein ausgegangen sei. Ob wegen übermäßigen Trinkens der Hochzeitsgäste oder wegen fehlerhafter Disposition, wird nicht berichtet. Jesus habe etwas kryptisch geantwortet, seine Zeit sei noch nicht gekommen. Maria sei aber nicht auf Jesu Einwand eingegangen, sondern habe den Dienern gesagt: »Was er euch sagt, das tut!« Jesus habe sodann die Anweisung gegeben, sechs vorhandene riesige Tonkrüge mit einem Volumen zwischen einem halben bis zu einem ganzen Hektoliter, die normalerweise zu religiösen Reinigungszwecken benutzt wurden, mit Wasser zu füllen. Die Diener taten wie ihnen befohlen. Jesus habe sodann gesagt: »Schöpft nun und bringt davon dem Speisemeister!« Und dann passierte das, was sich jedem Weintrinker ins Gedächtnis und zur Beherzigung bei Weinproben eingeprägt hat. Der Getränkeverantwortliche der Fete, will sagen der Speisemeister, kostete und sprach die berühmten Worte: »Jedermann gibt zum Ersten guten Wein. Und wenn sie trunken worden sind, alsdann den geringeren.« Und mit einem deutlichen Rüffel an den Bräutigam: »Du hast den guten Wein bisher behalten!« (Joh 2, 1–11 in Luther-Übersetzung)

Das Weinwunder von Kana steht in der Tradition der Weinwunder des griechischen Gottes Dionysos, die in verschiedenen antiken Berichten überliefert werden. In seiner *Beschreibung Griechenlands* berichtet der Reiseschriftsteller Pausanias (115–180) von einem Fest, bei dem Priester drei leere Kessel in eine Kapelle stellten. Die Kapelle wurde versiegelt. Am folgenden Tage konnte jeder die Unversehrtheit der Siegel untersuchen, und die Kessel waren mit Wein angefüllt.[13] Der Satiriker Lukian von Samosata (120–180) berichtet von einem Fluss, der statt Wasser Wein führt. Ein Zeichen, dass Dionysos einst an diesem Ort war. Der Fluss entspringe aber nicht an einer Quelle, sondern, wie er selbst gesehen habe, fließe der Wein direkt aus einem großen Weinberg voller Trauben.[14]

Wunder des kindlichen Jesus

Im sog. Kindheitsevangelium nach Thomas, das vermutlich gegen Ende des 2. Jahrhunderts unserer Zeitrechnung entstand, wimmelt es von Wundertaten des kindlichen und jugendlichen Jesus. Die teilweise spröden Erzählungen von Matthäus, Markus, Lukas und Johannes genügten einem wundersüchtigen frühchristlichen, von antiker Erzählpracht verwöhnten Publikum nicht mehr. Das Kindheitsevangelium war ein Bestseller. Es war »in griechischen, syrischen, hebräischen, lateinischen, georgischen und altbulgarischen Handschriften weit verbreitet.«[15] An den alttestamentarischen Schöpfungsmythos erinnert das Sperlingswunder. »Der fünfjährige Jesus habe am Sabbat aus Lehm zwölf Sperlinge geformt, worauf der herbeigerufene

Vater Josef ihn anherrschte. Mit einem Händeklatschen habe Jesus den Gebilden zugerufen: ›Fort mit euch!‹ Darauf seien sie lebendig geworden und davongeflogen.«[16]

Auch von einem phänomenalen Wasserwunder berichtet das Kindheitsevangelium: Der sechsjährige Jesus sollte mit einem Krug Wasser vom Brunnen holen. Dabei passierte ihm ein Missgeschick. Der Krug zerbrach. Kein Problem für den Kleinen: Er füllte sein Gewand mit Wasser und trug es, ohne einen einzigen Tropfen zu verlieren, zu seiner Mama nach Hause. Die Sperlingswunderstory kam im Orient so gut an, dass sie sogar im Koran in Sure 5, Vers 110 Aufnahme fand.[17]

Das Wunder, so stellte es Max Weber in seiner Religionssoziologie fest, ist »eine wichtige Form der Sicherung der Anerkennung des (…) Führungsanspruchs« einer charismatischen Persönlichkeit. Und in den neutestamentarischen Storys erleben wir in erzählerischer Fülle den »Wunderstress«, unter dem der charismatische Jesus von Nazareth stand, der sich als Wanderprediger wie andere in der Wunderkonkurrenz der römischen Spätantike befand.[18]

Kreuzestod und Osterwunder

Das Osterwunder, also die Geschichte von Tod, Auferstehung und Himmelfahrt des Jesus von Nazareth, ist das Kernstück des christlichen Glaubens. Glaube und Wunder sind hier innigst verbunden. Unbestritten ist die Tatsache, dass ein historischer Jesus als demagogischer Aufwiegler, erfahren in rabbinischer Rhetorik, in der 1. Hälfte des 1. Jahrhunderts unserer Zeitrechnung hingerichtet wurde. Der Historiker Jürgen Spieß traut sich sogar eine konkretes Datum zu: Am 7. April 30 sei Jesus von Nazareth auf Anordnung des römischen Statthalters Pontius Pilatus hingerichtet worden. Der römische Historiker Tacitus habe bereits Jesu Hinrichtung erwähnt.[19]

Die Zweifel beginnen mit der Frage, ob Jesus ans Kreuz geschlagen wurde. Was geschah in den letzten Lebenstagen des charismatischen Wanderpredigers, dessen Wortgewalt solche Wirkung hatte, dass sie

Furcht und Entsetzen hervorriefen, wie die vier Berichterstatter des Neuen Testaments schildern? »Die galiläischen Pilger sind über Jericho nach Jerusalem gekommen«, referiert der deutsche Archäologe Daniel Vieweger den Forschungsstand. »Wie Tausende andere Pilger sei der fromme Jude Jesus wahrscheinlich aus seiner Heimat in Galiläa aufgebrochen, um in der Hauptstadt das Pessach-Fest zu feiern.«[20]

Der fantasiebegabte Chronist Markus erzählt eine höchst merkwürdige Geschichte vom Einzug in Jerusalem. Jesus habe seine Jünger in einem Dorf vor der Stadt gebeten, einen jungen Esel, auf dem noch kein Mensch gesessen habe, aufzutreiben, loszubinden und zu ihm zu bringen. Die Jünger taten wie ihnen befohlen, die Umstehenden wunderten sich über die als absolut selbstverständlich erscheinende Eigenmächtigkeit des Wanderpredigers, griffen aber nicht ein. Jesus habe den Esel bestiegen und sei unter großem Jubel in Jerusalem eingeritten. (Mk 11,1-9) Der große Jubel rührte vermutlich von messianischen Erwartungen her, die Jesus beim lokalen Prekariat geweckt hatte. In einem Wikipedia-Artikel heißt es: »Nach Markus 11, 15 ff. vertrieb Jesus am Tag nach seinem Einzug einige Händler und Geldwechsler aus dem Tempelvorhof für Israeliten, Proselyten und Nichtjuden. Die in der Säulenhalle auf der Tempelsüdseite tätigen Händler verkauften kultisch zulässiges Opfermaterial (Tauben, Öl und Mehl) an Wallfahrer und nahmen die von allen Juden jährlich entrichtete Tempelsteuer für kollektive Tieropfer ein. Jesus habe ihre Stände umgestoßen und verhindert, dass Gegenstände durch diesen Bereich getragen wurden. Er störte demnach das ordnungsgemäße Darbringen gekaufter Opfer und Überbringen eingenommener Geldmittel und griff damit demonstrativ den Tempelkult an.« [21]

Die Ironie dieser Geschichte besteht darin, dass die gleiche Mischpoke von Krämern und Kaufleuten, der der historische Jesus das Geschäft versaute, heute an christlichen Pilgerorten mit dem Verscherbeln von Devotionalien ihr beträchtliches Unwesen treibt, ohne dass ein ungestümer Wanderprediger sie aus Lourdes oder Altötting verjagt.

Es steht zu vermuten, dass die Tempel-Marketender im Bunde mit der Tempel-Administration, die auch um ihren Profit fürchten musste, den randalierenden Wanderprediger bei der römischen Besatzungsmacht anschwärzte. Die Römer hatten aufgrund einschlägiger Erfahrung eine panische Angst vor Aufruhr und Volksaufstand. Zeitgenössischen Quellen zufolge schlugen die Römer jeden prophetisch inspirierten Volksauflauf im besetzten Judäa nieder. Ob die Festnahme des messianischen Umstürzlers durch Soldaten auf Veranlassung eines Hohepriesters oder eines Tempelwächters oder auf Veranlassung der römischen Obrigkeit erfolgte, lässt sich aus den vorliegenden Quellen nicht ersehen. Umstritten ist auch der von Markus geschilderte Auftritt Jesu vor dem Hohen Rat, bei dem sich Jesus als Sohn Gottes bekannt haben soll. Ebenso umstritten ist die Frage, ob es einen Prozess gegen den Aufwiegler überhaupt gegeben hat. Und für die für die christliche Praxis so bedeutende letzte gemeinsame Mahlzeit des charismatischen Wanderpredigers mit seinen Jüngern inklusive Judas gibt es leider keinerlei historischen Beleg.[22]

Kreuzigungen waren in der römischen Kaiserzeit eine beliebte Hinrichtungsform, weil sehr bildmächtig und von großer Abschreckungskraft. Diese Exekutionsmethode wurde vorzugsweise bei Aufständischen und entlaufenen Sklaven angewandt. Der in der christlichen Tradition überlieferte Kreuzigungsablauf gehört zur abendländischen Allgemeinbildung und darf hier als bekannt vorausgesetzt werden. Markus schildert überzeugend die Stimmungsschwankungen des Mobs. Von Populisten aufgewiegelt, bespien und demütigten die Jerusalemer Wutbürger den Mann am Schandkreuz, den sie zuvor zum Popstar gemacht hatten und dem sie von Auftritt zu Auftritt gefolgt waren. Ein überzeugendes warnendes Beispiel auch für alle selbst ernannten Jesus-Nachfolger im 21. Jahrhundert!

Es war, wie der britische Historiker Smith feststellte, seit dem Aufstand des Spartacus (gest. 71 v. Chr.) üblich, die Leichen von Rebellen am Kreuz verrotten zu lassen. 6.000 Kreuze ließ die römische Staatsgewalt nach der Niederwerfung des Spartacus-Aufstandes an der via Appia aufstellen und in Betrieb nehmen. Das geschah zur Abschreckung und Demütigung von Angehörigen und Sympathisanten. Dem Jesus von Nazareth blieb dieses Schicksal erspart. Möglicherweise wegen des bevorstehenden Pessachfestes genehmigten die Behörden auf

Initiative von Josef von Arimathäa eine Bestattung nach jüdischem Brauch. Maria Magdalena, nach Ansicht einiger Gelehrter die bedauernswerte Ehefrau und somit Witwe des Gekreuzigten, war laut Markus 15, 47 Augenzeugin der Bestattung. Wann sie stattfand, ist unklar. Evangelist Johannes, der im Übrigen der Wundererzähler Christi par excellence war, lässt Jesus am Vorabend des Pessach-Festes sterben, in den anderen Evangelien handelt es sich um den ersten Tag des Festes. Josef von Arimathäa wälzte einen großen Stein vor den Eingang des Felsengrabes, das er eigentlich für sich selbst reserviert hatte. Wo dieses Felsengrab lag, ist nicht gesichert. Die sog. Grabeskirche in Jerusalem entwickelte sich allerdings in den folgenden Jahrhunderten zu einer 5-Sterne-Pilger-Location.

Aber dann ging's los mit dem eigentlichen Osterwunder. Die Geschichte von Tod, Auferstehung und Himmelfahrt des Jesus von Nazareth ist deshalb besonders delikat, weil sie den Kern des christlichen Glaubens darstellt. Wer die im Neuen Testament widersprüchlich überlieferte Geschichte anzweifelte, wurde jahrhundertelang als Ketzer verbrannt. Heute darf man als Skeptiker vielleicht ein paar Bedenken äußern. Der Koran, in dem ja bekanntlich Jesus als Prophet auch eine gewisse Rolle spielt, schildert eher beiläufig die Kreuzigung und lässt zwei Möglichkeiten zu: Entweder wurde niemand gekreuzigt oder ein Doppelgänger, der Jesus sehr ähnlich sah. Im sog. Barnabas-Evangelium, das nicht von der katholischen Obrigkeit in die Evangelien aufgenommen wurde, wurde diese These dahin gehend präzisiert, dass nicht Jesus, sondern Judas am Kreuz hing. Interessante Story, aber wohl getürkt.

In einer BBC-Dokumentation tauchte die These auf, »Jesus sei trickreich dem Tod entkommen und nach Indien geflohen, wo er als wundertätiger Prediger weitergewirkt habe. Hintergrund: In Srinagar, der Hauptstadt von Kaschmir, fanden Forscher ein geheimnisvolles Grab. Ist es die letzte Ruhestätte ebenjenes Predigers aus Judäa? (…) Das Grab in Srinagar wird heute noch verehrt. Als man das Wachs, das viele Jahre die Bodenplatten vor dem Grab verdeckte, beseitigte, fand man zwei Fußabdrücke – und die zeigten Wundmale, die Kreuzigungsverletzungen sein könnten.«[23]

Wäre dem Jesus von Nazareth eine Flucht möglich gewesen? Es hätte einer ausgeklügelten Logistik bedurft bzw. Pilatus hätte zustimmen müssen. Aber warum sollte er? Und, mit Verlaub, es ist ein verdammt langer Weg von Jerusalem nach Kaschmir ohne »El Al«, »Lufthansa« oder »Emirates«.

Außerdem ein weiteres Problem. Kann man eine Kreuzigung überleben? Über die genauen technischen Vorgänge der Hinrichtung Jesu weiß man nichts. Wie bereits gesagt, hingen die Verurteilten normalerweise tagelang am Kreuz, bevor sie starben. Warum starb Jesus von Nazareth so schnell? Angeblich, weil man ihm Essig zu trinken gab. »Oder war es gar kein Essig, den die Soldaten ihm reichten? War es Opium? Der betäubte Jesus hätte als tot gegolten, man hätte ihn vom Kreuz abnehmen und zunächst in Sicherheit bringen können.«[24]

Und was ist mit der Bestattung im Felsengrab? In der aufgeheizten Stimmung in Jerusalem, die Jesus ja selbst durch seine Provokationen verschuldet hatte, kam für den Religionslästerer Jesus eigentlich nur das Verscharren in einem Gräberfeld infrage. Sehr mutig von dem Juden Josef von Arimathäa, seine luxuriöse, funkelnagelneue Grabkammer dem hingerichteten Demagogen zur Verfügung zu stellen!

Jedenfalls traf die Jesus-Fans der Schock, als die Grabkammer am dritten Tag leer war. Augenzeugen? Mein Lieblingsfabulierer Markus berichtet, dass drei Frauen sahen, dass der große Stein, der die Grabkammer verschlossen hatte, von unbekannter Hand weggewälzt worden war. An der rechten Seite des leeren Grabes sahen sie einen weiß gewandeten Jüngling, der ihnen sagte: »Fürchtet euch nicht! (…) Sie aber gingen hinaus und flohen vor dem Grabe; denn Schrecken und Entsetzen erfasste sie. Zu niemandem sprachen sie etwas, denn sie fürchteten sich.« (Markus 16, 6, 8)

Bei Matthäus (28, 1–8) öffnet ein Engel das Grab vor den Augen der Frauen. Jesus erscheint ihnen.

Bei Lukas (24, 1–12) ist das Grab offen. Zwei Engel verkünden die Osterbotschaft. Die Frauen behalten sie nicht für sich, sondern erzählen sie weiter, aber die Jünger glauben ihnen nicht.

Bei Johannes (20, 1–10) ist es nur Maria Magdalena, die mutmaßliche Witwe, die zum Grab geht und es leer findet. Sie berichtet Petrus davon: »Sie haben den Herrn weggenommen aus dem Grabe, und wir wissen nicht, wohin man ihn gelegt hat.« Eilig machen sich Petrus und ein ominöser »Lieblingsjünger Jesu« (die Theologen rätseln bis heute, wer das war) auf den Weg zur Grabkammer. Dort finden sie ein sorgfältig zusammengefaltetes Schweißtuch (die Kopfbedeckung des Hingerichteten) und Leinenbinden, aber ohne Inhalt. – Diese Notiz des Johannes-Evangeliums ist die Quelle eines Reliquienkultes, der durch die Jahrhunderte bis heute gigantische Formen angenommen hat.

Maria Magdalena weint, aber auch in der Folgezeit wird die Sache nicht geklärt. Ein leeres Grab allein bürgt noch nicht für Auferstehung. Der Leichnam könnte ja auch schlicht geklaut oder von Josef von Arimathäa wieder herausgeholt und entsorgt worden sein, um keine Probleme mit den jüdischen Wutbürgern oder der römischen Verwaltung zu bekommen. Um dem leeren Grab einen Sinn zu geben, bringen Markus und seine Kollegen nun jede Menge Erscheinungen ins Spiel. Tagelang gibt es Visionen, in denen der Verblichene den Hinterbliebenen seine Auferstehung erklärt. Die Flut der berichteten Erscheinungen lässt darauf schließen, dass mit immer neuen Erscheinungsgeschichten der negativen Stimmung in der Jesus-Community nach der Hinrichtung entgegengewirkt und durch Wundererzählungen neue Gläubige gewonnen werden sollten. Die zahlreichen Erscheinungen bereiteten auch den Boden für die Himmelfahrt des Jesus von Nazareth.

»Fragen wie die nach der Auferstehung Jesu sind nun einmal nicht einfach zu beantworten, sagt der Tübinger Religionspädagoge Friedrich Schweitzer. (…) Man kann nur daran glauben.«[25]

Die Himmelfahrt

Das Motiv der Himmelfahrt ist keine Erfindung der christlichen Überlieferung. Der Himmelsaufstieg war im alten Ägypten ein Ritual, das verstorbenen Königen vorbehalten war. Das Himmelfahrtsmotiv gab es schon in der griechischen und römischen Mythologie.

Herakles soll nach Vollbringung seiner zwölf Aufgaben in den Olymp entrückt worden sein. Auch Romulus, dem Gründer Roms, wurde diese Ehre zuteil. Der herrschende Glaube ging davon aus, dass Heroen, also mythische Gestalten oder Halbgötter, zu ihren göttlichen Vätern aufsteigen würden. Auch Plato und Plutarch hatten schon Jenseitsreisen beschrieben. Im Mithraskult, einer mit dem frühen Christentum konkurrierenden Religion, gibt es ebenfalls das Motiv der Himmelfahrt.

Das Alte Testament erzählt von der Himmelfahrt des Propheten Elija in einem feurigen Wagen. Im 1. Jahrhundert v. Ch. entstand die jüdische Legende von der Himmelfahrt Moses. Später wurde noch eine Legende von der Himmelfahrt des Jesaja draufgepackt.

Im Neuen Testament gibt es nur drei Verweise auf die Himmelfahrt des hingerichteten Religionsgründers. Der auferstandene Jesus sei 40 Tage lang seinen Jüngern erschienen und dann in den Himmel aufgenommen worden, wo er rechts neben Gott sitzend mit Gottvater die Macht über Himmel und Erde teilt.

Der 39. Tag nach dem Ostersonntag, immer ein Donnerstag, ist seit 1934 im Zuge der Vereinbarung der Nazis mit dem Vatikan ein gesetzlicher Feiertag auch in Deutschland. Er hat sich zum sog. Vatertag gewandelt, an dem die Polizei auf das Wunder hofft, dass Betrunkene keine tödlichen Unfälle verursachen.

Das Pfingstwunder

Aber was hat es mit dem sog. Pfingstwunder auf sich? Die Jesus-Jünger hatten sich in Jerusalem zum jüdischen Schawuot-Fest versammelt, das 50 Tage nach dem Pessachfest gefeiert wird. (Der Begriff Pfingsten kommt aus dem Griechischen und heißt »fünfzigster Tag«). In der Apostelgeschichte des Lukas wird das Ereignis bildmächtig erzählt: »Und als der Pfingsttag gekommen war, waren sie alle an einem Ort beieinander. Und es geschah plötzlich ein Brausen vom Himmel wie von einem gewaltigen Wind und erfüllte das ganze Haus, in dem sie saßen. Und es erschienen ihnen Zungen, zerteilt wie von Feuer, und er setzte sich auf einen jeden von ihnen, und sie wurden alle erfüllt von dem Heiligen Geist und fingen an zu predigen in andern Sprachen, wie der Geist ihnen gab auszusprechen.« (Apg 2, 1–4)

Jerusalem war eine multiethnische und multikulturelle Stadt. Esperanto war noch nicht erfunden, und Englisch als internationale Verkehrssprache gab es auch noch nicht. Nicht »Babbel«, sondern der Heilige Geist verhilft den Jüngern zur Vielsprachigkeit und somit zum Erfolg des Events: »Als nun dieses Brausen geschah, kam die Menge zusammen und wurde bestürzt; denn ein jeder hörte sie in seiner eigenen Sprache reden. Sie entsetzten sich aber, verwunderten sich und sprachen: Siehe, sind nicht diese alle, die da reden, aus Galiläa? [Gemeint sind die Jünger.] Wie hören wir denn jeder seine eigene Muttersprache? Parther und Meder und Elamiter und die wir wohnen in Mesopotamien und Judäa, Kappadozien, Pontus und der Provinz Asien, Phrygien und Pamphylien, Ägypten und die Gegend von Kyrene in Libyen und Einwanderer aus Rom, Juden und Judengenossen, Kreter und Araber: wir hören sie in unsern Sprachen von den großen Taten Gottes reden.« (Apg 2, 6–11) Die genannten Volksgruppen und Territorien bilden exakt das damalige Römische Reich ab und sind ein diskreter Hinweis auf den Umfang der den Jesus-Jüngern bevorstehenden Missionsarbeit.

Petrus, der wortgewandte Chef der Missionierungstruppe, ergreift nun das Wort und wendet sich an die Juden als erste Adressaten der Bekehrungskampagne: Nach Verweisen auf das jüdische Schrifttum des Alten Testaments polemisiert er: »Ihr Männer von Israel, hört diese Worte: Jesus von Nazareth, von Gott unter euch ausgewiesen durch Taten und Wunder und Zeichen, die Gott durch ihn in eurer Mitte getan habt, wie ihr selbst wisst – diesen Mann, der durch Gottes Ratschluss und Vorsehung dahingegeben war, habt ihr durch die Hand der Heiden ans Kreuz geschlagen und umgebracht. (…) So wisse nun das ganze Haus Israel gewiss, dass Gott diesen Jesus, den ihr gekreuzigt habt, zum Herrn und Christus gemacht hat.« (Apg 2, 22–23, 36)

Die Schuldzuweisung und der Appell an das schlechte Gewissen blieb, wie uns Lukas glauben machen will, bei der Zuhörerschaft nicht folgenlos und führte zuerst zu Entsetzen und Sprachlosigkeit, aber dann allein an diesem Tag zu 3.000 Neuaufnahmen in die neue Christus-Religion. Doch Petrus gab auch bei dieser Gelegenheit das Signal zum Antisemitismus, der sich auf diesem Fundament ungehindert ausbreiten konnte. Ja, und der wundersame Heilige Geist kam nun in die neue Religion, ein theologisches Phänomen, das keine andere Hochreligion kennt, im Gegensatz zum Wunderglauben.

Das sog. Pfingstwunder legte die Basis für die Macht der Kirche. Und selbstverständlich steht auch im 21. Jahrhundert Radio Vatikan in der Tradition des Pfingstwunders. Die Botschaft wird in 45 Sprachen gesendet, darunter gelegentlich in Ewondo, Kinyarwanda, Lingála, Tshiluba, Kikongo, Krirundi und Malgasch. Leider nicht mehr in Phrygisch, Pamphylisch oder Medisch.

Das Erschrecken und Entsetzen beim Anhören der vatikanischen Botschaft hält sich aber heutzutage wohl in Grenzen.

5. KAPITEL

JESUS-KONKURRENTEN UND WIEDERGEBORENE JESUSSE

Apollonius von Tyana

Der historische Wanderprediger Jesus von Nazareth war, wie wir gesehen haben, ein praktizierender, von manchen Leuten geliebter und von manchen gefürchteter oder sogar gehasster Exorzist und Aufrührer. Er sammelte um sich eine Anhängerschar, die für ihn emsig Reklame machte. Die *Bunte*, *Gala* und *Facebook* waren noch nicht erfunden, aber das Volk gierte damals so wie heute nach Wunderberichten, nach Geschichten über unglaubliche Vorgänge.

Jesus war nicht der einzige Wunderheiler, über den auf den Märkten des Römischen Reiches gesprochen wurde. Apollonius von Tyana lebte eine Generation später und wirkte als Wanderprediger der Lehren des Pythagoras in Kleinasien. Wikipedia widmet Apollonius einen detaillierten umfangreichen Artikel, aus dem die Widersprüchlichkeit in der Wahrnehmung dieses griechischen Philosophen hervorgeht.[1] Die Lebensdaten sind nicht gesichert. Die Hauptquelle über ihn stammt von dem Journalisten Flavius Philostratos, der im Auftrag der Gattin des Kaisers Septimus Severus zwischen den Jahren 217 und 238 eine achtbändige Romanbiografie über den schon lange verstorbenen Apollonius verfasste. Diese Schrift, ursprünglich auf griechisch geschrieben, wurde im 15. Jahrhundert erneut in der griechischen Originalfassung herausgegeben und dann ins Lateinische, in die Bildungssprache der Renaissance, übersetzt. Von daher erstaunt es nicht, dass Apollonius bis heute Gegenstand der theologischen und philosophischen Forschung ist. Die Aktivitäten des rührigen PR-Mannes Philostratos und das Erstarken der noch ziemlich neuen christlichen Religion führten dazu, dass Apollonius im 4. Jahrhundert zu einem Gegenbild des Jesus von Nazareth aufgebaut wurde. Die Analogien sind in der Tat beeindruckend:

1. Ein ägyptischer Gott sei der Mutter des Apollonius im Traum erschienen und habe mit ihr gesprochen.
2. Apollonius sei auf einer blumigen Wiese geboren worden. Dabei hätten Schwäne gesungen, und es habe vom Himmel geblitzt.
3. Die Landbewohner hätten Apollonius zum Sohn des Zeus erklärt.

4. Der junge Apollonius habe alle Menschen durch seine Schönheit und durch seine Gedächtnisleistungen entzückt.
5. Unter seinen zahlreichen Wundertaten seien auch etliche Dämonenaustreibungen gewesen.
6. Er habe einen festen Kreis von Jüngern gehabt.
7. Auch die Verknüpfung von Wandererleben, Lehre und Wunderwirken stelle eine Parallele dar.
8. Das Ende des Apollonius sei rätselhaft. Er sei einfach verschwunden. Wann und wie, wisse man nicht. Es gebe auch kein Grab von ihm.
9. Er sei nach seinem Tod einem ungläubigen Jünger erschienen. Es habe auch eine Art Himmelfahrt stattgefunden.[2]

Eine besonders hübsche, von Philostratos überlieferte Dämonenaustreibung lautet wie folgt: In Athen habe Apollonius einmal über Trankopfer geredet, dabei habe ihn ein junger Mann durch freches Lachen gestört. Der weise Redner habe sofort die Diagnose gestellt, dass der junge Mann von einem Dämon befallen sei. Er habe den jungen Mann scharf angeblickt, »da schrie der Dämon furchtsam und zornig auf, wie wenn er gebrannt und gefoltert würde, und versicherte unter Schwüren, dass er den Jüngling loslassen und nie mehr einen Menschen befallen werde. Als nun Apollonius zu ihm wie zu einem verschlagenen und heimtückischen und schamlosen Sklaven sprach und ihm befahl, sichtbar auszufahren, da rief dieser aus: ›Das Standbild dort werde ich umwerfen.‹ Er wies dabei auf eine Statue bei der Königshalle, wo die ganze Szene auch stattfand. Diese geriet wirklich in Bewegung und fiel um. Der Lärm, der hierbei entstand, und der Beifall, der dem allgemeinen Staunen folgte, waren unbeschreiblich.« Der nun vom Dämon befreite, ehemals besessene Jüngling erwacht wie aus Trance, reibt sich die Augen und wird fortan ein besserer Mensch.[3] In diesem Beispiel gelingt es Apollonius, durch kräftige Ansprache den Dämon zum Aufgeben zu bringen, wie das seinerzeit auch die Praxis von Jesus war. Bei Jesus konnte der frustrierte Dämon nach der Beschwörung nur noch eine Schweineherde versaufen lassen, bei Apollonius bringt er eine Götterstatue zum Einsturz.

Die Apollonius-Forscher streiten sich darüber, ob A. von seinem PR-Mann Philostratos bewusst als Widerpart zu Jesus inszeniert wurde oder ob nicht die Analogien eher allgemein typisch für einen im Hellenismus auftretenden Typ von als wundertätig angesehenen Wanderprediger anzusehen sind. Christliche Autoren behaupteten, die angeblichen Wunder seien, sofern nicht überhaupt erfunden, das Werk von Dämonen. Der sog. Kirchenvater Augustinus bemängelte, dass es keine glaubwürdigen Zeugen der Wunder gegeben habe. Und ein einflussreicher Prediger vermied es, sich auf die Wunderdebatte einzulassen, und beschränkte sich auf den Hinweis, der Einfluss des A. sei nur regional begrenzt gewesen, und im Gegensatz zu Christus habe A. keine Jünger und keine Kirche hinterlassen.

Unstreitig ist aber der Ruhm des A. als Talisman-Produzent. Im Gegensatz zu Amuletten sind Talismane immer direkt mit dem Träger verbunden. Sie besitzen eine Unheil abwehrende Funktion und waren »als Schutzmittel gegen Naturgewalten, Krankheiten und Ungeziefer wie Stechmücken, Skorpione und Mäuse beliebt.«[4]

Talismane erfreuten sich auch nach der vollständigen Durchsetzung des Christentums im Römischen Reich großer Beliebtheit. Das konnte der kirchlichen Obrigkeit nicht gefallen. Wenn die Talismane des Heiden Apollonius eine wundertätige, heilsame Wirkung entfalteten, war das eine Verführung zum Rückfall in das Heidentum, die unbedingt unterbunden werden musste. Die Antwort christlicher Prediger: Es sei alles trügerische Zauberei, gottloses Tun, das auf der unheilvollen Macht von Dämonen beruhe. Eine andere theologische Meinung war differenzierter. Die Talismane besäßen tatsächlich die ihnen zugeschriebene Wirksamkeit. Der Unterschied zwischen den Wundern des Jesus von Nazareth und dem Heiden Apollonius bestehe aber darin, dass Christus aufgrund göttlicher Vollmacht als unumschränkter Herr der Schöpfung gehandelt habe, während Apollonius seine – zweifellos großartigen – Taten nur deshalb habe vollbringen können, weil er ein ausgezeichneter Kenner der Naturkräfte gewesen sei. Lassen wir die Experten weiter streiten …

Wiedergeborene Jesusse

Der vorletzte Vers des Neuen Testaments, die sog. Offenbarung des Johannes (22.20), bietet jede Menge Raum für Menschen, die behaupten, sie seien der zurückgekehrte Jesus.

Der norwegische Fotograf Jonas Bendiksen hat in der Zeitschrift *National Geographic* fünf sehr unterschiedliche wiedererschienene Jesusse porträtiert.[5] Sie vereint die Überzeugung, selbst der auferstandene Jesus Christus im biblischen Sinne zu sein. Sie scharen – wenn möglich – Jünger um sich, sie legen in der Mehrzahl Wert auf ein Jesus-mäßiges Outfit. Geografisch kommen sie sich glücklicherweise nicht in die Quere.

»INRI«, König der Juden, nennt sich ein 69-Jähriger, der in der Nähe von Brasilia ein Dutzend meist weiblicher Jünger »auf einem ummauerten Anwesen, das mit Stacheldraht und einem Elektrozaun geschützt ist«, um sich schart. Der Senior soll übrigens im Zölibat leben – erstaunlich, bei einer so attraktiven weiblichen Umgebung.

Moses Hlongwane ist im südafrikanischen Eshowe aktiv. Gott sei ihm schon 1992 im Traum erschienen und habe ihn zum Messias bestimmt. »Heute folgen etwa 40 Jünger dem König aller Könige, wie sich Hlongwane auch gern nennt.«

Der Russe Sergej Torop hatte zu der Zeit, als die Sowjetunion zusammenbrach, eine Vision »und wusste plötzlich: Ich bin der wiedergeborene Jesus Christus. Er gründete die ›Kirche des letzten Testaments‹ und hat heute gut 5.000 Gefolgsleute.«

Vissarion, genannt der Christus Sibiriens, hat mit seinen Anhängern in fünf sibirischen Walddörfern eine eigene Community mit Schulen und Kirchen aufgebaut. Weihnachten wird am 14. Januar gefeiert, wenn Vissarion Geburtstag hat. Bemerkenswert: Hier lebt man ausschließlich vegetarisch. Ob der traditionelle russische Wodka Bestandteil der vegetarischen Ernährung ist, hat Bendiksen augenscheinlich nicht ermittelt.

Normalerweise verdient Bupete Chibwe Chishimba sein Geld als Taxifahrer. Doch wenn er predigt, verwandelt sich der 43-Jährige in den Jesus von Kitwe/Sambia. Er beharrt darauf, dass Gottes Offenbarung ihn nach seinem 24. Geburtstag erreicht habe. Oft werde er wegen seiner Worte attackiert. Aber es fehlen ihm noch die Jünger, um ihn vor dem Zorn seiner Mitmenschen zu schützen, die ihn der Blasphemie beschuldigen. Er zog es vor, nach dem Fototermin von der Bildfläche zu verschwinden.

Ganz im heftigen Tonfall der Offenbarung des Johannes hält Jesus Matayoshi mitten in Tokio eine Predigt. Vom Dach eines Kleinbusses aus fordert er »seine Gegner auf, Selbstmord zu begehen, und droht jenen mit Höllenfeuer, die ihm übel wollen. Der Auftritt ist Teil seiner Kampagne für einen Sitz im Sangiin, dem Oberhaus des japanischen Parlaments. (…) 1997 gründete Matayoshi eine Partei, deren Programm vor allem darin besteht, ihn als wiedergeborenen Jesus zu preisen.« Originelle Idee, mithilfe von Aussagen des Neuen Testaments Abgeordneter zu werden.

Alle wiedergeborenen Jesusse haben aber ein Problem: Es fehlt ihnen an Wundern. Das schmälert ihre Entwicklungsmöglichkeiten.

6. KAPITEL

DIE BEGEHRTESTEN HINTERLASSEN-SCHAFTEN DES GEKREUZIGTEN

Die meisten Kleiderschränke in unserem Land sind voll mit Erinnerungsstücken, Klamotten, die nicht mehr getragen werden, aber einen emotionalen Wert besitzen. Der Jäger hängt sich die Geweihe der von ihm erlegten Böcke an die Wand, der Musikfan pflegt die Plattencover der Erstveröffentlichungen seiner Lieblingsband wie ein Heiligtum. Dass solche Gegenstände Wunder bewirken können, glaubt aber wohl keiner. Und wie pervers käme es uns vor, wenn die Kugeln, mit denen die vier Hitler-Attentäter des 20. Juli 1944 hingerichtet wurden, von Sammlern in aller Welt als Märtyrer-Reliquien gesammelt würden?

Doch die Wertschätzung von Hinterlassenschaften mancher Menschen hat Tradition. Die Vorläufer des nun schon mehr als 2.000 Jahre andauernden christlichen Reliquienkultes sind die Heroengräber der Antike. Heroengräber bildeten die Grundlage griechischer Tempel. Den Heroen opferte man und erhoffte sich dadurch ihren Beistand. An Heroengräbern kam es zu Wundern und zu Erscheinungen.

Als der Aufrührer Jesus von Nazareth gekreuzigt wurde und seine Jünger von dessen wunderbarer Auferstehung erzählten, begann der christliche Reliquienkult, der bis heute anhält. Er stand, so merkwürdig das klingt, in der Tradition des antiken Heroenkultes und war keineswegs eine neue Erfindung. Er brachte und bringt den Orten, an denen vermeintliche Originalgegenstände aufbewahrt und zur Schau gestellt werden, Pilgerzahlen ohne Ende und beträchtliche Einkünfte. »Was Jesus noch nach seiner Himmelfahrt zurückließ, ist wahrlich gigantisch. Hier eine kleine Auswahl: die Nabelschnur, Milchzähne, Tränen, Fingernägel, das bei der Kreuzigung vergossene Blut, Kreuznägel, Dornenkrone, seine Sandalen, der heute in Trier verehrte ›Heilige Rock‹ und seine Windeln.«[1] Es wäre noch zu reden von der Vorhaut Jesu. Und dann sind natürlich die Tausende von Kreuzsplittern zu erwähnen, aus denen man »etliche Bäume zusammensetzen« könnte, quasi einen Wald, wie Manfred Becker-Huberti und Konrad Beikircher augenzwinkernd ausgerechnet haben.[2] Dabei gab es mit Jesus-Reliquien schon immer ein Problem. Körperteile von Heiligen galten als wundertätig. Da Jesus von Nazareth aber der christlichen Legende zufolge ohne Hinterlassung seines Körpers in den Himmel aufgefahren war, blieb kein anbetungswürdiges Körperteil von ihm zurück – außer möglicherweise die Penis-Vorhaut, die dem Säugling am 8. Tag nach seiner Geburt nach jüdischem Brauch abgeschnibbelt worden war.

Die göttliche Vorhaut (praeputium sanctum)

Bei Lukas 2, 21 wird der Sohn von Maria am 8. Tag nach seiner Geburt beschnitten und erhält den Namen Jesus. Über den weiteren Verbleib der Vorhaut haben sich die Evangelisten diskreterweise nicht geäußert. Der ziemlich weltliche Berliner *Tagesspiegel* schreibt: »Wir wissen nicht, ob heute lebende Juden oder Muslime von ihren Eltern das am kindlichen Penis entfernte häutige Kränzchen, getrocknet und gut konserviert, in einem güldenen Döslein später im Leben ausgehändigt erhalten, als ledriges Andenken an die eigene graue Vorzeit, wie es in gewissen Landkreisen dieses Globus mit den niedlichen Milchzähnchen von Kindern in der Art einer weltlichen Reliquie geschieht, denen nach der Vollendung des sechsten Lebensjahres die Zahnfee begegnet ist.«[3]

Im apokryphen sog. »Kindheitsevangelium« heißt es, eine alte Jüdin hätte nach der Beschneidung die Vorhaut des Knäbleins aufgehoben und in ein Gefäß mit wohlriechendem Öl gelegt. Das Gefäß sei dann schließlich in die Hände der Maria Magdalena gelangt. Was damit geschah, darüber schweigt das Kindheitsevangelium.

Als einziges überliefertes Körperteil Jesu machte das heilige praeputium Karriere. In dem im Jahr 1907 erschienenen Büchlein *Die hochheilige Vorhaut Christi im Kult und in der Theologie der Papstkirche* wies der Autor 13 Stätten nach, die sich rühmen, im Besitz der wahren Vorhaut Jesu zu sein: die Laterankirche in Rom, Charroux bei Poitiers, Antwerpen, Brügge, Paris, Boulogne, Besançon, Nancy, Metz, Le Puy, Conques, Hildesheim und Calcata.[4]

Vor allem zwischen Rom und Antwerpen entbrannte ein heftiger Streit über den Besitz der Original-Vorhaut. Die Antwerpener mussten zugeben, dass sie nicht die gesamte Vorhaut, sondern nur ein Stückchen besaßen. Rom hatte sich theologische Verstärkung geholt. Brigitta, die schwedische Nationalheilige, hatte sich für die Echtheit des römischen praeputiums unter Berufung auf die Jungfrau Maria verbürgt.

Eine kulinarische, theologische und sexuelle Delikatesse wurde aus dem mittelalterlichen Wien überliefert. Die Nonne Agnes Blannbekin (ca. 1250–1315) war bereits durch unziemliches Tanzen und Küssen des Altars unangenehm aufgefallen. Ihre Visionen vertraute sie einem Franziskanermönch an, der sie aufschrieb. Schon früh habe die junge Frau der Vorhaut nachgetrauert, die Jesus verlor. Sie habe als Mystikerin den Blutverlust bei der Beschneidung mitempfinden wollen. Sie »spürte einmal bei der hl. Kommunion, dass auf ihrer Zunge ›ein kleines Häutchen‹ lag, ›gleich dem Häutchen eines Eies, voll übergroßer Süßigkeit‹. Sie schluckte es hinunter. Schon lag ein neues auf der Zunge, und sie schluckte wieder, insgesamt etwa hundertmal. ›Und es wurde ihr geoffenbart, dass das praeputium mit dem Herrn am Auferstehungstage auferstanden ist‹.« Die Notizen des braven Franziskaners wurden erst 1731 veröffentlicht und kamen dann sofort auf den Index der verbotenen Bücher.[5]

Im Zeitalter der Aufklärung hagelte es Spott über die heilige Vorhaut. Im Jahr 1900 sah sich der Vatikan gezwungen, ein Schreib- und Redeverbot über das heilige Teil zu erlassen. Zu peinlich war die Sache inzwischen geworden. Am 15. Mai 1954 beschäftigte sich die vatikanische Männergesellschaft erneut mit der Vorhaut. Ein Jesuit hatte gefordert, das Verbot von 1900 aufzuheben. Die Sondersitzung der Obersten Heiligen Kongregation des Sanctum Officium (so der offizielle Name des vertraulichen Männerzirkels) bekräftigte die Entscheidung von 1900 mit dem buchstäblichen Verbot, die Vorhaut Christi in den Mund zu nehmen. »Gegen jeden, der ohne Erlaubnis über das heilige Präputium schreibt oder spricht, bleibe dem heiligen Apostolischen Stuhl die Strafe der Exkommunikation vorbehalten.«[6]

Eine Zeit lang interessierten sich ein paar fromme Sektierer auch für das Skalpell, mit dessen Hilfe die Vorhaut abgetrennt worden war, und für den Stein, auf welchem die Operation vollzogen wurde. Auch von dem Tuch, an dem das vermutlich blutige Skalpell abgewischt wurde, fehlt jede Spur. Hercule Poirot, übernehmen Sie!

Auch das Breinäpfchen des kleinen Jesus wurde zu einem beliebten Kultobjekt. In der Santa Casa zu Loreto ist die Schaureliquie öffentlich ausgestellt. Rosenkränze werden durch Reiben am Napf geweiht und quasi göttlich.[7]

Stroh aus der Krippe des Jesuskindes und Dornen aus der Krone des Gekreuzigten gehören zu den sog. »Wittenberger Partikeln«, der Reliquiensammlung des passionierten Sammlers und Kunstmäzens Friedrich III. (»Der Weise« – sic!), Kurfürst von Sachsen (1463–1525). Friedrich III. war ein Förderer Luthers und kein mittelalterlicher Mystiker. Er war zugleich von dem Reliquienkult als werthaltige Anlagemöglichkeit so fasziniert, dass er einen eigenen Einkäufer durch Europa und Palästina reisen ließ mit dem Ergebnis, dass seine Sammlung von 5.262 Stücken im Jahr 1515 auf 18.970 Teile im Jahr 1520 anwuchs. Der Geheimsekretär des Kurfürsten überwachte den Einkauf und führte Buch über die »Wittenberger Partikel«.[8]

Das Blut des Gekreuzigten

Es leuchtet ein, dass es wg. Himmelfahrt außer der Vorhaut des Knäbleins keine unmittelbaren körperlichen Reste des hingerichteten Unruhestifters und Religionsgründers gab. Bei der verzweifelten Suche nach heiligmäßigen Überresten des Verschwundenen ergab sich die Möglichkeit, dass Josef von Arimathäa eventuell das Blut des Gekreuzigten aufgesammelt haben könnte, das nach dem Lanzenstich in die Seite aus dem Leichnam des Hingerichteten ausgetreten war. Der Lanzenstich wird bei Joh. 19,34 erwähnt, nicht jedoch das Auffangen des Blutes. Die Legende vom Blut Jesu kann sich nun ausbreiten. Einige Beispiele:

»Abt Witigowo beschenkte sein Kloster Reichenau mit einem Kristallfläschchen aus Rom, welches das Blut Jesu enthielt. (…)

In S. Giulia zu Lucca wird ein Kruzifix aus dem 13. Jahrhundert verehrt. Der Legende nach soll das Auge des Gekreuzigten, vom Steinwurf eines Gotteslästerers getroffen, stark geblutet haben. (…)

Seit 1112 oder 1114 wurde in der Kirche Unserer Lieben Frau zu Antwerpen eine weltberühmte Vorhaut gezeigt. Sie hatte bereits ein Wunder gewirkt: Der Bischof von Cambrai hatte drei Blutstropfen vor ihr fallen sehen.«[9]

Am Himmelfahrtstag findet in Brügge eine riesige Prozession statt. Auf einem Wagen thront der Schrein mit der Blutreliquie.

In Heiligblut am Großglockner verstarb ein frommer Krieger auf der Heimreise nach Dänemark an Erschöpfung. Ein byzantinischer Kaiser habe ihm ein paar Tropfen Blut in einem Fläschchen mitgegeben.[10]

»Während einer Messe, die Papst Gregor I. feierte, soll ein Teilnehmer die Wandlung von Brot und Wein in Leib und Blut Christi bezweifelt haben. Plötzlich erschien über dem Altar Christus als Schmerzensmann. Aus seiner Seitenwunde floss Blut in den vom Papst hochgehobenen Messkelch, was den Zweifler überzeugte.«[11] Das in der mittelalterlichen sakralen Malerei stark verbreitete Motiv der sog. Gregorsmesse war geboren.

Das Heilige Kreuz

Die »Legende vom Heiligen Kreuz«, die Jacobus de Voragine in dem mittelalterlichen Bestseller *Legenda aurea* erzählt, liest sich wie eine erstklassige Räuberpistole.[12] Schon vor seiner Nutzung als wichtiges Accessoire bei der Hinrichtung des Jesus von Nazareth habe das Kreuz eine lange Geschichte hinter sich gehabt, die bis auf Adam zurückgehe. Nach der jüdischen Zählung sei das Kreuz mehr als 5000 Jahre alt. Ein Engel habe Adams Sohn Seth einen Zweig von dem Baum gegeben, an dem Adam gesündigt habe. Sein Vater werde gesund, so der Engel zu Seth, wenn dieses Holz Frucht trage. Seth habe seinen Vater leider tot vorgefunden und habe den Zweig auf Adams Grab gepflanzt. Der Baum habe sich prächtig entwickelt. Die Königin von Saba habe den außergewöhnlichen Baum im Zedernwald gesehen und [dem jüdischen] König Salomon mitgeteilt, »an diesem Holz werde einmal der hängen, durch dessen Tod die Herrschaft der Juden vernichtet werden sollte. Deswegen ließ Salomon den Stamm von dort entfernen und in die tiefsten Tiefen der Erde versenken.«[13]

Nun kommt Helena, die Mutter Kaiser Konstantins, ins Spiel. Sie ließ nicht nur Originalschauplätze des Christus-Lebens erkunden, sondern organisierte auch die Suche nach dem Kreuz. Laut *Legenda aurea* bediente sie sich dabei einer höchst rabiaten Methode. Sie war schwerlich so blöd zu glauben, man könne das Originalkreuz auftreiben. Aber als frühe christliche Fanatikerin wollte sie unbedingt ein Zeichen setzen. Sie ließ alle Juden, derer sie habhaft werden konnte, zusammentreiben und drohte ihnen mit Verbrennung, wenn sie nicht den Ort von Jesu Kreuzigung preisgeben würden – die vor 300 Jahren stattgefunden hatte. Die eingeschüchterte Menge machte einen Mann mit Namen Judas zum Sündenbock. Der wisse Bescheid. Helena ließ die anderen laufen und knöpfte sich Judas vor. »›Tod oder Leben hast du zur Wahl; lies aus, was du vorziehst! Zeige mir also den Ort, der Golgatha heißt, wo der Herr gekreuzigt worden ist, damit ich sein Kreuz finden kann.‹ Judas antwortete: ›Wie könnte ich auch die Stelle kennen, da ja seither mehr als zweihundert Jahre verflossen sind und ich damals nicht gelebt habe?‹ Die Königin [und angebliche Gastwirtstochter]: ›Ich werde dich, beim Gekreuzigten, Hungers sterben lassen, falls du mir nicht die Wahrheit sagst.‹ So gab sie Befehl, ihn in einen ausgetrockneten Ziehbrunnen zu werfen und durch Hunger quälen zu lassen. Nachdem er dort sechs Tage ohne Speise verbracht hatte, bat er am siebenten Tag, herausgezogen zu werden, und versprach, die Stelle des Kreuzes angeben zu wollen. So zog man ihn heraus. Als er nun an die Stelle gekommen war und dort gebetet hatte, bewegte sich plötzlich der Boden, und man nahm den Duft eines wunderbaren Räucherwerks wahr.«[14] Man begann zu graben und fand in einer Tiefe von 20 Fuß – nicht eins, sondern drei Kreuze. Aber welches der drei war das Kreuz, an dem Jesus gehangen hatte?

Ein wunderbarer Cliffhanger in der wilden Story des Jacobus de Voragine. Das echte Kreuz ließ sich natürlich durch ein paar

Tests bzw. Wunder ermitteln und so konnte Helena sowohl einen heiligen Ort kartieren lassen als auch die wertvolle Reliquie inklusive Nägel verteilen, nämlich dritteln. Ein Teil blieb in Jerusalem, ein Teil nahm sie mit nach Rom, das letzte Kreuzdrittel schickte sie ihrem Sohn nach Konstantinopel. Das Jerusalemer Kreuzteil war im Jahr 638 durch den Patriarchen in Jerusalem in 19 Teile zerstückelt und nach Konstantinopel, Antiochia, Kreta, Zypern, Georgien, Alexandria, Edessa, Damaskus und Askalon gebracht worden.[15]

Nun ließ sich die Ausbreitung der Kreuzsplitter nicht mehr aufhalten. Die christlichen Kreuzritter, die im Jahr 1204 Konstantinopel nach Ganovenart plünderten, behaupteten, sie hätten das verschwundene Jerusalemer Kreuzteil wiedergefunden. Mit einem kleinteiligen Holzhandel im großen Stil finanzierten sie ihre Raubzüge. Denn die Stückchen vom Kreuz des auferstandenen Jesus ließen die Kassen klingen, selbst wenn es sich nur um kleine Splitter handelte. Die *Legenda aurea*, der Bestseller des Mittelalters, dürfte wesentlich dazu beigetragen zu haben, dass Kreuzsplitter überhaupt als werthaltig galten. Denn der Kunstgriff, das Kreuz schon aus der Zeit des Alten Testaments stammen zu lassen, machte jeden kleinsten Splitter zu einer hochkarätigen Reliquie.

Und dann gab es ja noch die Möglichkeit der wundersamen Vermehrung von heiligen Kreuzsplittern durch das sog. Berührungswunder. Es genügte, ein neues, noch unschuldiges Holzstückchen an einen Splitter des echten Kreuzes zu halten, und schon hatte man ein heiliges Kreuz mehr.

Nicht vergessen wollen wir die Kreuznägel. Auch diese Folterinstrumente erfreuten sich im christlichen Abendland schaurig-schöner Beliebtheit. Die besagte Helena habe Nägel in die Trense einarbeiten lassen, die ihr Sohn seinem Lieblingsross anzulegen pflegte. Auch der Helm des Kaisers sei mit Nagelteilen des Jesus-Kreuzes mechanisch und religiös verstärkt worden.

Ziemlich komplette Nägel gibt es in Siena und Rom, Nagelteilchen, teilweise ebenfalls durch ein Berührungswunder entstanden, befinden sich in Aachen, Köln, Florenz, Krakau, Mailand und Wien.

Statistiker haben ausgerechnet, dass das im Römischen Reich übliche Hinrichtungshilfsmittel Kreuz 36.000 Kubikzentimeter Volumen gehabt haben dürfte. Die echten und vermeintlichen Partikel des Jesus-Kreuzes in christlichen Kirchen bringen es zusammen nur auf 4.500 Kubikzentimeter Volumen.[16] – Da ist noch Raum für ganz viele überraschende Funde von Kreuzsplittern.

Turiner Grabtuch

Was geschah aber mit den Leichentüchern, die Petrus und der ominöse Lieblingsjünger gesehen haben wollten? Das Turiner Grabtuch beschäftigt die theologische und die historische Fachwelt seit 100 Jahren.[17] Es tauchte irgendwann im 14. Jahrhundert auf und wurde nachweislich 1357 bei Troyes/Frankreich ausgestellt. Zumindest dieses Datum ist gesichert. In den folgenden Jahrzehnten wechselte es mehrfach den Besitzer und wird seit 1578 im Dom von Turin aufbewahrt. Es gilt als das bestuntersuchte archäologische Objekt. Die Radiokohlenstoffdatierung im Jahr 1988 ergab mit 95-prozentiger Wahrscheinlichkeit eine Entstehungszeit des Tuches zwischen 1260 und 1390 mit einem Mittelwert um 1325, also ca. 30 Jahre vor der ersten öffentlichen Ausstellung.

Bei Tripadvisor gibt es (Stand 13.2.2018) 359 Bewertungen des ausgestellten Turiner Grabtuchs mit dem deutlichen Hinweis, dass es sich um eine Replik handelt. Damit ist Wunderwirksamkeit a priori ausgeschlossen, und das Turiner Grabtuch muss sich mit dem 47. Rang der Turiner Sehenswürdigkeiten begnügen.

Der Heilige Rock

Eine weitere hochkarätige Christus-Reliquie ist der sog. Heilige Rock von Trier. Es handelt sich um einen Teil der Tunika, die der Aufrührer vor seiner Hinrichtung getragen haben soll. Die bereits erwähnte, in Sachen Reliquien äußerst rührige Kaiserinmutter Helena soll den Heiligen Rock nach Trier gebracht haben. Das jedenfalls behaupten Quellen des 12. Jahrhunderts. Die erste urkundliche Erwähnung datiert auf den 1. Mai 1196. Die Trierer wollten mit dieser Reliquie die konkurrierende Abtei Prüm ausstechen, die seit 752 im Besitz der angeblichen Sandalen Christi war. 1512 wurde der Rock anlässlich des Reichstags in Trier Kaiser Maximilian gezeigt.

Die Trierer Bürger wollten sich auch von dem Wunderrock inspirieren lassen und bekamen ihn bis 1517 jährlich zu sehen, danach im 7-Jahres-Rhythmus. Schon Martin Luther kritisierte »die neue Bescheißerei zu Trier«. Fast 140 Jahre lang wurde der Rock dann auf der Festung Ehrenbreitstein aufbewahrt, bevor er 1810 endgültig nach Trier zurückkehrte.

1844 erlebte die Mobilisierung der rheinisch-katholischen Volksfrömmigkeit ihren Höhepunkt. In 50 Tagen strömte etwa eine halbe Million Menschen nach Trier. Auch die Schwiegermutter von Karl Marx stellte Fremdenzimmer zur Verfügung.[18] Von 18 Heilungswundern wurde berichtet. Doch die Riesenwallfahrt rief heftige Proteste hervor. Um diese Zeit entstanden die berühmten Worte von Karl Marx: »Die Religion ist der Seufzer der bedrängten Kreatur, das Gemüth einer herzlosen Welt, wie sie der Geist geistloser Zustände ist. Sie ist das Opium des Volks.«

Rudolf Löwenstein (1819–1891) gab die Stimmung der Wunderrockskeptiker in einem massenhaft gespielten Bänkelsang treffend wieder. Das Lied handelt von der angeblichen Wunderheilung der 19-jährigen Gräfin Johanna von Droste zu Vischerung, Großnichte des Bischofs von Münster, durch Berührung des Heiligen Rocks am 30. August 1844.[19]

Freifrau von Droste-Vischering, Vi-, Va-, Vischering,
zum heilgen Rock nach Trier ging. Tri-, Tra-, Trier ging.
Sie kroch auf allen vieren,
sie tat sich sehr genieren,
sie wollt gern ohne Krücken
durch dieses Leben rücken.

Ach herrje, herrjemine, ach, herrje, herrjemine,
ach herrje, herrjemine, Josef und Maria!

Sie schrie, als sie zum Rocke kam, Ri-, Ra-, Rocke kam:
»Ich bin an Händ' und Füßen lahm, Fi-, Fa-, Füßen lahm.
Du Rock bist ganz unnäthig,
drum bist du auch so gnädig;
Hilf mir in deinem Lichte
ich bin des Bischofs Nichte!«

Ach herrje …

Drauf gab der Rock in seinem Schrein, si-, sa-, seinem Schrein
Auf einmal einen hellen Schein, hi-, ha-, hellen Schein,
der fuhr ihr in die Glieder,
sie kriegt das Laufen wieder;
getrost zog sie von hinnen,
die Krücken ließ sie drinnen.

Ach herrje …

Freifrau von Droste-Vischering, Vi-, Va-, Vischering
Noch selb'gen Tag's zum Kuhschwoof ging, Ki-, Ka-, Kuhschwoof ging.
Dies Wunder göttlich grausend
Geschah im Jahr eintausend-
achthundertvierundvierzig,
und wer's nicht glaubt, der irrt sich.

Ach herrje …

Auch der katholische Priester Johannes Ronge empörte sich öffentlich, die Wallfahrt »sei eine bewusste Täuschung ungebildeter und einkommensschwacher Menschen, denen bei der Reise ungerechtfertigte Entbehrungen abverlangt würden. Das von ihnen kassierte Opfergeld sei ein Geschäft mit dem Aberglauben der Menschen.«[20] In einem Offenen Brief an den Bischof von Trier prangerte er die Wallfahrt zum Heiligen Rock in Trier als »Götzenfest« an. Der Offene Brief wurde tausendfach kopiert. Das ließ sich der Klerus nicht gefallen. Der Priester Ronge wurde exkommuniziert.

Die Verehrung des Heiligen Rocks nahm Ende des 19. Jahrhunderts immer größere Ausmaße an. Ein Aufruf zur Wallfahrt von 1891 in der internationalen Presse führte zu fast zwei Millionen Pilgern.

»Als der Heilige Rock 1933 ausgestellt wurde, pilgerten 2,2 Millionen Menschen nach Trier. Die Trierer SA-Kapelle spielte Choräle, SA-Leute fungierten bei der Prozession als Ordner.«[21]

1959 konnten sich 1.8 Millionen am Anblick des Rocks erbauen, danach sank die Attraktivität der heiligen Tunika kontinuierlich. 1996 zog es noch 700.000 Menschen zum Heiligen Rock, 2012 waren es nur noch 550.000. Wann die nächste Rock-Wallfahrt stattfinden soll, ist derzeit unbekannt. Auch bei Twitter und Facebook gibt es nur News über die jährlich stattfindenden »Heilige Rock-Tage«. Die müssen sich mit dem ebenfalls jährlich stattfindenden »Rock am Ring« messen.

Sandalen und Windeln

Die Sandalen Christi im 62 Kilometer von Trier entfernten Prüm verdanken ihren Aufenthalt in dem beschaulichen Eifelstädtchen der Politik. Papst Zacharias hatte 751 die Wahl Pippins zum König der Franken anerkannt und als Zeichen seiner Wertschätzung ihm die Sandalen Christi zukommen lassen, woher er sie auch immer geholt haben mag. Pippin bedankte sich bei dem Papst für die bis dahin unbekannte Reliquie und begründete mit der Pippinischen Schenkung den päpstlichen Kirchenstaat, der bis heute existiert.

Doch die originelle Christus-Reliquie in Prüm hatte gegen den benachbarten Heiligen Rock in Trier keine Chance. Trotz politischer Protektion durch die Karolinger hatten die Sandalen gegenüber dem

Rock ein großes Manko. Der Rock war im Neuen Testament erwähnt, die Sandalen aber nicht. Von daher war ihre religiöse Attraktivität beschränkt. Auch kleidungsmäßig gesehen ist ein gewebter Rock interessanter als eine billige Sandale. Und nachdem das Kloster Prüm im Jahr 1574 dem Bistum Trier unterstellt wurde, war es mit der möglichen Wundertätigkeit des Pantoffels vorbei. Er kümmert derzeit in der Sankt-Salvator-Basilika in Prüm vor sich hin, und maximal 30.000 Besucher der Basilika jährlich interessieren sich für ihn. Einige Prümer haben sich von dem Mythos ihrer angeblich alten Reliquie verabschiedet und kokettieren heute damit, sie besäßen die Sandalen des Brian aus dem Monthy-Python-Film.[22]

Ebenfalls im Rheinland werden die Windeln Jesu aufbewahrt. Die Reliquie ist 68 cm hoch und hat mit 94 cm ihre größte Breite. Sie wurde vermutlich vom Patriarchen von Jerusalem um das Jahr 800 als Geschenk für Karl den Großen nach Aachen gebracht. Die heilige Babywäsche ist laut neueren Untersuchungen zwischen dem 5. und der 1. Hälfte des 7. Jahrhunderts entstanden, aber das tut ihrer Wundertätigkeit keinen Abbruch. Alle sieben Jahre werden die Windel und drei weitere Textilien auf der Aachener Heiligtumsfahrt gezeigt. Die erste fand 1349 statt. 1937 kamen sogar fast eine Million Pilger in die Kaiser- und Printenstadt. Die letzte Heiligtumsfahrt lockte im Sommer 2014 125.000 Gläubige nach Aachen.

Das Marienkleid soll die Mutter des Jesus von Nazareth bei der Geburt ihres Kindes getragen haben. Im »Enthauptungstuch Johannes des Täufers« hätten die Jünger diskret den abgeschlagenen Kopf des Täufers entsorgt. Und das »Lendentuch Christi« habe den Körper des Gekreuzigten bei seiner Hinrichtung umhüllt. Das Christentum hat also reichlich heilige Klamotten produziert – auch ohne Fertigung in Bangladesh.

7. KAPITEL

CHRISTLICHE HEILIGE

Dass Jesus-Reliquien einen besonderen Stellenwert in der christlichen Überlieferung besitzen, erstaunt nicht. Aber woher kommt die ausufernde Heiligenverehrung? Klären wir erst mal die Frage, wie man heilig wird.

Wie wird man heilig?

Nach Meinung des Apostels Paulus ist jeder heilig, der sich hat christlich taufen lassen. In der Jugendzeit des Christentums war es also relativ einfach, ein Heiliger zu werden. Doch in der katholischen Amtskirche gibt es genaue Festlegungen, wie man heilig wird. Man muss entweder ein Märtyrer gewesen sein und sich durch einen tadellosen Lebenswandel ausgezeichnet oder Wunder vollbracht haben. Am besten alles zusammen. »Heiligsprechung«, so erklärt es Wikipedia etwas umständlich den Ungläubigen, »ist in der römisch-katholischen Kirche ein kirchenrechtliches und dogmatisches Verfahren, durch das der Papst nach entsprechender Prüfung erklärt, dass für die Kirche die Gewissheit besteht, dass ein bestimmter Verstorbener sich in der selig machenden Gottesschau befindet und deswegen als Heiliger bezeichnet werden darf und als solcher verehrt werden soll.«[1]

Dieses Verfahren gibt es seit dem Jahr 1588. Heilig zu werden – dieser Weg ist steinig und schwer, um es mit Xavier Naidoo zu sagen. Es kann Jahrhunderte dauern, oder es geht ganz schnell wie bei dem polnischen Papst Woytila, bei dem bereits 87 Tage nach seinem Tod die umständliche Prozedur der sog. Kanonisierung in Gang gesetzt wurde.

Am Anfang steht die Verehrung des Kirchenvolks. Ohne sie geht gar nichts. Im zweiten Schritt muss eine Diözese (zu Deutsch: Amtsgebiet eines katholischen Bischofs) oder Ordensgemeinschaft einen Antrag bei den Herren in Rom stellen. Dann wird eine umfangreiche Akte angelegt, »causa« genannt, ähnlich wie eine Ermittlungsakte der Staatsanwaltschaft. Mit allen biografischen Informationen, schriftlichen Hinterlassenschaften über den/die Heiligzusprechenden sowie schriftlichen und mündlichen Zeugnissen von Zeitgenossen.

Das Resultat wird einer Behörde im Vatikan vorgelegt. Seit 1969 ist das die »Kongregation für die Selig- und Heiligsprechungsprozesse«. Die Behörde prüft, ob der/die Kandidat/in den Voraussetzungen entspricht. Dann kann die Seligsprechung als erste Stufe einer möglichen Heiligsprechung erfolgen. Schlussendlich stehen sich wie vor Gericht ein Vertreter der Anklage (advocatus diaboli) und ein Vertreter der Verteidigung (advocatus dei) gegenüber. Der advocatus diaboli (zu Deutsch: Anwalt des Teufels) bringt alle Argumente gegen eine Heiligsprechung vor. Der advocatus dei (zu Deutsch: Anwalt Gottes) hält das Plädoyer für die Heiligsprechung. Die Entscheidung fällt dann der Chef des obersten katholischen Religionsgerichtshofs persönlich, der Papst. Das ist sein Job. Letzter Schritt ist die Eintragung in das »Martyrologium«, das Verzeichnis der Heiligen.

Aber wieso setzte der ehemalige bayerische Theologieprofessor Joseph Ratzinger als Nachfolger von Johannes Paul II. bereits 87 Tage nach dessen Tod dessen Seligsprechung in Gang? Und warum wurde der verstorbene polnische Papst (»Woytila«) schon am 1. Mai 2011 – nur wenige Jahre nach seinem Tod am 2. April 2005 – von seinem Nachfolger seliggesprochen? Die polnischen Kommunisten hatten Woytila doch keinen Märtyrertod sterben lassen. Konnte er nicht sogar zum Schilaufen in die Hohe Tatra fahren? Benedikt und die anderen Kanonisierungsexperten in Rom fanden eine Erklärung. Die »unerklärliche Heilung der parkinsonkranken französischen Ordensfrau Marie Simon-Pierre aus Aix-en-Provence. Nach dem Tod des Papstes verschlimmerte sich ihr Leiden so sehr, dass sie nicht mehr schreiben konnte. Nach Ankündigung des Seligsprechungsverfahrens fingen ihre Mitschwestern an, den verstorbenen Papst tagelang um Fürsprache auf Heilung ihrer Mitschwester anzurufen. In der Nacht vom 2. auf den 3. Juni 2005 soll dann plötzlich die Schüttellähmung verschwunden sein.«[2] Stark, und das im Internet-Zeitalter! Der argentinische Papst Franziskus machte die Sache rund und sprach Woytila am 27. April 2014 heilig. Im folgenden Jahr wurde die Ordensfrau Mutter Teresa, die als Sozialarbeiterin im indischen Kalkutta gearbeitet hatte, ebenfalls heiliggesprochen. Auch hier sollen sich zwei posthume

Wunder qua Fürbitte ereignet haben. Die Inderin Monica Besra sei von ihrem Tumor durch Gebete an die Ordensfrau und das Auflegen eines von Mutter Teresa getragenen Amuletts geheilt worden. Ebenso sei Mutter Teresa für ein zweites Wunder verantwortlich. »Es soll sich dabei um die medizinisch unerklärliche Heilung eines Mannes handeln, der acht Tumore im Gehirn hatte. Angehörige sollen Mutter Teresa laut der katholischen Zeitung *Avvenire* zuvor im Gebet um Hilfe gebeten haben.«[3]

Dass Heilungswunder heutzutage nicht nur von katholischen Heiligen vollbracht werden, sondern auch von anderen Wunderheiligen, darauf kommen wir noch in diesem Buch zu sprechen.

Um selig- oder heiliggesprochen zu werden, dafür gibt es bessere oder schlechtere Zeitfenster. Allein der polnische Papst hat in seiner Amtszeit von 1978 bis 2005 1.338 Selig- und 482 Heiligsprechungen vorgenommen. Dafür mussten 1.820 Wunder von der katholischen Kirche anerkannt werden. Wunderstress ohne Ende! Die Zahl aller von Woytilas Vorgängern in den vergangenen 400 Jahren insgesamt heiliggesprochenen Personen ist nur etwa halb so hoch. Kaum gestorben, schon vom Polen – heiliggesprochen? Was mag der Grund für diese Explosion von Heiligsprechungen sein? Woytila kann es uns erst im Himmel verraten. Der plausibelste Grund dürfte in dem zunehmenden Druck bestehen, unter dem sich die katholische Kirche befindet. Durch die Globalisierung der Märkte ist auch ein weitgehend offener globaler Glaubensmarkt entstanden, auf dem verschiedene Religionen und Sekten um zahlende Anhänger miteinander konkurrieren. Die Riten der katholischen Kirche, Messgewänder, religiöses Geschirr, Prozessionen usw. sind für einfache Menschen nach wie vor attraktiv. Und wenn das Christentum schon nicht mit dem Hinduismus in Bezug auf die Anzahl seiner Götter konkurrieren kann, dann wenigstens mit der unaufhörlich wachsenden Zahl von Heiligen. Je mehr Heilige, umso mehr Abglanz auf die Gläubigen. Je mehr Heiligengräber, umso mehr Wallfahrten und mögliche Berührungs- und Heilungswunder. Das erklärt, dass von 784 seit dem Jahr 1592 erfolgten Heiligsprechungen 650, also 83 Prozent, im 20. Jahrhundert erfolgten.[4]

Papst Franziskus sieht sich allerdings einem Problem gegenüber, das ihm sein Vorvorgänger Woytila eingebracht hat. Die Überprüfung der untadeligen Lebensführung und ggf. vollbrachter Wunder der Heilig-Kandidaten kostet viel Geld. Sie bindet Personal- und Sachmittel, die selbst dem Vatikan heutzutage nicht mehr unbeschränkt zur Verfügung stehen. Deshalb müssen Antragsteller einen ordentlichen finanziellen Beitrag leisten – Einnahmen, deren Verbleib unklar ist, wie »Vatileaks 2« seinerzeit enthüllt hatte. Nun soll für jeden Kandidaten eine eigene Buchhaltung eingerichtet werden. »Franziskus will das Verfahren nun transparenter und günstiger machen«, meldet der *SPIEGEL* am 10.03.2017.

In einer am 9. April 2018 veröffentlichten »exhortatio« unter dem Titel »Gaudete et exsultate«, zu Deutsch eine »Ermunterung« mit der Überschrift »Freut euch und jubelt«, bewies der lateinamerikanische Gotteshirte in Rom wieder einmal seinen Ideenreichtum. »Heilig werden kann jeder. So sieht das jedenfalls Papst Franziskus«, kommentierte die *Süddeutsche*.[5] In dem knapp 50-seitigen Ermunterungsdokument knüpft Franz an die oben erwähnte frühchristliche Doktrin des Paulus an und verkündet, jeder Mensch sei zur Heiligkeit berufen. Dieser Bezug auf Paulus könnte ein ziemlich raffiniertes Manöver sein, um dem ganzen sich noch bis ins 21. Jahrhundert durchschleppenden Heiligenrummel eine neue Grundlage zu verschaffen. Aber ob Franzens »Ruf zur Heiligkeit in der heutigen Zeit«, so der Untertitel der päpstlichen exhortatio, irgendwelche Folgen hat, muss sich noch herausstellen.

Im Vollzug seiner Ankündigung, jeder könne heilig werden, sprach Franz im Oktober 2018 einen seiner Amtsvorgänger, Papst Paul VI., heilig. Doch welches Wunder vollbrachte »Pillen-Paul«? Das von der Kurie einstimmig anerkannte Wunder ist an Absurdität kaum zu überbieten. Dabei soll es sich um die Heilung eines irreversibel geschädigten fünf Monate alten Fötus handeln. Das Kind kam gesund zur Welt, nachdem die Mutter sich betend an Paul gewandt hatte.

Der nunmehr heilige Paul VI. war übrigens bereits zu Lebzeiten unangenehm aufgefallen. Er verurteilte grundsätzlich und in jedem Fall Empfängnisverhütung und bezog überdies beinharte Positionen zur Hölle. Der »Satan, der Fürst dieser Welt« sei »durch eine Ritze als Rauch in den Tempel Gottes eingedrungen«.[6]

»Der Heiligenhimmel ist in weiten Teilen unübersichtlich«, schreibt Esther Meier in der Einleitung des 2010 erschienenen *Handbuchs der Heiligen*, »denn er ist keineswegs ein unveränderbares Gefüge. (…) Nicht nur die Zu- oder Aberkennung des Heiligkeitsstatus bewirkt einen Wandel im Heiligenhimmel, auch kulturelle und zeitgeschichtliche Bedingungen können zu gravierenden Veränderungen führen.«[7]

Die ersten christlichen Heiligen gehören zur Spezies Märtyrer. Märtyrer brauchten bekanntlich keine Wunder zu vollbringen, da sie als Nachfolger des Jesus von Nazareth für ihren Glauben starben. Interessanterweise verbinden sich aber schon bei einem frühen Märtyrer Tod und Wunder. Laut der Apostelgeschichte (Apg 6–7; 22,20) hatten die Juden den begnadeten Redner und christlichen Schwärmer Stephanus gesteinigt, als er nach einer Predigt in Verzückung zum Himmel blickte und dort Gottvater und Jesus sah. Erst ein paar Jahrhunderte später wurden dem Stefan Wunder angedichtet. Er sei im Kindesalter vom Teufel geraubt worden. »der statt seiner einen dämonischen Wechselbalg in die Wiege legte. Den kleinen Heiligen aber säugte eine Hirschkuh im Wald, wo ihn bald darauf ein Bischof namens Julian entdeckte. Dieser nahm das Kind zu sich und erzog es im christlichen Glauben. Als Stephanus im Jugendalter in sein Elternhaus zurückkehrte, vertrieb er den Wechselbalg, der nicht gewachsen war und noch immer in der Wiege hockte«. [8]

Der Apostel Petrus wurde wohl unter Kaiser Nero zwischen 64 und 67 hingerichtet. Die *Legenda aurea* stattete den Märtyrer mit gewaltigen Wunderkräften aus. In Jerusalem trieb ein Zauberer namens Simon Magus sein Unwesen. Der Prahlhans rühmte sich: »Einst hatte mich meine Mutter Rahel geheißen, aufs Feld zu gehen, um zu mähen. Da befahl ich der Sichel, die ich am Boden liegen sah, an meiner Stelle zu mähen, und sie mähte zehnmal mehr als die übrigen. (…) Ich bin das Wort, das von Gott kommt, ich bin der Schöne, ich bin der Tröster, ich bin die Fülle Gottes.«[9] Simon Magus fordert Petrus heraus. Mehrfach bietet Petrus Simon Magus rhetorisch Paroli. In einem

Wunder-Contest gelingt es Petrus, einen Verstorbenen zum Leben zu erwecken. Simon Magus ist außer sich, besteigt das Kapitol – Schauplatz ist inzwischen Rom – und beginnt zu fliegen. Petrus macht dem Spektakel ein Ende mit den Worten: »Ihr Engel Satans, die ihr ihn tragt, ich beschwöre euch bei unserem Herrn Jesus Christus: Tragt ihn nicht weiter, sondern lasst ihn herunterstürzen!«[10] Der selbst ernannte Gottessohn »stürzte zu Boden, brach sich den Nacken und gab seinen Geist auf.«[11] Und wieder einmal hatte sich die christliche Wunderbotschaft gegen die hellenistische Konkurrenz durchgesetzt.

Die Heiligenbiografien der *Legenda aurea* dichteten jedem Märtyrer mehr oder weniger Wunder zu. Wenn man das historische Umfeld dieser großartigen Sammlung von Heiligenstorys berücksichtigt, wird diese Vorgehensweise verständlich. Zur Zeit der Entstehung der *Legenda aurea* um das Jahr 1264 herum befand sich der Islam noch immer auf dem Vormarsch im Osten des ehedem »christlichen Abendlands« und war nur in Spanien nachhaltig zurückgedrängt worden. In der politischen und ideologischen Konkurrenz zwischen Christentum und Islam war das Protzen mit Wundern christlicher Märtyrer eine für die Festigung des Volksglaubens besonders wirkungsvolle Waffe.

»Die Produktion von Heiligen läuft auf Hochtouren«, titelte die *Frankfurter Allgemeine* am 23. April 2011. Den klugen Köpfen am Main war aufgefallen, dass 80 Prozent aller Heiligen erst im 20. Jahrhundert anerkannt wurden. »Jetzt sucht die Forschung Antworten auf die Frage, ob es eine Inflation von Heiligen analog zur Versorgung der Wirtschaft mit immer mehr Geld gibt.«[12] Der von der *FAZ* konstruierte Zusammenhang ist zwar hübsch, führt aber nicht weiter. Die Antwort auf die Frage nach der Heiligen-Inflation meine ich bereits oben gegeben zu haben. Und *FAZ*-Redakteur Jürgen Kaube selbst rückt die neuen Heiligen und ihre Wunder in geografische Muster von Missionierungskampagnen. »Mehr als die Hälfte der neuen Heiligen und Wunder kommt aus China, Korea und Vietnam.«[13]

Die Verknüpfung von Heiligen und Wunderglauben ist für die katholische Kirche eminent wichtig. »Die zentrale römisch-katholische

Kirchenleitung ist offensichtlich bemüht, alles daran zu setzen, das religiöse Massenphänomen der Wunderglaubensbereitschaft auch im heutigen globalen religiösen Wettbewerb nicht anderen Konkurrenten zu überlassen«, schreibt Michael N. Ebertz.[14]

Die attraktivsten Heiligen-Reliquien

Wir ersparen es uns, alle Wunder der mehr als 365 christlichen Heiligen aufzuzählen. Das kann man bei der katholischen Erbauungsliteratur im Netz nachschauen. Werfen wir noch einen Blick auf die Reliquien der Heiligen, die zwar nicht so wunderwirksam sind wie die Jesus zugehörigen Teile. Aber das Volk braucht Religion zum Anfassen. Und da es keine primären Jesus-Reliquienteile gibt, hatten die körperlichen Überbleibsel von Heiligen einen hohen Stellenwert im Volksglauben. Dabei gibt es eine bestimmte Hierarchie. Eine komplette Leiche, Kopf, Arm und Bein sind Kapitalstücke (reliquiae insignes). Weniger wert sind Hand oder Fuß (reliquiae notabiles), am wenigsten wert sind Finger und Zähne (reliqiae exiguae). Und diese Primärreliquien sind natürlich kostbarer als Sekundärreliquien wie Kleider, Marterwerkzeuge und sog. Kontaktreliquien, wobei eine Reliquie, die unmittelbaren Kontakt z. B. durch Reibung mit dem Heiligen zu Lebzeiten hatte, als hochkarätig gilt. »Die Päpste sahen in den römischen Friedhöfen wahre Schatzkammern und gingen mit den Leibern der Bestatteten recht großzügig um: Mancher hochrangige Besucher des römischen Bischofs durfte mit einem toten Heiligen im Gepäck die Heimreise antreten.«[15]

Das *Lexikon der kuriosesten Reliquien* verzeichnet den Verbleib der Köpfe von 13 und Hunderter Gebeine von 64 Heiligen. Es dürften tatsächlich aber noch mehr Gebeine unterwegs sein. Bei der Heiligendurchdringung des katholischen Religionsgebietes bleibt es nicht aus, dass Multiplikation der Reliquien stattfindet und Städte und Bistümer sich um angeblich echte oder gefälschte Reliquien streiten. Berühmt ist der Streit um den Kopf des heiligen Thomas von Aquin. Der Dominikaner Thomas von Aquin (1225–1274) starb in einer Zisterzienserabtei, und wie Dante vermutet, an einem Giftmord, den König Karl I. von Neapel-Sizilien angeordnet haben soll. Streit zwischen den beiden Orden um den Besitz der Leiche war somit vorprogrammiert. 1368, fast ein Jahrhundert später, entschied Papst Urban V., »der (unverweste) Leichnam des Thomas gehöre den Dominikanern und sei bei Strafe des Kirchenbanns nach Toulouse zu überführen. Doch die Zisterzienser hatten Vorsorge getroffen, den Kopf des Heiligen abgetrennt und den Rumpf ausgekocht, um ihm das Fett zu entziehen.«[16] Die cleveren Klosterjungs folgten dem Befehl des Papa und rückten den Leichnam heraus, versahen ihn aber mit einem fremden Schädel. Seither hat Thomas von Aquin zwei Köpfe.

Die reliquiae exiguae, die Fingerchen oder Zähne, mussten im Mittelalter fast beliebig vermehrbar sein, weil seit dem Jahr 767 jeder Altar einer katholischen Kirche einen sogenannten Altarstein enthalten muss, der die Reliquie eines Heiligen in sich schließt. Wachsende Nachfrage führte schon immer zur Vergrößerung des Angebots.

Eigentlich durften Heilige ohne kirchliche Zustimmung nicht ausgegraben werden. Und es gab auch das Verbot, Reliquien zu verkaufen. Die plündernden Kreuzritter konnten sich leider nicht an diese Gebote halten. Ihre frommen Raubzüge mussten ja finanziert werden. Der wohl größte Reliquienraub passierte 1204 bei der Einnahme Konstantinopels, der Hauptstadt des in Bedrängnis geratenen byzantinischen Kaiserreichs. Die Plünderung führte zur massenhaften Verbreitung von Christus- und sonstigen Reliquien und generell zu einem Aufschwung des Reliquienhandels.

Mit Beginn der modernen Finanzwirtschaft in Oberitalien kam der Reliquienkredit auf. Reliquien konnten zur Absicherung von Finanzgeschäften in einer Kreditanstalt hinterlegt werden. 1319 wurde auf einen Gralsbecher in Genua eine Hypothek aufgenommen. In Pisa wurde eine Dornenkrone Jesu als Pfand von einer Bank akzeptiert. Für Banken in Florenz war der Reliquienkredit Alltagsgeschäft. Häufig dienten Haare Mariens als Sicherheit.[17]

BILD, das Zentralorgan des deutschen Spiritualismus, bescherte den gläubigen Lesern am 3.4.2014 die Top Ten der »wertvollsten Reliquien der Welt«. Die Überschrift war insofern irreführend, da es sich bei der Aufstellung nur um christliche Reliquien und nur solche in Europa handelte und nicht um die glaubensmäßig wertvollsten, sondern um die meistbesuchten.[18] So sieht das Ranking aus. (In Klammern jeweils die jährliche Besucher- bzw. Teilnehmerzahl der letzten Reliquien-Präsentation in Millionen.)

1.	Die Knochen von Petrus	Rom (7,0)
2.	Grab des Hl. Franziskus	Assisi (4,5)
3.	Knochen der Hl. Drei Könige	Köln (3,7)
4.	Blutwunder v. St. Januarius	Neapel (2,5)
5.	Turiner Grabtuch	Turin (2,1)
6.	Grab des Hl. Markus	Venedig (2,0)
7.	Treppenstufen v. Golgatha	Rom (2,0)
8.	Kreuz-Reliquien (Nägel etc.)	Rom (1,0)
9.	Heiliger Rock	Trier (0,545; zuletzt 2012)
10.	Windeln/Lendentuch etc.	Aachen (0,125; zuletzt 2014)

Wie wird aus Posemuckel ein Wallfahrtsort?

Beste Voraussetzung bietet das Vorhandensein des Grabes eines Heiligen. Wenn kein kompletter Heiliger greifbar ist, genügen auch die erwähnten Reliquien, aber bitte nicht nur die reliquiae exiguae, die kleinen Fingerchen etc. Und dann sollte nach Möglichkeit ein Wunder geschehen; Posemuckel kann nun Wallfahrtsort werden. Kein Wallfahrtsort ohne Reliquien, und nur selten ein Wunder ohne Wallfahrtsort. »Eine Untersuchung von 5.000 Wunderberichten des 11. und 12. Jahrhunderts ergab, dass in 1.102 Fällen, wo der Ort des Geschehens miterwähnt ist, sich gut 40 Prozent am Grab oder bei der Berührung der Reliquien und fast ebenso viele in baldigem Anschluss daran ereigneten; bei 216 Wundern, für die der Tag bezeugt ist, ereigneten sich ein Drittel am Gedenktag des Heiligen und ein weiteres Drittel an den kirchlichen Hochfesten«, heißt es im *Lexikon des Mittelalters.*[19]

Im Mittelalter zogen Wallfahrtsorte Arme und Behinderte geradezu magisch an, aber nicht so sehr, weil sie sich Heilung erhofften, sondern weil an diesen Orten die Bereitschaft gottesfürchtiger Besucher zu Almosen besonders ausgeprägt war. Arme und Behinderte, vielleicht auch nur scheinbar behinderte Bettler haben ihr Arbeitsfeld heutzutage in die belebten Fußgängerzonen der Großstädte verlegt, sind aber gelegentlich auch vor Kirchentüren oder an Eingängen zu Parkhäusern anzutreffen.

Die Mirakelbücher des Mittelalters und der frühen Neuzeit dokumentierten das Wundergeschehen an sog, Gnadenorten. Das Gnadenbild der Jesus-Mutter Maria in der Wallfahrtskirche von Tuntenhausen (Kreis Rosenheim/Oberbayern) aus dem Jahr 1534 zog einen gewaltigen Pilgerstrom an. Das Tuntenhauser Mirakelbuch von 1696 zählt mehr als 150 Jahre später folgende wunderhafte Wirkungen dieser begnadeten Stätte auf:

1. »Vertreibt Leibschäden, Gichtbrüche, Hinfallend und andere gefährliche Geschwülsten.
2. Tröstet die Verzweifelten, Angefochtenen, Zerritten [Zerstörten], Kleinmütigen, vom Bösen Feind Besessenen.
3. Löscht [Feuer-]Brunsten, behütet vor Feuersnot, Hagel, Blitz Donnerstreich.
4. Errettet vor allerlei Wassersnot, Schiffbruch, Ertrinken.
5. Erleuchtet die Blinden, gibt den Tauben Gehör, hilft zustehendem Weh von Augen und Ohren.
6. Macht reden Stumme, erlöst Erstickende und Fraisstobende [in Krämpfen Zuckende].
7. Stärkt Krumme und Lahme, an Händen, Armen und Füßen mangelhafte Leute.
8. Heilt gewaltige Schäden, Wunden, Geschwär.
9. Erhält die gefährlich Fallenden und Getruckten.
10. Erquickt in todesgefährlichen Leibschwachheiten, Krankheiten, Pesten, Wehtagen.
11. Behütet von unterschiedlichen lebensgefährlichen Zuständen und Gewalttaten.«[20]

Schon das Gelübde, eine Wallfahrt nach Tuntenhausen zu unternehmen, bewirkt Wunderheilungen. Das Nichteinhalten eines solchen Gelübdes führt zu postmortaler Friedlosigkeit.

Die gedruckten Mirakelbücher waren ein wichtiges Marketingmittel im Konkurrenzkampf Hunderter wundertätiger Orte um umsatzbringende Pilger. Von daher verwundert es nicht, dass die Tuntenhauser sich quasi als Superheilstätte für fast alle denkbaren Gebrechen ins Spiel bringen. Nach der Säkularisierung 1803 erwog die bayrische Regierung den Abriss der Wallfahrtskirche, um das wertvolle Baumaterial profanen Zwecken, z. B. für Hausbau, zur Verfügung zu stellen. Die Rekatholisierung im 19. Jahrhundert verhinderte dieses Schicksal. Seit 1945 pflegt der Katholische Männerverein Tuntenhausen, eine CSU-nahe Organisation, mit zwei Wallfahrten pro Jahr, das konservative Erbe. [21] Über Heilungswunder bei den CSU-Fans ist nichts bekannt.

Die in Glaubensdingen gut unterrichtete *BILD* präsentierte im Jahr 2014 Deutschlands wichtigste Wallfahrtsorte.[22] Wichtigkeit wird von *BILD* an der Pilgerzahl gemessen, die ja eventuell die vermeintliche spirituelle Qualität des Heiligtums widerspiegelt. Nachfolgend das Ranking; Pilgerzahlen pro Jahr in Klammern.

1. Aachen, diverse Reliquien im Kaiserdom (1 Mio.)
2. Altötting/Obb., Marienheiligtum mit Schwarzer Madonna (1 Mio.)
3. Andechs/Obb., diverse Reliquien, u. A. Teile des Tischtuchs vom letzten Abendmahl (1 Mio.)
4. Kevelaer/Niederrhein, Marienheiligtum (1 Mio.)
5. Köln, Reliquien der Hl. Drei Könige (750.000)
6. Trier, Hl. Rock u. Kreuznagel (500.000)
7. Fulda/Hessen, Sarg des hl. Bonifatius (500.000)
8. Neviges/Berg. Land, Marienheiligtum (200.000)
9. Vierzehnheiligen/Oberfranken, Wallfahrtsbasilika der 14 Nothelfer (200.000)
10. Telgte/Münsterland, Marienheiligtum (90.000)

Exkurs: Wie Altötting Karriere machte

Aber warum hat Altötting solch großen Zulauf, obwohl hier kein Heiliger begraben liegt und keine Marienerscheinungen stattgefunden haben? Der Ruhm von Altötting geht auf ein angebliches Wunder im Jahr 1489 zurück. Ein dreijähriges Kind war in einen Bach gefallen und von der Strömung abwärts getrieben. Man hielt es für tot, doch die verzweifelte Mutter wollte sich damit nicht abfinden. Sie brachte das leblose Kind nach der Bergung in die Marienkapelle und legte es auf den Altar. Es folgten Gebete für die Rettung des Kindes. Und siehe da, alsbald trugen die religiösen Wiederbelebungsaktivitäten Früchte, und der Knabe kam wieder zu sich. Nach der Legende soll er später Priester geworden sein.

In der Marienkapelle befand (und befindet sich) sich eine 64 cm hohe Madonnenstatue, die am Ende des 13. oder zu Beginn des 14. Jahrhunderts hergestellt wurde. Die Altöttinger Maria ist eine von insgesamt 272 Madonnen mit schwarz gefärbtem Gesicht, die es in Europa geben soll. Allein in Frankreich soll es 188 »vierges noires« geben. Die schwarze Madonna von Tschenstochau ist das polnische Top-Heiligtum.

Das Wunder von Altötting ist also eigentlich nur eines von Hunderten anderer frühneuzeitlicher Heilungswunder, die meist nur in regionalen Mirakelbüchern schriftlichen Niederschlag fanden. »Als 1492 das älteste Altöttinger Wunderbüchlein in den Druck ging, änderte sich das grundlegend«, ermittelte Gabriela Signori. »Die Erfolgsgeschichte von Altötting ist unauflösbar mit dem Engagement der Nürnberger und Augsburger Buchdrucker verbunden, welche die Wunder drei Jahre nach der ersten Gebetserhörung zügig in Umlauf brachten. Ihnen allein ist es zu verdanken, dass sich Altötting derart schnell aus der Masse der Wallfahrten abhob, die damals in Bayern wie auch in anderen Regionen pilzartig aus dem heimatlichen Boden schossen.« Gedruckte Berichte über Wunder in Altötting hatten also anfangs ein Alleinstellungsmerkmal, das erst mit der weiteren Verbreitung des Buchdrucks seine Bedeutung verlor. Und der Adressatenkreis der Wunderberichte veränderte sich. »Das gedruckte Wunder zielte auf ein überregionales, lesekundiges, vornehmlich städtisches Publikum. Das aber wollte nicht nur erbaut, sondern auch unterhalten werden.«[23]

Die schwarze Altöttinger Madonna sollte ihren Ruhm fairerweise mit Johannes Gutenberg aus Mainz und seinen Kollegen teilen. Es gab aber noch einen weiteren Faktor, der Altötting an die Spitze der deutschen Pilgerdestinationen hievte. Die Wittelsbacher Fürsten hatten im Zeitalter der Gegenreformation »ein dringendes politisches Interesse am Aufschwung der Wallfahrt.«[24] Sie unterstützten nach Kräften das Geschehen in dem oberbayerischen Ort und siedelten Jesuiten an. Heute bezeugen über 2.000 Votivbilder im Umgang der Kapelle eindrucksvoll die Stärke des katholischen Wunderglaubens. Zehn Hotels stehen im Umkreis von nur 1,6 km den Pilgern zur Verfügung.

Am 16. August 2008 meldete die ebenfalls in Glaubensfragen hochsensible *taz*, Altötting sei die deutsche Nummer eins. Der oberbayerische Wallfahrtsort sei mit der päpstlichen Goldenen Rose »zum bedeutendsten Wallfahrtsort Deutschlands« ernannt worden, worüber sich der bayerische Ministerpräsident sehr gefreut habe.[25] Wir stoßen hier auf ein statistisches Problem, das vor religiösen Stätten nicht haltmacht. Sind alle Besucher des kunsthistorisch bedeutsamen Aachener Doms als Pilger zu zählen? Sind die Touristen auf der Kölner Domplatte, die mal eben einen Blick in das monströs große Gebäude werfen wollen, Pilger?

Und wir haben ein weiteres statistisches Problem. Kathpedia, die mit päpstlichem Segen ausgestattete Seite im Netz, verzeichnet lediglich elf Marienwallfahrtsorte in Deutschland. Wikipedia ist da großzügiger. Hier werden 113 »christliche Wallfahrtsorte in Deutschland« aufgeführt. Außerdem noch 19 fromme Stätten in Frankreich – erstaunlich wenig für unser Nachbarland, in dem der Protestantismus blutig verfolgt und der Allmacht der katholischen Kirche erst durch die französische Revolution Einhalt geboten wurde.

Pilgern ist in den letzten Jahren zu einer speziellen Art der Wanderbewegung geworden. Während es ehemals »im Frühtau zu Berge« ging, muss das Latschen mit Blasen an den Füßen heute eher ein spirituell-markantes Ziel haben, Wenn schon kein Wunder, dann möglichst Wellness-Faktor nach der anstrengenden Reise. Hape Kerkeling hat mit seiner Pilgerstory *Ich bin dann mal weg* nicht nur dem Pilgern auf dem Jakobsweg enormen Zulauf deutscher Reisender verschafft, sondern auch das Interesse an dieser Art von Fortbewegung im Freien und die Outdoorbewegung insgesamt belebt. Nach Lourdes allerdings pflegt man nicht zu Fuß zu gehen, sondern nimmt den Sonderzug.

Wundertätige Götter- und Heiligenbilder

Ziel von christlichen Pilgerfahrten heutzutage sind meistens wunderkräftige Statuen oder Bilder, häufig im Umfeld eines Grabes. Das ist das Ergebnis einer komplizierten und höchst widersprüchlichen Entwicklung.

Das alttestamentarische Bilderverbot richtete sich grundsätzlich gegen die figürliche Darstellung und deren Anbetung. »Du sollst dir kein Bildnis noch irgendein Gleichnis machen« (2. Mose, 20,3). »Die Bibel kennt keine geheimnisvolle Verbindung von Abbildern, die von Menschenhand gefertigt werden, und den göttlichen Urbildern«, schreibt Gustav Mensching.[26] In außer- und vorchristlichen Religionen ist der Glaube an diese Verbindung aber die Voraussetzung des Glaubens an die Wunderkraft von Bildern bzw. Statuen. Daher war es nur eine Frage der Zeit, dass sich diese Art des Wunderglaubens auch im Christentum breitmachte. In der Ostkirche setzte sich früh die Vorstellung durch, dass es eine reale mystische Beziehung zwischen Urbild und Abbild gibt. Geweihte Gottes- und Heiligenbildchen besitzen die gleiche Wunderkraft wie die körperlichen Reliquien. »Wenn in der Ikone das Urbild gegenwärtig ist, so ist in ihr auch die göttliche Kraft des Urbildes anwesend.«[27]

Die Ausmalung von Kirchen führte zu einem Streit unter Theologen. Gregor der Große (~540–604) erkannte den glaubenspädagogischen Wert von Bildern für Menschen, die im Gegensatz zu den Klerikern nicht lesen und schreiben konnten. Und das war die Masse der Bevölkerung: Bildgeschichten machten Kirchenbesuche, bevor es Comics gab, auch attraktiv. Gregor: »Die Bilder sollen deshalb in den Kirchen angebracht werden, damit jene, die nicht lesen können, wenigstens aus den Erscheinungen auf den Wänden entnehmen können, was sie aus Büchern nicht verstehen würden; die Bilder sind nicht zu zerstören, das Volk aber ist zu belehren, dass es sie auf keinen Fall anbetet.«[28]

Die katholische Kirche sträubte sich lange gegen Wallfahrten zu Gnadenbildern. Aber sie musste auf den Wunderglauben, der den Menschen offenbar seit Anbeginn immanent ist, eingehen. In einem Sitzungsprotokoll des Konzils zu Trient (1545–1463) heißt es: »Es sollen die Bildnisse Christi, der jungfräulichen Gottesmutter und anderer Heiliger in den Kirchen vorzugsweise aufgestellt und beibehalten werden, und es soll ihnen die schuldige Hochachtung und Verehrung erzeigt werden.«[29] Es sei aber falsch zu glauben, in den Bildern liege etwas Göttliches oder eine Kraft, die man verehren könne, »oder als sei etwas von ihnen zu erbitten, oder als ob auf die Bilder das Vertrauen zu setzen sei, wie es einst von den Heiden geschah, welche ihre Hoffnung auf die Idole setzten.«[30]

Schon vor dem Tridentinum und auch in der Folgezeit hielten sich gläubige Katholiken einfach nicht an die Beschlüsse von Kardinalsversammlungen, und so werden in aller Welt Marien- und Heiligenbildchen angebetet, geküsst und gehätschelt mit der auch heute noch aktuellen Verheißung: »Da werden Sie geholfen!«

8. KAPITEL

MARIA ERSCHEINT – ABER NICHT AUF KOMMANDO

Unter der Überschrift »Gott greift ein« preisen Marienanhänger im Internet die Mutter der »unbefleckten Empfängnis«: »Das Menschenkind Maria war als Mutter für den Gottmenschen erkoren. Gott hat Maria von der Erbsünde befreit und schenkte ihr alles wieder, was Adam zerstört hat.« Hier muss jetzt nicht auf so komplizierte Sachen eingegangen werden, wie sie wohl nur ausgebildete Theologen verstehen können (»Unbefleckte Empfängnis«, »Adam = Zerstörer«, »Erbsünde«). Schauen wir uns lieber die Landkarte an, die die Marienanbeter freundlicherweise ins Netz gestellt haben. Sie verzeichnet 75 Orte, an denen Maria bei unterschiedlichen Ereignissen und in unterschiedlichen Erscheinungsformen auftrat. Das geht von Maria als der »Mutter aller Menschen« (Guadalupe/Mexiko 1531), über zahlreiche wundertätige Tränenstatuen (u. a. Syrakus/Sizilien 1953; Damaskus/Syrien 1977; Maasmechelen/Niederlande 1982; Naju/Korea 1985 f.), Marienerscheinungen als Sonnenwunder (Trang-Den/Vietnam 1963; Melleray/Frankreich 1985 f.) bis zu einem Marienbild, das Öl absondert (Soufanieh/Syrien 1982).[1]

Die Geschichte der wunderbehafteten Marienerscheinungen beginnt mit dem Jesus-Jünger Jakobus dem Älteren, dem am 2. Januar 40 unserer Zeitrechnung im spanischen Saragossa Maria auf einer Säule erschienen sein soll, Nuestra Señora del pilar (»Unsere Liebe Frau auf dem Pfeiler«). Ketzer nennen sie die »Vollpfostenmadonna«. In den folgenden Jahrhunderten erschien Maria vorwiegend männlichen Klerikern und häufig in einer ganz speziellen Rolle. Seit Bernhard von Clairvaux (1090–1153), der Gründer des bis heute aktiven Zisterzienserordens, bekannt gab, dass Maria ihm in einer Vision die Brust gegeben hatte, gab es kein Halten mehr. Der Marienkult entwickelte sich in den mediterranen Macho-Gesellschaften besonders stark. Eine Ehefrau, die noch Jungfrau ist, und eine liebevolle Mutter des männlichen Statthalters – diese unwiderstehliche Kombination lässt die Seele jedes religiös angehauchten Latin Lovers höher schlagen. Oder wie es Joachim Ringelnatz formulierte: »Eine Jungfrau ist etwas sehr Schönes, vorausgesetzt, sie bleibt es nicht.«[2]

Im 11. Jahrhundert tauchte Maria erstmals auch in den Visionen einfacher Frauen auf. Doch die Ausbreitung der Reformation verpasste nicht nur dem Ablasshandel, sondern auch dem Marienerscheinungswesen einen Dämpfer. Im 19. Jahrhundert gewannen Marienerscheinungen parallel zur Entwicklung des Proletariats wieder an Bedeutung. Den Sehern des 19. Jahrhunderts seien »Merkmale wie ein Leben in Abhängigkeit, rohe Behandlung, frühe Trennung von der Familie oder Verlust eines Elternteils, ein Außenseitertum und in den überwiegenden Fällen erdrückende Armut gemeinsam«, ermittelte der 1949 geborene Historiker David Blackbourn.[3]

Die Homepage der sich selbst als fromm bezeichnenden Karl-Leisner-Jugend glaubt eine Antwort auf die Frage zu haben, warum sich seit ca. 1830 Berichte von Marienerscheinungen häufen, und kommt zu einem gänzlich anderen Ergebnis als der Historiker Blackbourn: Durch die Aufklärung und besonders mit der Französischen Revolution von 1789 sei die Existenz des Bösen geleugnet worden. Mit der Abschaffung des Satans und der Hölle werde »jede Lebensentscheidung bedeutungslos und somit jede Erlösung überflüssig.« Und nun kommt Maria ins Spiel: »Die im praktischen Atheismus gemachten ersten Schritte – Leugnung des Bösen, der Sünde, der Erlösung, der Sakramente und der Kirche – finden ihren Widerspruch ausdrücklich in den Marienerscheinungen der Neuzeit.«[4]

Marienerscheinungen müssen wie Abgaswerte zertifiziert werden. Sonst sind sie nicht gültig. Dabei ist der Instanzenweg einzuhalten. Der beginnt mit dem lokalen Bischof. Der Vatikan in Rom ist die letzte Instanz und die für Heiligsprechungen allein zuständige Behörde. Der Vorgang der Zertifizierung kann – wie bei Behörden üblich – sehr lange dauern. Das ist bei Seligsprechungen nicht anders. Im Zuge der Neuordnung des Offenbarungswesens legte die vatikanische Glaubenskongregation am 24.2.1978 Normen für die Zertifizierung von Marien- und sonstigen Erscheinungen fest. Dabei kann der Marien-TÜV zu drei unterschiedlichen Ergebnissen kommen.

A: Es steht fest, dass es sich um Übernatürliches handelt.

B: Es steht nicht fest, ob es sich bei den Erscheinungen um Übernatürliches handelt.

C: Es steht fest, dass die Erscheinungen nicht übernatürlich sind. In diesem Fall hat der mögliche Wallfahrtsort die Arschkarte gezogen, weil er auf keine oder nur lokale örtliche kirchliche Unterstützung bauen kann.

Bei so obskuren Heiligen wie der Resl bestand die für alle Beteiligten beste Lösung darin, die Entscheidung zu verschleppen. Damit war dem Tourismus in Konnersreuth, der katholischen Kirche und ein bisschen auch den Wunderskeptikern gedient.

Das Wunder von Guadalupe

Wikipedia führt zwölf Orte auf, an denen zertifizierte Marienerscheinungen stattgefunden haben. Die volkswirtschaftlich bedeutendsten in Europa sind wohl Fatima in Portugal und Lourdes in Frankreich mit fünf (Fatima) und acht (Lourdes) Millionen Pilgern jährlich – bescheiden im Vergleich mit den 20 Millionen Besuchern jährlich, die es zum meistbesuchten Wallfahrtsort der Welt zieht. Die Marienerscheinung von Guadalupe (heute ein Stadtteil von Mexiko-Stadt) geht auf ein Ereignis im Jahr 1531 zurück. Ein 55-jähriger Indio soll eine dunkelhäutige Maria gesehen haben, passend zur kolonialen Missionierung der indigenen Bevölkerung. Maria habe ihn mit dem Bau einer Kapelle beauftragt. Es soll auf dem Kapellenhügel »zu weiteren Erscheinungen gekommen sein, zuletzt am 12. Dezember desselben Jahres. Obwohl Winter war, hätten unzählige kastilische Rosen geblüht. Diese Rosen pflückte der Indio auf Marias Anweisung hin, legte sie in seinen Poncho und fand dort schließlich, so sagt es die Legende, das später verehrte Bild der Madonna von Guadalupe. Sie hatte das Gesicht einer dunkelhäutigen Frau. Heute gilt die Jungfrau von Guadalupe als Schutzpatronin« Mexikos.[5] Kathpedia berichtet, das Wunder von Guadalupe habe zur größten Bekehrungswelle in der Geschichte geführt: »Unmittelbar nach dieser Begebenheit wurden plötzlich acht Millionen Indios katholisch, die sich nur zehn Jahre vorher kaum etwas Schöneres vorstellen konnten, als Spanier bzw. Katholiken in Kakao zu kochen und aufzuessen.«[6] Es leuchtet ein, dass das Bekehrungswunder von Guadalupe im Vatikan eine außerordentliche Wertschätzung genießt. Jedes Jahr versammeln sich in der Nacht vor dem 12. Dezember Millionen Menschen in tiefer Dunkelheit vor dem Gemälde der Jungfrau von Guadalupe und singen das Volkslied *Las Mananitas*. Am 12. Dezember 2017 wurden 8 Millionen Gläubige am Hügel Tepeyac gezählt.

Das Wunder von Lourdes

Papst Pius IX. erhob 1854 den Lehrsatz von der sog. »Unbefleckten Empfängnis« Marias zu einem allgemein verbindlichen katholischen Dogma. Die Mutter des Jesus von Nazareth geriet nun zwangsläufig stärker in den Fokus der katholischen Prediger. Und das blieb nicht ohne Folgen. »Als der trunksüchtige Vater von Bernadette Soubirou 1857 verhaftet worden war, hatte sich eine Tante der damals 13-jährigen einfältigen Analphabetin angenommen. Statt sie in die Schule zu schicken, lieferte sie das Mädchen an einen Abbé Ader aus, der sie religiös indoktrinierte und offenbar ein fanatischer Marienverehrer war. Besonders hatte es ihm die Geschichte einer Marienerscheinung im Jahre 1846 in Südfrankreich angetan.[7] Nach hinterlassenen Aufzeichnungen eines Zeitzeugen traktierte er Bernadette mit Erscheinungsfantasien. Emile Zola schrieb schon 1894 in seinem Buch *Lourdes*, der Abbé habe Bernadette die Erscheinungen suggeriert.«[8] Als der Ortspfarrer Peyramale das Mädchen aufforderte, die Erscheinung nach ihrem Namen zu fragen, antwortete Bernadette: »Ich bin die Unbefleckte Empfängnis« – eine Formulierung, die die junge Analphabetin wohl nicht aus der theologischen Fachliteratur, sondern aus dem Mund ihrer katholischen Führungskraft erhalten hatte.[9]

Nach der offiziellen Lesart soll der 14-Jährigen beim Holzsammeln an der Grotte von Messabielle beim Fluss Gave du Pau vom 11. Februar 1858 an wiederholt Jesu Mutter erschienen sein. Während einer Vision habe das Mädchen mit ihren Fingern eine Quelle freigelegt. 14 Tage später sei in der Grotte wunderbarerweise eine Heilquelle entsprungen, die in den folgenden 150 Jahren Hunderte von Wunderheilungen bewirkt haben soll. Die französische Medizinerin

Thérèse Valot beschäftigte sich in ihrer Doktorarbeit, die 1956 unter dem Titel *Lourdes et l'illusion* erschien, mit den Wunderheilungen in dem südfranzösischen Wallfahrtsort. Am 3. März 1858 seien 4.000 bis 5.000 Menschen zur Grotte gepilgert und hätten auf ein Wunder gewartet. Doch nichts geschah. In den folgenden Wochen seien die Visionen der Bernadette und die Grotte allmählich in Vergessenheit geraten. »Da taucht plötzlich ein Dr. Dozous auf der Bildfläche auf, heilt angeblich mit dem Wasser der Grotte einen Blinden namens Bouriette – und ändert die Sachlage mit einem Schlage. Der Bericht des Dr. Dozous über die Heilung Bouriettes versetzt ganz Frankreich in Aufregung: Die Wunderquelle von Lourdes kommt in aller Mund.«[10] Akademisch gründlich entlarvte die Doktorandin den auf Sensation erpichten Arzt als Betrüger. Der vermeintlich Blinde war nur auf einem Auge blind und blieb es auch trotz Heilwasser.

1883 sah sich die Kirche gezwungen, ein medizinisches Büro einzurichten, das bis heute tätig ist. »Sein Personal bestand aus strenggläubigen Ärzten. In der Hauptsaison (von Ostern bis Anfang Oktober) waren über zehn Ärzte anwesend. Der Wallfahrtsort veränderte seine Gestalt. Nach und nach wurde aus dem heiligen Ort ein heiliger Kurort, wo man die Kranken in eine Art Gesundheitsbecken tauchte, um Wunder zu bewirken.«[11] Das Heilungsritual wurde zur religiösen Kneippkur.

Hoffnung auf Heilung bescherte dem kleinen Ort am Rand der Pyrenäen einen Boom. Unaufhörlich stieg die Zahl der Wundersüchtigen, 1872 waren es erst 50.000 Pilger, 1876 schon 100.000, 1930 500.000. 1949 wurden zwei Millionen Besucher gezählt, 1965 3,5 Millionen. Heute reisen jährlich 6 bis 8 Millionen Pilger nach Lourdes, um das Wasser zu trinken bzw. in Bassins in der Grotte zu baden und an religiösen Zeremonien zu partizipieren. Die örtliche Heilungswunderbuchhaltung, die den medizinischen Begriff »Placebo« nicht kennt, registrierte laut Wikipedia 7.000 Heilungen, wovon bis heute 69 als Wunder von der katholischen Kirche anerkannt wurden. Anreisen erfolgen per Bahn oder Flugzeug. Der *Aeroport Tarbes Lourdes Pyrenées* lebt von täglich drei Flügen von und nach Paris, aber vor allem von den Charterflügen mit Pilgern aus aller Welt.

Vor zehn Jahren erschien im *stern* eine heitere Reportage über eine zweitägige Eisenbahn-Pilgerfahrt nach Lourdes: »Eine mehrtägige Lourdes-Wallfahrt erinnert ein bisschen an den amerikanischen Kinofilm *Und täglich grüßt das Murmeltier*. Dort spielt sich jeder Tag auf die gleiche Weise ab, sodass die Hauptperson ihr Leben stets aufs Neue einüben und verbessern kann. Hier in Lourdes soll uns eine täglich wiederholende Abfolge von Messen und Prozessionen auf einen gottgefälligen Bewusstseinsstand einstimmen: beten, essen, schlafen. Mehr braucht es nicht, um sich ›bereit zu machen für Gottes Nähe‹, auf ›dass Gott an uns handelt‹, wie Weihbischof Ackermann erklärt.«[12]

Heute kann man mit dem superschnellen TGV nach Lourdes fahren. Als der Rummel um die angeblich heilkräftige Quelle im 19. Jahrhundert immer größer wurde, plante die Eisenbahnverwaltung, die künftige Eisenbahnstrecke an Lourdes vorbeizuführen, weil sie keine Lust auf Mirakelgedöns hatte. Der Bürgermeister von Lourdes sah damals die geplante Eisenbahntrasse durch die fromme Bernadette bedroht: »Sie werden sehen, diese kleine Landplage hat uns die Eisenbahn vermasselt.« Seine Befürchtungen bestätigten sich nicht. Und heute gibt es in der Kleinstadt mit 15.000 Einwohnern mehr Hotelbetten als in Paris.[13]

Thérèse von Lisieux

Zwei Millionen Pilger besuchen jährlich die Basilika der französischen unbeschuhten Karmelitin Thérèse von Lisieux (1873–1897). An Pfingsten 1883 wurde sie durch ein »›Lächeln der Gottesmutter‹ wunderbar von einer schweren Krankheit geheilt.«[14] Die junge Novizin wurde von ihren Ordensschwestern wegen ihrer Intelligenz gemobbt. Ihren Ruhm verdankt Thérèse ihrer Autobiografie *Geschichte einer Seele*, die zunächst 1898 in einer zensierten Fassung erschien. Das Buch wurde zu einer der meistgelesenen religiösen Autobiografien und wurde in 50 Sprachen übersetzt. Der tschechische Theologe Tomás Halik untersuchte die atheistischen Abgründe der Ordensschwester in seinem Buch *Nietzsches Schwester?* Thérèse hatte vor ihrem Tod über eine innere Leere gesprochen: »Ich glaube nicht mehr an das ewige Leben; mir scheint, dass auf dieses sterbliche Leben nichts folgt.«[15]

Notiz am Rande. Am 2.11.2017 berichteten die Medien, Papst Franziskus schlafe beim Beten manchmal ein. Franz verteidigte sich: Das sei der heiligen Thérèse von Lisieux auch schon passiert. »Sie sagte, dass sie das auch getan habe und dass es dem Herrn, dem Gott, dem Vater gefalle, wenn man einschläft.«[16]

Das Wunder von Fatima

Bei Kathpedia kann man sehr ausführlich alles Wesentliche aus katholischer Sicht über das Wunder von Fatima erfahren.[17] Drei jungen katholischen Hirtenkindern wurden vor 100 Jahren Marienerscheinungen beim Hüten zuteil. Lucia, Jacinta und Francisco konnten weder lesen noch schreiben. Im Frühling 1916 sahen sie beim Schafehüten einen Engel. Es war, wie bekannt, die Zeit des Ersten Weltkrieges. Der Engel sagte den Kindern, er sei »der Engel des Friedens«. Im Sommer erschien den drei Kindern der Engel abermals, ebenso im Herbst, diesmal mit einer Hostie und einem Kelch. Lucia, die Älteste, erhielt die Hostie, ihre beiden Kumpel tranken das symbolische Blut Christi, was es auch immer war, vielleicht Messwein.

Am 13. Mai 1917 spielten die Kinder, als es plötzlich blitzte. Sie trieben die Herde heimwärts. Da blitzte es erneut, und am Himmel stand eine in Weiß gekleidete Frau. Die bat die Kinder »in den folgenden sechs Monaten, jeweils am 13., zur selben Stunde, hierherzukommen.«

Am 13. Juni 1917 erschien die weiße Frau wieder aus dem Blitz. Lucia berichtete anschließend ihren Eltern von der Erscheinung. Die Frau habe ihr aufgetragen, lesen und schreiben zu lernen – ein für die armen Bauernkinder damals höchst ungewöhnliches Unterfangen.

Am 13. Juli 1917 forderte die weiße Frau die Kinder auf, brav weiter täglich den Rosenkranz zu beten, damit endlich der Krieg ein

Ende fände. Als die Kinder um ein Zeichen baten, erhielten sie eine heftige Höllenvision.

Am 13. August 1917 waren am gewohnten Platz viele Menschen zusammengekommen, um ebenfalls die weiße Frau zu sehen. Die drei Kinder waren von der Staatsmacht vorsichtshalber in Gewahrsam genommen worden. Nach ihrer Freilassung hüteten sie die Schafe auf einer benachbarten Weide. Am 19. August blitzte es wieder, und es kam zur gewohnten Erscheinung, diesmal allerdings ohne eine Ansprache der weißen Frau.

Am 13. September versammelten sich trotz behördlicher Behinderung 25.000 Menschen, beteten den Rosenkranz und warfen sich vor den drei Sehern nieder. Die weiße Frau kündigte für Oktober ein großes Wunder an.

Am 13. Oktober 1917, dem Tag der sechsten Erscheinung, regnete es stark, was ca. 70.000 Menschen nicht daran hinderte, den Rosenkranz zu beten und den Kindern ihre Anliegen zuzustecken. Bei der nun erfolgten Marienerscheinung äußerte die weiße Frau den Wunsch, es solle an dieser Stelle eine Kapelle gebaut werden. Außerdem sagte sie ein baldiges Ende des Krieges voraus. Kathpedia schreibt: »Alle Anwesenden waren Zeugen eines Sonnenwunders, des Eindrucks großer Helligkeit durch ein Lichtbündel, und sie erlebten Augenblicke höchsten Glücks und unaussprechlichen Schreckens. Es kam zu spontanen Krankenheilungen. Als das Ereignis vorbei war, bemerkten die Menschen, dass ihre völlig durchnässten Kleider plötzlich trocken waren.« So weit, so gut. Dass nasse Kleidung unter intensiver südlicher Sonne besonders schnell trocknet, kann man allerdings schwerlich als Wunder bezeichnen.

Lucia, das 1907 geborene älteste der drei Kinder, trat 1926 in ein Kloster ein. Außer Maria erschien ihr in der Folgezeit auch Jesus. Wegen des Rummels um sie erlaubte Papst Pius XII. den Wechsel zu den Karmeliterinnen von Coimbra, wo sie knapp 98jährig starb.

Fatima entwickelte sich in 100 Jahren zu einem attraktiven Pilgerziel mit Wellness-Hotels und Lissabon-Stadtrundfahrten inclusive. Besonders beliebt sind natürlich Reisen mit Terminen um den

13. eines Monats herum, weil da der größte zeremonielle Aufwand getrieben wird.

Das Wunder von Medjugorje

Bis zum Jahr 1981 war das in der Nähe von Mostar/Bosnien gelegene Medjugorje ein unansehnliches Nest im Tiefschlaf. Am 24. Juni hatten drei Hirtenkinder erstmals von Marienerscheinungen berichtet. Am folgenden Tag sei die Mutter des Jesus von Nazareth drei weiteren Kindern erschienen. Die sechs Seher rühmen sich, in den letzten 36 Jahren täglich Marienerscheinungen erlebt zu haben, insgesamt mehr als 47.000. »Bis Anfang der achtziger Jahre gab es keine Pension, keine Kneipe und nicht einmal Trinkwasser,« meldet dpa im Sommer 2017. »Heute können hier 30.000 Menschen in Hotels und Fremdenzimmern nächtigen, ein Restaurant reiht sich an das nächste, die Zahl der Souvenirshops ist unübersehbar.«[18]

In den ehemals unbekannten öden Flecken im südlichen Bosnien-Herzegowina kommen mittlerweile bis zu 2,5 Millionen Menschen pro Jahr. »Der kometenhafte Aufstieg Medjugorjes aus dem Nichts verlief als ›organisiertes Chaos‹, urteilt Wenzel Culjak, der über diese Entwicklung eine Doktorarbeit geschrieben hat. Ohne Raumordnungs- oder Bebauungsplan entstanden alle Bauten wild und ohne Kontrolle, erzählte er dem kroatischen Magazin ›Globus‹. Sickergruben statt Kanalisation, Kroaten und Italiener sollen sich die Investitionen halbe-halbe geteilt haben. Der Ort sei ein Dorado für Geldwäsche. Um welche Geldsummen es geht, zeigten einzelne Kollekten bei Messfeiern mit Einnahmen von 10.000 Euro.«[19]

Wenn es um viele Schäfchen und um deren Geld geht, sieht sich der Vatikan zum Eingreifen gezwungen. Die Behörde ernannte im Frühjahr 2017 den polnischen Bischof Henryk Hoser zum für Medjugorje zuständigen Papstgesandten. Er kam in seinem Bericht zu dem Ergebnis, dass in dem Wallfahrtsort »alles in die richtige Richtung« laufe. »Medjugorje sei religös ›fruchtbarer‹ Boden, der schon 610

Männer zum Priesterberuf geführt habe.« Und: Medjugorje sei einer der »lebendigsten Orte des Gebets und der Bekehrung in Europa«. Er könne den Gläubigen seiner Diözese sogar eine Wallfahrt nach Medjugorje empfehlen.[20] Als wichtigste Maßnahme empfahl Hoser, dass Medjugorje unmittelbar der Zentrale in Rom unterstellt werde und damit den Einflussbereich des zuständigen Bischofs von Mostar verlasse, der die Wunder von Medjugorje für »unwürdig, nicht authentisch, ja skandalös« hielt.[21]

Geplant ist, dass der Vatikan nicht nur die religiöse, sondern auch die finanzielle Aufsicht über den Wunderort erhält. Das würde an der Intransparenz der Geldflüsse aber nichts ändern. Die »Bank Gottes«, wie die vatikanische Bank IOR auch genannt wird, »produziert regelmäßig Skandale«, schrieb die *Süddeutsche*. »Das IOR führte Nummernkonten mysteriöser Leute. Es wusch Geld für die Mafia und half bei Steuerhinterziehung. (…) Eine sehr unfromme Adresse.«[22]

Ein klitzekleines Problem allerdings musste von der päpstlichen Kommission noch geklärt werden: Wie sind die wundersamen Marienerscheinungen zu bewerten? Fakt News oder Fake News? »Bei einer geheimen Abstimmung über die Übernatürlichkeit der Anfänge des Phänomens hätten 13 der 17 Kommissionsmitglieder angegeben, die Übernatürlichkeit stehe fest«, berichtete die *Welt am Sonntag* unter Berufung auf den internen Abschlussbericht des Gremiums. »Laut *Welt am Sonntag* unterscheiden die Kommissionsmitglieder bei dem Phänomen eine Anfangsphase von 10 Tagen im Juni 1981 und eine zweite Phase, die alle folgenden Erscheinungen bis heute umfasst. Im Gegensatz zur Anfangsphase beurteilen die Vatikanexperten die Authentizität der Marienerscheinungen in der zweiten Phase negativ. Bei der Schlussabstimmung votierte keiner von ihnen für eine Klassifizierung als definitiv übernatürlich. Zwölf Experten stimmten für ›kann noch nicht entschieden werden‹, zwei für ›sicher nicht übernatürlich‹, bei drei Enthaltungen.«[23] Es sieht gut aus für die am Ort tätigen Franziskaner, die den Ehrgeiz haben, Medjugorje auf eine Stufe mit Fatima und Lourdes zu heben. Medjugorje ist auf bestem Weg, das Wacken der Marien-Fans und ein Hotspot der Priesterproduktion zu werden. Das Kaff mit der guten montenegrinischen Bergluft ist mittlerweile ein so attraktives Pilgerziel geworden, dass sogar das evangelische Magazin *chrismon* eine Reise nach Medjugorje anbietet.[24]

Das Wunder von Sievernich

»Wer mit dem Wagen auf der Landstraße L 264 von Köln her kommt und auf dem Ortsschild die zehn Buchstaben gelesen hat, der ist auch schon wieder vorbei an Sievernich. Und es gibt eigentlich keinen Grund, an diesem Ort nicht vorbeizufahren – keine Tankstelle, kein Hotel, kein Restaurant.« So beginnt die große Reportage »Maria erscheint um 18 Uhr 20« von Michael Marti in der Sonntagsausgabe der *Neuen Zürcher Zeitung* am 15.12.2002.

Was trieb den Journalisten aus Zürich in das 575 km entfernte kleine Voreifeldörfchen Sievernich, Ortsteil der Gemeinde Vettweiß im Kreis Düren, 225 männliche und 216 weibliche Einwohner? Am 8. Juni 2000 hatte die gelernte Anwaltsgehilfin Manuela Strack, geboren am 13. April 1967, Maria gesehen und von ihr eine Botschaft erhalten. Während in der Vergangenheit Maria vorzugsweise Kindern erschienen war (Lourdes, Fatima), war nun eine 33-jährige Ehefrau und Mutter als Seherin himmlischer Offenbarungen auserwählt worden. Manuela Strack hatte sich allerdings bereits als 17-Jährige als aktive Geisterseherin präsentiert. In der RTL-Sendung *Mystery-Show – unglaubliche Geschichten* fabulierte sie am 22. September 1984, ein Medium für Jesus zu sein. »Jesus trug mir auf, seine Botschaften niederzuschreiben.«[25] Schon als Zwölfjährige soll sie Botschaften empfangen haben, als sie mit ihrer stark religiös geprägten Mutter an einer Marienwallfahrt nach Banneux teilnahm. In der Folgezeit fand Manuela in Sievernich im Gebetskreis der »Blauen Oase« ein Milieu, in dem sie ihre Talente entfalten konnte.

Sie konnte aus dem Fundus der berichteten Marienerscheinungen des 19. und 20. Jahrhunderts schöpfen und holte sich ihr geistiges Rüstzeug auch bei mehreren Besuchen in Medjugorje.

Als die *Neue Zürcher* die Reportage veröffentlicht, sind Manuelas Marienerscheinungen fast schon Routine geworden. Am 13. Mai 2002 habe es »einen Pilgersturm aus nah und fern« gegeben, meldete die *Aachener Zeitung*, nachdem die marianische Gebetsgruppe »Blaue Oase« eine Erscheinung angekündigt habe.

»Manuela erhält Botschaften von der Gottesmutter, von Heiligen, hin und wieder auch von Jesus selber«, schreibt eine schwer katholische Seite im Netz.[26] In Manuelas Berichten über ihre Erscheinungen findet sich alles, was zum traditionellen Kanon von Äußerungen über Marienerscheinungen gehört: Aufruf zu Bekehrung, zum Opfer und zur Buße. Aufforderung zur Beichte und zur Teilnahme am Abendmahl. Appell an die Priester, Jesus zu folgen usw. Manuelas Botschaften wuchsen im Laufe der Zeit von kurzen Sätzen zu langen Traktaten. Hinzu kamen Visionen etlicher Heiliger, darunter der italienische Top-Heilige Padre Pio, Teresa von Avila und Papst Pius XII. Auch die Erzengel Gabriel und Michael sollen sich mehrfach gezeigt haben. Der Marienwahn von Sievernich beschränkte sich aber nicht nur auf Botschaften, die nur von der »Seherin« wahrgenommen werden konnten. Kath-zdw.ch berichtet von einem Wunder, das »die Glaubwürdigkeit von Frau Strack (…) eindrucksvoll bestätigt.« – »Während der Anbetung des ausgesetzten Allerheiligsten Altarssakramentes beim Gebetstreffen am 8. November 2004 in Sievernich sahen viele Leute 15 Minuten lang vor der heiligen Hostie das kleine Jesuskind. Mit der Wegnahme der Hostie aus der Monstranz durch den Priester verschwand auch das Jesuskind.«[27]

Die Vorgänge rund um die Sievernicher Pfarrkirche erweckten naturgemäß das Interesse der geistlichen Obrigkeit. Der Bischof von Aachen lud Manuela Stracke zu einem Gespräch ein. Es endete mit der Ankündigung Manuelas, am Montag, 7. Oktober 2002 werde sie ihre letzte Marienerscheinung haben. Es werde danach keine Marienoffenbarungen in der Sievernicher Pfarrkirche St. Johann-Baptist mehr geben. Das habe Maria ihr bereits im Dezember 2001 mitgeteilt.[28]

»Am 7. Oktober ist Schluss!« Der Seufzer der Erleichterung war in den Worten des Aachener bischöflichen Referenten für Religions-

und Weltanschauungsfragen deutlich zu hören. Aber er irrte sich. Das wunderliche Treiben ging weiter und wurde auch nicht durch das Wort des Bischofs gestoppt, er habe nicht die Absicht, Sievernich als Wallfahrtsort anzuerkennen.

Bei seinem Besuch fragt der Reporter der *NZZ* den Ortsgeistlichen Heribert Kleemann: »Warum erscheint Maria jetzt in Sievernich?« Die Antwort des eloquenten Gottesmannes kommt schnell: »Die Menschen sollen weniger fragen. Sie sollen mehr glauben. (…) Es geht um die Bekehrung. Vorab um die Bekehrung der Jugend.«[29] Am 3. November 2003 berichtete Manuela Strack von einer physischen Manifestation. »Nach einer Marienerscheinung sei ein kreisrunder Eindruck im Gras ihres Gartens zurückgeblieben, der auch nach zweimaligem Rasenmähen nicht verschwunden sei.«[30] Es ist nicht auszuschließen, dass derlei Ausflüge in die Esoterik den Geistlichen veranlassten, auf Distanz zu seinem Schäfchen Manuela, das er in den Jahren zuvor stark gefördert hatte, zu gehen. Tragisch war das Ende des Mannes, der jahrelang der »Seelenführer der Seherin« war. Am Nachmittag des 19. Juni 2004 kam der Skeptiker auf einer geraden Landstraße aus ungeklärter Ursache von der Bahn ab und fuhr frontal und ungebremst auf einen Chausseebaum. Er verbrannte in seinem Auto.[31] Am 3. Oktober 2005 beendete Maria laut Manuela letztmalig ihre Erscheinungen mit den Worten: »Heute möchte ich mich von euch verabschieden. Immer werde ich an diesem Ort bei euch sein. Alles habe ich gesagt. (…) Gerne möchte ich euch alle im Himmel wiedersehen.«[32]

Manuela Strackes Job als Seherin war nun beendet. Es begann eine intensive Aufbauarbeit am ja leider noch immer nicht kirchlich anerkannten Marienwallfahrtsort. Es wurde eine Kapelle gebaut und auf Geheiß der Jesus-Mutter ein Brunnen gebohrt – wg. Heilwasser und so. Seit Jahren finden an jedem ersten Montag im Monat fromme Veranstaltungen statt. Und Wunder gibt es auch wieder: »Am Montag, 26.06.2017, gegen 17:30 Uhr vergoss die Statue der Makellosen des Fördervereins Sievernich G. u. B. [Gebets- und Begegnungsstätte] im Vortragsraum in Anwesenheit mehrerer Personen Tränen. (…) Die Tränen der Statue waren von einer etwas öligen Substanz.«[33]

Die Tränen der Gottesmutter waren Anlass für eine breite Suche nach »helfenden Händen« für den Förderverein. Im Monatsbrief Februar 2018 wird ein/e Pilgerkoordinator/in gesucht, ferner ein/e Veröffentlichungskoordinator/in für den *Boten aus Sievernich*. Benötigt wird außerdem ein/e Medienkoordinator/in als Ansprechpartner für Medien und zur Betreuung der sozialen Medien. »Technische Kenntnisse in der Mediengestaltung wären hier von Vorteil.«[34]

Und während der Freundeskreis der »Blauen Oase« den Ruhm der makellosen Sievernicher Maria weiter verbreitet, bahnt sich im Hauptort Vettweiß eine frohe Botschaft an. »Vettweiß bekommt eine Tankstelle!«, heißt es auf der Homepage der Gemeinde. »Wir legen einen Meilenstein für die Vettweißer Infrastruktur«, sagt der Bürgermeister.[35] Bald sprudelt die irdische Quelle für benzingetriebene Fahrzeuge. Vielleicht kommt irgendwann auch ein Hotel für den wachsenden Pilgerstrom hinzu.

Unterflossing – das Wunder mit Vorankündigung

In jüngster Zeit erlebten Marienerscheinungen einen auffälligen Boom. Und sie sind im Internetzeitalter angekommen. Am 17. Februar 2017 wird im Netz per Bekanntmachung eine Marienerscheinung angekündigt:

> *»Neuer Erscheinungsort in Deutschland*
>
> *Am Samstag, 18. März 2017, 16:30 Uhr wird die Gottesmutter in Unterflossing dem Seher Salvatore Caputa erscheinen.*
> *Laurentius Kapelle, Unterflossing 23*
> *84570 Polling – Mühldorf/Inn*
> *auf dem Grundstück von H. Otto Masszi, ca. 14 km westlich von Altötting.*
> *Nach Möglichkeit Sitzgelegenheit und Verpflegung mitbringen.*

Es singt der Kirchenchor Bodenkirchen und Solisten, Rosenkranzgebet ab 12.00 Uhr.«[36]

Diesem Aufruf folgten mehrere Hundert Wundergläubige. Der begnadete Ort im Landkreis Mühldorf am Inn liegt in einer landschaftlich unspektakulären, aber sakral ziemlich aufgeheizten Gegend. Das Geburtshaus des ehemaligen Papstes Benedikt liegt nur 30 km entfernt. Zum Pilgerort Altötting mit seiner berühmten schwarzen Madonna sind es keine 20 Kilometer.

Tatsächlich hielt sich Maria an das vorgegebene Zeitfenster und erschien dem süditalienischen Seher. Im Bericht heißt es: »Die Madonna war heute da und hatte mit der Botschaft wegen der Heiligen Messe Verspätung. (…) Die Madonna arbeitete während der Heiligen Messe im Herzen des Priesters. (…) Der Duft der Madonna war wahrnehmbar während der Heiligen Messe, manche werden ihn mit nach Hause nehmen.«[37] Nebenbei wurde auch das Wasser einer Quelle gesegnet. »Sie ist nun ein Gnadenwasser. Der Gebrauch des Wassers verleiht Gnaden durch Jesus und Maria.«[38] Da schimmern hinter dem Rosenkranz die Dollarzeichen. Denn allein der Verkauf von heiligem Wasser lässt in Lourdes und anderswo die Einnahmen sprudeln.

Am Schluss ihrer Botschaft lässt Maria den Sizilianer folgende Ansage machen: »Ich lade Euch ein zum nächsten Ruf am 9. September 2017 um 16:30.«

Im September 2017 brach der Verkehr in Unterflossing zusammen. Das Dorf war vollständig zugeparkt. 1.000 Caputa-/Marien-Fans kamen, darunter Beobachter der zuständigen Diözese, denen das Treiben in Unterflossing nicht geheuer war. Alles verlief wie gehabt. In der Zwischenzeit hatte sich ein Förderverein der St.-Laurentius-Kapelle gebildet, dessen Chef ein überaus rühriger PR-Mann ist. Der freute sich über das Medienecho. »Es war dieser Rosenduft unmissverständlich da«, beteuerte der Vorsitzende des Vereins. »Ja, da ist etwas. Da hat sich etwas getan.«[39] Und ein wenig augenzwinkernd: »Wenn's kein Wunder der Erscheinung ist, dann ist es aber immerhin etwas Wunderbares.«[40]

Zum dritten Mal beehrte Maria den kleinen bayerischen Ort angeblich am 17. März 2018. Vielleicht wegen des schlechten Wetters oder der katastrophalen Verkehrssituation bei der letzten Wundererscheinung waren diesmal nur 500 Fans angereist. Wieder war es dem »Seher« Salvatore Caputa vorbehalten, mit Maria zu kommunizieren. Spektakuläre Heilungen hatte es in der Zwischenzeit auch nicht gegeben, sodass Unterflossing im Traum nicht dran denken konnte, in Sachen Besucherzahlen mit Altötting zu konkurrieren. In Altötting hat es zwar noch nie eine Marienerscheinung gegeben, aber dafür jede Menge Heilungs- und sonstige Wunder. Und nicht nur zwei Mal im Jahr.

Drei Tage nach der dritten angeblichen Marienerscheinung in der Privatkapelle war die Angelegenheit der *Süddeutschen* ein *Streiflicht* wert: Im Himmel wird ein Betriebsausflug geplant. »Gott Vater, Jesus, der Heilige Geist und Maria sitzen beisammen und gehen allerlei Ziele durch. Als die Rede auf Jerusalem kommt, winkt Jesus ab: Nicht noch einmal! Von Rom will der Heilige Geist nichts wissen, da man dort ja noch nie auf ihn gehört habe. Da mischt Gott Vater sich ein: ›Und wie wär's mit Lourdes?‹ ›Au fein‹, ruft Maria aus, ›da war ich noch nie!‹ Man wird sich für die nächste Planung schon mal den Namen Unterflossing vormerken können.«[41]

Man muss sich aber auch andere Orte im Zusammenhang mit Salvatore Caputa merken. Der 1944 geborene Ex-Carabiniere ist nämlich ein Reisender in Sachen Marienerscheinungen. Man kann ihn zwar nicht mieten, aber einladen. Voraussetzungen für die Ausübung seines Jobs sind eine Kapelle und eine Grotte, eine Quelle oder ein Brunnen zwecks Segnung des Wassers als Vorstufe zur Wunderwirksamkeit. Dumm gelaufen ist es allerdings für ihn in Walpertskirchen/Kreis Erding, wo er am Karsamstag 2016 auf Erscheinungstour unterwegs war. Da hatte er sich im Datum geirrt und es herrschte vorösterliche Pilgerabstinenz. Und das Brunnenwasser wurde vom zuständigen Amt nicht auf seine Heilwirkung, sondern auf den Gehalt an Keimen untersucht.

Erscheinungen im Halbjahresrhythmus hat der Ex-Polizist mit der »Gottesmutter« persönlich abgestimmt, und das funktioniert wunderbar seit 2010 im Kurort Bad St. Leonhard im österreichischen Lavanttal. Die Kurgäste und der Bürgermeister sind zufrieden, die Fremdenverkehrsförderer sowieso. Ungläubig berichtete der österreichische *kurier* über das Event im Herbst 2016: »Die angeblich vorbeifliegende Gottesmutter sieht nur der Signore. Auch der Rosenduft ist beim besten Willen nicht zu erschnuppern. Caputa spricht kein Wort, eine Moderatorin fordert über das Mikrofon: ›Tun wir alle der Maria nachwinken.‹ Die Menschen gehorchen. Johann Simonitsch aus Graz nimmt das Spektakel mit Humor. ›Jetzt geh' ich runter zum Geiger-Wirt. Dort arbeiten zwei Kellnerinnen, die zumindest mit zweitem Vornamen Maria heißen. Ich hoffe, sie werden mit einem Bier erscheinen.‹«[42]

Auch in letzter Zeit ging's mit Marienerscheinungen weiter. Ein »Seher« und eine ordentliche Portion Rosenblütenduft, eine kleine Quelle dazu – mehr braucht es nicht. Und selbstverständlich ein paar Leute, die selig sind vom Wunderglauben. Eine Marienerscheinung hat Ex-Beatle Paul McCartney zwar noch nicht gehabt. Sein Wunder ist eine Etage höher angesiedelt. »Ich habe Gott gesehen, dieses wunderbare Ding, und ich fühlte mich ganz klein«, sagte er der *Times*.[43] Wozu braucht's da noch ein Marienwunder.

Angesichts der neuerlichen Zunahme der Marienerscheinungen stellt sich natürlich die Frage nach der Ursache. Es war dem Autor dieses Buches nicht möglich, beim Hl. Stuhl zu erfragen, ob man dort einen Zusammenhang mit den unberechenbaren Aktivitäten des fahrigen US-Präsidenten Trump, dem ungeliebten Brexit oder dem grauslichen Erstarken des Populismus in der EU sieht.

9. KAPITEL

STIGMATISIERTE UND HUNGERHEILIGE

Stigmatisationswunder gehören zu den Erscheinungen in der Wunderwelt, die stets für großes Aufsehen sorgten. Heute würden wir sagen: Stigmatisierte sind die absoluten Medienknaller, aber mit gefährlich hohem Fake-News-Faktor. Die in Sachen Marienerscheinungen, Stigmatisationen und Co. stets einschlägig und gut informierte Seite Kathpedia definiert: »Die Stigmatisation besteht in einer Art Einprägung der heiligen Wunden des Erlösers Jesus Christus auf Füße, Hände, Seite und Stirn. Die fünf Wunden symbolisieren Christi gesamtes Erlöserleiden und sind Gegenstand einer besonderen Andacht. (…) Diese können sichtbar oder unsichtbar sein und sind mit Schmerzen verbunden. Sie sind therapieresistent, keimfrei und treten meist periodisch zu bestimmten Zeiten auf. Die Wundmale erscheinen von selbst, ohne durch irgendeine äußere Verletzung hervorgerufen zu sein. Es entfließt ihnen zu bestimmten Zeiten unverdorbenes Blut. Stigmata sind kein Kriterium zu einer Heiligsprechung.«[1] Von 500 bekannten stigmatisierten Personen seit dem 13. Jahrhundert wurden bis 2010 mehr als 400 heilig gesprochen. Stigmatisation ist demnach zwar keine zwingende, aber dennoch eine günstige Voraussetzung, um Heilige/r zu werden. Die fleißigen katholischen Enzyklopädisten präsentieren auf der Seite »Wundmale« mehrere Hundert Namen. Auffällig ist die Zuordnung der unbestätigten Stigmatisierten nach Jahrhunderten. Die Zählung setzt erst im 13. Jahrhundert ein. Gab es 12 Jahrhunderte lang keine Blutwunder? Die nachfolgende Tabelle der laut Kathpedia noch nicht als Heilige bestätigten Bluter/Bluterinnen zeigt die konjunkturellen Unterschiede im Stigmatisationswesen.

Zahl	**Jahrhundert**
23	13. Jahrhundert
11	14. Jahrhundert
19	15. Jahrhundert
60	16. Jahrhundert
98	17. Jahrhundert
29	18. Jahrhundert
31	19. Jahrhundert
13	20. Jahrhundert
0	21. Jahrhundert

Die Stigmatisationswunder wachsen zur Zeit der Reformation und kulminieren zur Zeit der Gegenreformation, um dann im Zeitalter der Aufklärung in eine Krise zu kommen. Unerklärlicherweise scheinen sie im 21. Jahrhundert zum Erliegen gekommen zu sein.

In einer Studie von 1948 wurden laut Wikipedia fast 70 Fälle von Trägern mit sichtbaren und spontan blutenden Wundmalen Christi dokumentiert.

Bei Stigmatisierten treten die Wunden vorzugsweise in einer Weise auf, wie sie im jeweiligen Kulturkreis bekannt sind. In der christlichen Überlieferung gehört die Darstellung der Wundmale des gekreuzigten Christus zum Standardrepertoire der bildenden Kunst. Jeder mittelalterliche und neuzeitliche Kirchenbesucher hat Bilder des gekreuzigten Jesus von Nazareth gesehen.

Stigmata pflegten nach schweren Erkrankungen und oft in elenden Lebenssituationen aufzutreten. Sie entstehen als psychosomatische Symptome aufgrund übermächtiger religiöser Fantasien. Und durch Hypnose können sich immer wiederkehrende Unterhautblutungen bilden.

Franz von Assisi gilt als der Vater der mystischen Bluter. Von ihm wird die erste Stigmatisation im Mittelalter überliefert. Nachdem der schon schwer Erkrankte seine Ämter als Chef des nach ihm benannten Ordens an seinen Nachfolger übergeben hatte, zog er sich in eine Einsiedelei zurück. Zwei Jahre vor seinem Tod wurden bei ihm am 17.9.1224 der Überlieferung zufolge Wundmale sichtbar. Die Biografen schlossen daraus, dass es sich bei dem hochverehrten religiösen Führer um die Wundmale Christi und somit um Stigmatisation handele. Schon zwei Jahre nach seinem Tod wurde Franz heiliggesprochen. Das war das Startsignal für 500 Menschen, die die gleichen Wundmale haben wollten wie der heilige Franz.

Christina von Stommeln

Christina von Stommeln (1242–1312) machte nicht nur durch Wundmale, sondern auch durch Visionen und Dämonenerscheinungen auf sich aufmerksam. Die mittelalterlichen Quellen »beschreiben, dass sie u. a. durch die Luft geschleudert wurde, Verbrennungen und Verletzungen erlitt, dass sie und ihr Umfeld von Dämonen mit Exkrementen beschmutzt wurden, Kröten, Schlangen und Spinnen in ihrem Essen auftauchten u. a. m. Dabei plagten sie bis zu 200.000 Teufel, so etwa zu Ostern 1283.«[2] Seit ihrem 15. Lebensjahr hätten sich vor allem in der Karwoche die Wundmale des Jesus bei ihr gezeigt; außerhalb der Karwoche seien kreuzförmige Stigmata an den Händen aufgetreten. Nach ihrem Tod bewirkte das Grab der megamäßig von Teufeln Geplagten selbstverständlich Wunder. So soll der Klever Graf Dietrich IX. durch sie von der Gicht geheilt worden sein. Die Seligsprechung der Christina von Stommeln ließ etwas auf sich warten. Sie erfolgte fast 600 Jahre später durch Papst Pius X. Von einer geplanten Heiligsprechung ist derzeit nichts bekannt.

Nikolaus von Flüe (Bruder Klaus)

Nikolaus von Flüe (1417–1487), in der Nachfolge auch Bruder Klaus genannt, ist der prominenteste spätmittelalterliche Hungerheilige und gilt als der letzte Eremit. In Obwalden/Schweiz in einer Bauernfamilie geboren, nahm er von 1440 bis 1444 als Offizier am Alten Zürichkrieg teil. Er heiratete und wurde Vater von zehn Kindern.[3] Im Alter von 40 Jahren verließ er seine Familie, um Einsiedler zu werden. »Er machte sich zunächst auf den Weg zu einer mystischen Bruderschaft in Basel, fühlte sich aber kurz vor dem Erreichen seines Ziels durch drei Visionen in Waldenburg zurückgerufen: Mystische Gestalten versperrten ihm den Weg, dann sah er die ganze Stadt blutrot eingetaucht und in der folgenden Nacht einen Lichtstrahl auf sich herabkommen, der ihm Bauchschmerzen bereitete.«[4] Er ließ sich auf eigenem Grund und Boden in der benachbarten Ranftschlucht nieder und widmete sich als Asket und Mystiker seinen Gebeten und Visionen, die er eigenen Aussagen zufolge schon im Mutterleib verspürt hatte. Außer der Hostie habe Nikolaus in den letzten 19 Jahren seines Lebens nichts zu sich genommen, meldeten die Zeitgenossen.

Der durchaus humorbegabte Eremit äußerte allerdings einem Abt gegenüber: »Guter Vater, ich habe nie gesagt und sage nicht, dass ich nichts esse.«[5] Trotz seiner ununterbrochenen Nahrungslosigkeit war er ein wichtiger Ratgeber vieler Zeitgenossen. Mit einem Sondergesandten des Herzogs von Mailand diskutierte er in seiner Klause politische Fragen, und in einem schweren Konflikt zwischen verschiedenen Schweizer Orten in Jahr 1481 war er ein erfolgreicher Vermittler.

Schon bald nach seinem Tod wurde das Grab des Hungerheiligen zu einem der wichtigsten Wallfahrtsorte der Schweiz. Nikolaus wurde 1649 quasi seliggesprochen und erfuhr am 15. Mai 1947 die Heiligsprechung. Er ist der einzige Heilige der Schweiz. Doch kein amtlicher Heiliger ohne Wunder. Das sog. »Wunder von Waldenburg« wird dem braven gottesfürchtigen Schweizer Offizier und Eremit zugesprochen. »Am 13. Mai 1940 befürchtete die Schweiz einen deutschen Angriff. Über dem Ort Waldenburg erschien eine große, hell leuchtende Hand am Himmel. Die Menschen dachten an die schützende Hand des Landespatrons Bruder Klaus, und man sprach vom ›Wunder von Waldenburg‹. Die Schweiz blieb vom Krieg verschont.«[6]

Die Schweizer Psychologin Marie-Louise von Franz untersuchte neun Visionen des Schweizer Nationalheiligen und kam zu dem Ergebnis, dass Bruder Klaus »nicht nur den Typus des christlichen Heiligen abbildet, sondern dass er auch zugleich das alte Urbild des primitiven Medizinmannes, des nordischen Schamanen und des Propheten wieder verkörpert.«[7]

Anna Laminit

Anna Laminit (~1480–5.5.1518) machte sich wie Nikolaus von Flüe als Hungerheilige einen Namen; aber sie wurde nicht heiliggesprochen, sondern als Kriminelle in einen Sack gebunden und im Fluss ertränkt. Wie kam es dazu? Schon als junges Mädchen wurde sie aus ihrer Heimatstadt Augsburg mit dem Vorwurf der Kuppelei an den

Pranger gestellt und mit Ruten aus der Stadt getrieben. 1497 konnte Anna nach Augsburg zurückkehren. Erstaunlicherweise konnte sie als Begine in das Seelhaus, ein Haus für arme ehrbare Frauen, eintreten. Einzige Gegenleistung für freie Kost und Logis: Besuch der Gottesdienste für die Stifter, deren Grabpflege und das Verteilen von Almosen in deren Namen. Anna genügte das Leben als einfache Betschwester nicht. Vielleicht beeinflusst durch das Leben des Nikolaus von Flüe beschloss sie, Karriere als Hungerheilige zu machen. Angeblich nahm sie weder Speis noch Trank zu sich und ernährte sich ausschließlich einmal wöchentlich von der sonntäglichen Hostie. Der Ruhm der Augsburgerin eilte durch das ganze Heilige Römische Reich. Kaiser Maximilian und dessen zweite Gattin Bianca Maria Sforza gehörten zu ihren Bewunderern. Annas Einfluss war so stark, dass aufgrund ihrer düsteren Prophezeiungen Bianca Maria eine Bußprozession veranstaltete, an der die Gattin des Kaisers teilnahm und barfuß und in schwarzem Gewand durch die Stadt zog.

Anna durchlief nicht nur eine religiöse, sondern auch eine höchst irdische Karriere. Sie ließ sich Segen und Gebete reich belohnen; einem Verhältnis zum reichen Kaufmann Anton Welser entsprang ein Sohn. Außerdem wurden ihr sexuelle Beziehungen zu ihrem Beichtvater und zu anderen geistlichen Herren nachgesagt. 1512 war es dann mit der Heiligkeit vorbei. Herzogin Kunigunde von Bayern lud die heilige Dame nach München ein und ließ sie observieren. Dabei flog der Schwindel mit der angeblichen Nahrungslosigkeit auf.

Kunigunde verzichtete auf eine Bestrafung der Betrügerin und beließ es bei Ermahnungen. Doch zurück in Augsburg, setzte Anna ihren einträglichen Job als Hungerheilige fort. Das war dumm. Denn Kunigunde fühlte sich verarscht und informierte ihren Bruder Maximilian. Anna wurde 1514 abermals der Stadt verwiesen. Auch in den Städten, in denen sie sich in der Folgezeit aufhielt, ging sie dem unheiligen Betrug nach. Sie übersiedelte in das schweizerische Fribourg und heiratete einen städtischen Bediensteten. Zum Verhängnis wurde ihr aber eine Finanzgeschichte. Anton Welser hatte für seinen und Annas Sohn jährlich 30 Gulden Unterhalt gezahlt. Als der Papa seinen Sohn nach Augsburg in die Schule holen wollte, stellte sich heraus, dass sein Sohn längst verstorben war. Ein Welser lässt nicht mit sich spaßen, wenn es um Geld geht. Das Todesurteil lautete auf Verbrennen. Es wurde durch Fürsprache auf Ertränken abgemildert.

Delikatesse am Rande: Martin Luther besuchte Anna im Jahr 1511 auf seiner Rückreise von Rom und war von ihr sehr angetan. Knapp 30 Jahre später äußerte er sich in seinen Tischgesprächen über die Augsburger Hungerheilige, deren Namen er inzwischen vergessen hatte. »Aber es war mit ihr lauter Bescheißerei.«[8]

Anna-Katharina Emmerick

Anna Katharina Emmerick wurde im September 1774 in Flamschen bei Coesfeld geboren. Der dörfliche Schulbesuch des armen Kleinbauernkindes dauerte nur vier Monate. Im Alter von sechs Jahren legte Anna zum ersten Mal die Beichte ab. Angesichts ihrer gewaltigen kindlichen Verfehlungen brach sie im Beichtstuhl »in lautes Weinen aus und musste ohnmächtig aus dem Beichtstuhl getragen werden.«[9] Anna war gezwungen, sich ihren Lebensunterhalt sehr beschwerlich als Wandernäherin zu verdienen. So kam bei ihr der Wunsch nach einer gesicherten Existenz im Kloster auf. Sie wurde jedoch mangels Mitgift mehrfach abgewiesen. Erst im Augustinerinnenkloster Agnetenberg in Dülmen habe sie Aufnahme gefunden und sei am 13.11.1802 als Novizin eingekleidet worden.[10] Zehn Jahre konnte Anna das Klosterleben genießen, abgesehen von der laufenden Verschlechterung ihres Gesundheitszustandes. 1812 verließ sie als Letzte das unter französischer Herrschaft aufgegebene Kloster in Dülmen.[11] Nun stand Anna vor dem Nichts. Sie bezog eine kleine Wohnung in Dülmen – zusammen mit dem ebenfalls kränkelnden französischen Emigranten Abbé Lambert. Als es mit ihrer Gesundheit immer weiter bergab ging, bekam sie Visionen mit Bildern von Ereignissen aus der christlichen Überlieferung.

Im März 1813 verbreitete sich das Gerücht, dass Anna an Händen und Füßen und Kopf blutende Wunden zeige, die nicht abheilten. Seit der Vertreibung aus dem Kloster habe sie an jedem Freitag die

Wundmale des Gekreuzigten empfangen, nachdem sich schon seit Jahren »die Schmerzen unsichtbarer Wunden angekündigt hatten«.

Als nach dem Wiener Kongress 1815 die Preußen das politische Kommando über das katholische Münsterland übernahmen, wuchs die Zahl der Skeptiker, die in Annas Wunden keine Wunder, sondern frommen Betrug sahen. Die Zeitgenossen bewegten sich im Zwiespalt zwischen preußischer Staatsräson und katholischer Erneuerungsbewegung. Das Lager der kränkelnden Nonne in Dülmen hatte sich in der Zwischenzeit zu einem florierenden Wallfahrtsort entwickelt. Der Dichter Clemens Brentano befand sich 1815 in einer Lebenskrise. Er löste seinen Berliner Haushalt auf und zog nach Dülmen, um mehrere Jahre lang die Visionen der Stigmatisierten aufzuzeichnen. Er wurde zu ihrem glühenden Propagandisten. In 50 Bänden vermischte er biblische Überlieferung mit Annas Visionen und eigener Poesie. Daher kann die Wissenschaft heute keine substanziellen Aussagen zum tatsächlichen Gehalt der Visionen der kränkelnden Ex-Nonne machen. Brentano mehrte nicht nur den Ruhm von Anna Katharina Emmerick, sondern lieferte auch die Vorlage für Mel Gibsons Film *Die Passion Christi* (2004).

Die »Seherin von Dülmen« starb am 9. Februar 1824. Einer der hübschen, angenehm zu fahrenden Radwege der Region ist nach ihr benannt. Ach ja, ein Wunder soll die Emmerick auch vollbracht haben, eines der üblichen Heilungswunder. »Eine an schwerer Lungen- und Kehlkopftuberkulose erkrankte Ordensfrau bat A.K.E. um Fürsprache bei Gott. Die Ordensfrau wurde auf unerklärliche Weise geheilt.«[12]

Im Zuge einer umfangreichen Seligsprechungsaktion sprach Papst Johannes Paul II. (»Woytila«) A.K.E. am 3.10.2004 selig. Auf die Heiligsprechung müssen wir noch warten.

Louise Lateau

Louise Lateau (1850–1883) wurde nur 33 Jahre alt. Ihr Fall »ist einer der am besten dokumentierten Stigmatisationsfälle. Sie wurde in den

1860er-Jahren wegen ihrer Trancen und Stigmata so bekannt, dass sie im Verlauf von drei Jahren von mehr als 100 Ärzten und 200 Theologen untersucht wurde.«[13] Trancezustände, Ekstasen und Visionen werden ihr zugesprochen. An jedem Freitag pflegte sie zu bluten. Bis zu ihrem Lebensende soll sie zwölf, nach anderen Angaben nur drei Jahre lang außer einer täglichen Hostie keine Nahrung zu sich genommen haben. Das Angebot, Louise Lateau medizinisch zu untersuchen, lehnte der berühmte Arzt Rudolf Virchow ab, weil die ihm vorgeschriebenen Rahmenbedingungen keine wissenschaftliche Untersuchung zuließen. Virchow hielt Louise für eine Betrügerin, weil sie regelmäßig Stuhlgang hatte, was bei Nahrungslosigkeit ja ein großes Wunder ist. Der belgische Arzt Warlomont urteilte: »Louise Lateau verbraucht Wärme, sie verliert jeden Freitag eine Quantität Blut (infolge der Stigmata). Die Gase, welche sie ausatmet, enthalten Wasserdampf und Kohlensäure. Ihr Gewicht hat sich nicht bemerkbar geändert, seit sie sich in Beobachtung befindet – also verbrennt sie Carbon und entnimmt es nicht ihrem Körper. Woher nimmt sie es? Die Physiologie antwortet: sie isst. Die Enthaltung der Louise Lateau von Essen und Trinken widerspricht den Gesetzen der Physiologie, also braucht nicht zu bewiesen werden, dass dieselbe Täuschung ist. Da es feststeht, dass sie sich mit diesen Gesetzen nicht verträgt, so obliegt der Beweis denen, die zu diesen Gesetzen stehen.«[14]

Warlomont spielt auf den heftigen Konflikt zwischen Naturwissenschaftlern und konservativem Katholizismus an, der für das 19. Jahrhundert prägend und bis heute nicht ausgestanden ist. Stigmatisationswunder waren aus kirchlicher Sicht äußerst erwünscht und sollten das Gegengewicht zu einer zunehmend weltoffenen kirchenkritischen Gesellschaft und ein Angebot zu Spiritualität und praktizierter Treue zum angestammten Glauben sein.

Im Jahr 1875 ist Louise Lateau Gegenstand einer Reportage in dem auflagenstarken Boulevardmagazin *Die Gartenlaube*. Friedrich Hofmann berichtet von einem Besuch bei der belgischen Stigmatisierten und referiert die medizinisch- naturwissenschaftliche Bewertung des Falles:

1. »Louise Lateau war und ist noch heute eine kranke Person.

2. Für die Behauptung, dass Louise Lateau keine Nahrung seit mehreren Jahren zu sich nehme, ist kein einziger wissenschaftlicher Beweis erbracht worden.
3. Die Berichte haben nicht den wissenschaftlichen Beweis geliefert, dass die stigmatischen Blutungen nicht auf natürlichen Ursachen beruhen.
4. Louise Lateau leidet an Hysterie, und die Ekstase ist ein Zeichen dieser Krankheit.«[15]

Und dann setzt der Reporter noch eins drauf. Die naturforschende Gesellschaft in Zürich habe untersucht, wie Stigmata auf chemischem Wege zu erreichen seien: »Reibt man die Haut mit einer Lösung von Eisenchlorid oder besser noch von schwefelsaurem Eisenoxyd ein, welche Operation durchaus keine sichtbaren Spuren hinterlässt, und besprengt man die betreffenden Stellen mit der sehr verdünnten wässerigen Lösung des Rhodankaliums, so tritt in auffallendster Weise eine höchst intensive, scheinbare Blutung ein. (…) Sollte mit dieser Eisenchloridlösung auch das große Rätsel der Stigmatisation gelöst sein, dann hätte, wie schon so oft, ein kühner Trumpf der Finsterlinge zu einem neuen Triumph der Wissenschaft geführt. Dies Eine steht wenigstens fest: Die Stigmatisation kann künftig mit obigem Mittel Jedermann zu seinem Vergnügen treiben.«[16]

Eigentlich hätte dieser Bericht in der meistgelesenen deutschen Zeitschrift des 19. Jahrhunderts das Ende der vermeintlichen Stigmatisationswunder herbeiführen können, dem war aber nicht so. Das wunderhungrige Volk und die Kirchenoberen lechzten nach weiteren Stigmatisationswundern. Und sie wurden reichlich und gut bedient.

Therese Neumann (Resl von Konnersreuth)

Ausgerechnet ein katholischer Theologe hat die massenhaft verehrte Resl von Konnersreuth als Schwindlerin gebrandmarkt. In mehreren Büchern polemisierte der im Jahr 2003 verstorbene Josef Hanauer seit 1972 unermüdlich gegen Pseudomystik und Wundersucht im Zusammenhang mit der angeblichen Nahrungslosigkeit von Resl, der Stigmatisierten. Es ist wohl kein Zufall, dass Hanauers Bücher in keinem großen Publikumsverlag erscheinen konnten. Sein im Selbstverlag 1989 publiziertes Buch *Der Schwindel von Konnersreuth – ein Skandal ohne Ende* steht heute glücklicherweise vollständig und unentgeltlich im Netz zur Verfügung und zählt alle Widersprüche und Ungereimtheiten in Resls Auftreten auf. Aber es gibt bis heute noch die offizielle katholische Gegenposition, nachzulesen online in der katholischen Enzyklopädie Kathpedia.

Doch jetzt erst mal von vorne: Therese Neumann wurde im April 1898 als erstes von elf Kindern des Schneidermeisters Ferdinand Neumann und seiner Ehefrau Anna im oberpfälzischen Konnersreuth geboren. Nach dem Besuch der Dorfschule verdingte sich Resl als Magd. »Nach Löscharbeiten bei einem Scheunenbrand im März 1918 begann Therese zu kränkeln, vegetative Beschwerden setzten ein, die zu körperlichen Zusammenbrüchen und verschiedenen Stürzen führten. Im September 1918 begannen Sehstörungen aufzutreten, die sich bis zum März 1919 zu völliger Blindheit steigerten und vorubergehend auch von Taubheit sowie epilepsieähnlichen Anfällen begleitet wurden. Seit Oktober 1918 litt sie unter Lähmungen, die zu Bettlägerigkeit und Arbeitsunfähigkeit führten (…) Ab Dezember 1922 traten zusätzlich Schluckbeschwerden auf. Erst 1923, am Tag der Seligsprechung der Thérèse von Lisieux, konnte sie plötzlich wieder sehen; 1925, am Tag der Heiligsprechung ihrer Namenspatronin, verschwand nach Angaben aus ihrer Umgebung (…) auch die Lähmung. Ab Februar 1926 zeigten sich bei Therese Neumann Stigmata sowie Blutungen aus den Augen, was zu einem starken Besucherandrang führte. Teilweise wurden an Karfreitagen, an welchen die Stigmatisierungen besonders deutlich in Erscheinung traten, bis zu 5.000 Besucher gezählt.

Sie soll auch seit 1926 außer der (täglichen) Kommunion weder gegessen noch getrunken haben. Ebenso soll sie seitdem regelmäßig Visionen von vorwiegend biblischen Szenen des Neuen Testaments erlebt haben.«[17]

Massenaufläufe von wundersüchtigen Gläubigen sind dem Klerus erwünscht; aber ein Fall Anna Laminit sollte sich nicht wiederholen. Also wurde eine kirchliche medizinische Untersuchungskommission einberufen. Bei Josef Hanauer ist genau nachzulesen, dass und warum keine unabhängige medizinische Untersuchung erfolgte und wie die katholische Obrigkeit und Resls Familie alle Bemühungen hintertrieben. Resl selbst hatte ein unwiderlegbares Argument gegen ihre gründliche medizinische Untersuchung: »Der Heiland will es nicht, und daher wird es auch nicht geschehen.«[18]

Resl starb ganz irdisch am 18. September 1962 an einem Herzinfarkt. Oder wie Kathpedia schreibt: »im Ruf der Heiligkeit«. Das Seligsprechungsverfahren zog sich aber hin, weil sie ja nicht nur im Ruf der Heiligkeit stand, sondern auch im Ruf, eine Schwindlerin zu sein. Daher sah sich die Kirche gezwungen, auch die forensische Medizin hinzuzuziehen. Der bekannte Kriminalbiologe Mark Benecke berichtete in der *Süddeutschen* vom 10. Februar 2004: »Ob die Überreste eines Heiligen echt sind, ist nicht immer wichtig. Zuhauf gibt es Kreuzes-Nägel und Vorhäute Christi, und auch die Mikroreliquien aus dem Skelett des Heiligen Severin wecken immer wieder Zweifel. (…) Bei der Seligsprechung moderner Wundertäter aber möchte es die Kirche genauer wissen. Darum konnte die DNS-Arbeitsgruppe des Münchner Instituts für Rechtsmedizin unter Vermittlung eines Fernsehsenders und der Abteilung für Selig- und Heiligsprechungsprozesse des bischöflichen Konsistoriums in Regensburg Blut und Speichelproben der Therese von Konnersreuth untersuchen.«[19] Das Ergebnis: Es handelte sich nicht um Tierblut, sondern mutmaßlich um das Blut von Resl. Benecke weiter: »Das beweist aus naturwissenschaftlicher Sicht aber keineswegs die wundersame Stigmatisierung. Im Gegenteil: Auf Fotografien der Therese wirken die Blutspuren ihrer Kleidung und unter ihren Augen in Form und Lage unnatürlich aufgetupft und wie hingeschmiert. Am ehesten stammen sie, wie bei vielen anderen Blut-Mirakeln, aus selbst beigefügten Wunden. Dennoch könnte die DNS-Untersuchung für die Kirche zum ›Beweis‹ der Stigmatisierung werden: Die übrigen Wunder-Visionen von Engeln, jahrelange

Nahrungsverweigerung und aramäische Sprechakte – sind schließlich allesamt unüberprüfbar.«[20]

Die Seligsprechung ist noch nicht erfolgt und ruht in den Tiefen vatikanischer Politik. Aber die Marktgemeinde Konnersreuth hat in jedem Fall von Resl profitiert. Zwei Klöster wurden nach Resls Tod gegründet, und jetzt wird ein Resl-Informations- und Begegnungszentrum gebaut. Ein Bürgerentscheid sagte vor Jahren zwar Nein zum Bau des Begegnungszentrums. Doch jetzt gibt es Fördermittel von der Bayrischen Staatsregierung, also vom bayrischen Steuerzahler, und da kann man nicht Nein sagen. Und die Seligsprechungsinitiative demonstriert für ihre Forderungen auf ihre Weise. An jedem 18. eines Monats findet ein öffentlicher Gebetstag statt.[21] Und wer am Gebetstag nicht teilnehmen will, kann bei Ebay für einen Euro das »Gedenkbildchen der Dienerin Gottes Therese von Konnersreuth, Resl« ersteigern. Bei Redaktionsschluss lag noch kein Angebot vor. Wenn das Josef Hanauer noch erleben müsste …

Anna Maria Göbel von Bickendorf

Josef Hanauer erwähnt außer seiner Lieblingsfeindin Resl die »stigmatisierte und nahrungslos lebende Schwindlerin« Anna Maria Göbel von Bickendorf. Frau Göbels Ruhm kann an den von Resl in keiner Weise heranreichen. Bickendorf ist ein kleines Dörfchen 8 km nördlich der Eifeler Bierstadt Bitburg. Anna Maria Göbel war eine Zeitgenossin von Resl. Seit 1921 war sie mystisch unterwegs, hatte Visionen, kränkelte, wie das in Stigmatisiertenkreisen üblich ist. Es zeigten sich bei ihr die üblichen Wundmale einschließlich eines Blutkreuzes auf der Stirn. 1926 erfolgte die medizinische Untersuchung der stigmatisierten Anna Göbel in einer Trierer Klinik. Die Wundmale wurden von Ärzten behandelt und verheilten wie gewöhnliche Wunden. Nach der vierwöchigen Beobachtung erklärten die vom Trierer Bischof beauftragten Ärzte und Theologen einmütig, es handele sich um ganz natürliche Vorkommnisse. Die Stigmatisierte wurde als Betrügerin nach Hause geschickt. Das beunruhigte die katholischen Kreise um Resl. Josef Hanauer berichtet: »Eines Tages wurde Therese vom Bamberger Dompfarrer, im Beisein des Konnersreuther Pfarrers, gefragt, ob die Bickendorfer Phänomene als echte, übernatürliche Dinge bezeichnet werden müssten. Aufgrund der erhaltenen Auskunft schrieb Geiger [der Bamberger Dompfarrer] an den Pfarrer von Bickendorf: ›Zu Ihrem Troste schreibe ich Ihnen Folgendes: Ich habe Resl in der Ekstase gefragt, ob die Bickendorfer Sache übernatürlicher und göttlicher Art sei. Darauf antwortete sie: ›Ja, die Sache kommt vom Heiland.‹« Dumm gelaufen. Resl, eine erfahrene Mediennutzerin, stützte sich bei ihrer »Vision« auf eine Broschüre über das Bickendorfer Stigmatisationswunder, die man ihr zugeschickt hatte. Den Ausgang des Verfahrens kannte sie noch nicht. Und auch nicht den Ausspruch des Bickendorfer Medizinalrates Dr. Appelmann: »Hier genügt nicht das Wort Hysterie, sondern hier liegt glatter Betrug vor.«

Anna Maria Göbel setzte unverdrossen ihre schmerzhafte Wundenschinderei fort und starb weitgehend vergessen am 11. Januar 1941. Der Bickendorfer Ortspfarrer, der sich massiv für sein betrügerisches Schäfchen eingesetzt hatte, musste für sein Engagement mit einer Versetzung büßen.[22]

Padre Pio

Pater Pio (Pio von Pietrelcine 25.5.1887–23.9.1968) ist der bedeutendste Stigmatisierte des 20. Jahrhunderts und dazu ein wundertätiger Priester par excellence. Bei ihm findet sich mehr als das, was einen gewöhnlichen Heiligen ausmacht. Er blutet nicht nur aus den einschlägigen Wunden, sondern besitzt die Gabe der Prophetie, der Bilokation, also des gleichzeitigen Aufenthalts an mehreren Orten (in der Antike häufig, aber danach nur selten anzutreffen!), und der Seelenschau. Auch fremde Sprachen, die er nie gelernt hat, beherrscht der von Kirchenoberen als ruppig bezeichnete einfache süditalienische Priester. Menschen, die ihm begegnet sind, schwören, »Padre

Pio habe einen übernatürlichen Geruch nach Jasmin, Rosen und Veilchen verströmt.« Und weiter meldet *spiegel online* am 24.7.2015 süffisant; »Pater Pio hat Tausende von Wundern vollbracht.«[23] Anlass der Meldung ist die bevorstehende Ausstellung der Leiche des beliebtesten Heiligen Italiens in einem gläsernen Sarg im Petersdom. Pater Pio habe »Hostien vermehrt, Wolkenbrüche gestoppt, eine Raupenplage beendet. Er ist in den Himmel aufgestiegen, hat einen Air-Force-Piloten zur Erde gebracht, dessen Flugzeug abgeschossen wurde. Er hat Blinde sehend und Lahme laufend gemacht, vermutlich mehr als Jesus. Er hat dem jungen polnischen Priester Karol Woytila einst die Papstwürde und das Attentat angekündigt. Und selbst nach seinem Tod vollbrachte Pio weiter fleißig Wunder.« [24]

Ein Jahr nach dem Tod des *Zweiten Jesus*, wie Pio von den italienischen Massenmedien mittlerweile genannt wurde, präsentierte der Unternehmer Francesco Cavicchi ein wunderbares Tuchbild mit dem Antlitz des Volksheiligen. Es besitzt eine frappierende Ähnlichkeit mit dem Abbild Jesu auf dem Turiner Grabtuch. Mehr christoformitas (Christusähnlichkeit) geht nicht. Bei seiner Pilgerfahrt nach San Giovanni Rotondo habe Cavicchi, als er sich im Brunnen vor der Kirche wusch, im Gewebe des Tuches gleichsam wie in einem Entwicklerbad das Antlitz des hochverehrten Toten gesehen. Mit eben diesem Taschentuch habe sich Pio einmal zu Lebzeiten über das Gesicht gewischt, so die Einlassung des frommen Unternehmers.[25] Da Cavicchi das Tuch in seiner Privatkapelle bewahrte und es der Öffentlichkeit nicht zugänglich machte, kann es mit der Popularität des Turiner Grabtuchs nicht mithalten.

Bei der Exhumierung von P. P. am 2. März 2008 forderte Erzbischof Domenico Umberto D'Ambrosio »die Anwesenden auf, sich dem Grab von Pater Pio mit denselben Gefühlen zu nähern, mit welchen die frommen Frauen Jerusalems zum Grabe Jesu gingen.«[26] Höher ging's nimmer. P. P. stand nun dank eines italienischen Kirchenmannes auf der gleichen Stufe mit dem jüdischen Rebell Jesus von Nazareth.

»In den fünf Jahrzehnten, in denen Pio an seinen Stigmata gelitten haben will (1918 bis 1968), amtierten fünf Päpste, deren Haltung zwischen strikter Ablehnung (Benedikt XV., Pius XI., Johannes XXIII.) und wohlwollender Duldung (PIUS XII., Paul VI.) oszillierte.«[27]

Papst Paul VI. erkannte, dass die Kurie sich lächerlich machte, wenn sie gegen den Volksglauben von Millionen Italienern an der Unheiligkeit des Superheiligen festhielt. Er tat einen ersten Schritt in die Richtung, mit dem volkstümlichen Wunderglauben Frieden zu schließen. Knapp drei Jahre nach dem Tod des Superheiligen sagte der Papst gegenüber den Oberen des Kapuzinerordens (Pio war Kapuzinermönch): »Seht, welchen Ruhm er erlangt hat, welch weltweite Gefolgschaft er um sich gesammelt hat! Und warum? Weil er vielleicht ein Philosoph war? Weil er ein weiser Mann war? Weil er bemittelt war?« Natürlich nicht. Sondern »weil er, schwer zu sagen, ein mit den Wundmalen unseres Herrn gezeichneter Stellvertreter war, ein Mann des Gebets und des Leidens«.[28]

Papst Johannes XXIII. dürfte sich bei diesen Worten im Grab umgedreht haben. Der hatte, wie der italienische Historiker Luzzatto berichtet, schon immer Misstrauen gegen den stigmatisierten Wunderheiler aus dem Süden gehabt – vor allem wg. Keuschheitsgebot. Pio habe »intime und unanständige Beziehungen mit den Frauen (unterhalten), die seine Prätorianergarde bilden.«[29] Wenn ein Heiliger sich munter durch die Gegend vögelt, dann mehrt das im Mezzogiorno den Neid seiner Klosterbrüder, aber den Ruhm bei den Laien. Luzzatto erwähnte nicht nur die Haremsdamen des Heiligen, sondern auch dessen exzessiven Einkauf von Karbolsäure (Phenol). Damit kann man sich gepflegt Wunden ganz ohne Wunder selbst beibringen. Und Luzzatto fand auch heraus, dass Padre Pio über große Mengen des Nervengifts Veratrin verfügte, dessen Einnahme eine Unempfindlichkeit gegenüber Wundschmerzen bewirkt.[30]

Johannes Paul II., bekannt für Selig- und Heiligsprechungen am laufenden Band, machte kurzen Prozess. Er ließ die Tugendhaftigkeit feststellen und verkündete am 2. Mai 1999 in Rom die Seligsprechung des Kapuzinermönchs. Der Petersplatz platzte buchstäblich aus allen Nähten. Zehntausende Wundergläubige konnten sich bestätigt fühlen. Am 16. Juni 2002 legte Wojtyla nach. Padre Pio war fortan ein anbetungswürdiger Heiliger.

Eine perfekte kirchenpolitische PR-Maßnahme beabsichtigte Papst Franziskus, der ja im Ruf steht, durchaus seinen Verstand zu gebrauchen, mit der Ausstellung des populären Volksheiligen zu Beginn des »Heiligen Jahres« 2016 in Rom als gläserne Ganzkörperreliquie. »Mit bislang nur 1,4 Millionen Pilgern haben die ersten zwei Monate des Heiligen Jahres kaum mehr Gläubige nach Rom gezogen als in anderen Jahren. Hoteliers klagen, Geschäfte bleiben auf ihren Devotionalien sitzen.«[31]

Im St. Padre Pio Shop[32] warten die zwölf beliebtesten Artikel mit Preisen zwischen 0,20 € (vierseitiges Gebetsbüchlein) und 21,98 € (Film über P.P. in Farbe, 2 CD) über einen eingeschweißten Padre-Pio-Plastik-Rosenkranz (zu 0,89 € vermutlich aus China) auf fromme Käufer, denen es nichts ausmacht, dass Padre Pio mit den italienischen Faschisten zusammengearbeitet und die reaktionäre Pius-Bruderschaft unterstützt hat.

Im Juni 2018 wurde im sizilianischen Ort Monreale eine Jubiläumsausstellung mit dem Titel »La Grande Luce« (»Das große Licht«) eröffnet. Vor 100 Jahren hatten sich die ersten Stigmata bei dem süditalienischen Kapuzinermönch gezeigt. Grund genug, ca. 1000 Exponate zu präsentieren, die weitgehend Reliquiencharakter besitzen. So einer der fingerlosen Handschuhe, mit dem Padre Pio seine Wundmale an den Händen verbarg. Eigentlich sollte die große Schau mit ihren zahllosen Vitrinen, Bildern und Büsten bis Ende Dezember stattfinden, wurde aber wegen mangelnder Besucherzahlen schon nach einem Monat geschlossen. Der Grund für den Misserfolg? »Einem kulturell interessierten Publikum ist die Ausstellung zu fromm, einem gläubigen Publikum enthält sie zu viel Kultur«, schreibt Thomas Steinfeld in seinem Bericht in der *Süddeutschen.*[33]

Der Flop von Monreale ist ohne Bedeutung angesichts der herausragenden Stellung Padre Pios als italienischer Universalheiliger. Das größte Immobilienportal fragte neulich, welche Heilige auf Bildern am häufigsten in italienischen Haushalten anzutreffen seien. Padre Pio führt mit 61 Prozent das Ranking an, gefolgt vom heiligen Anton von Padua, Januarius von Neapel und Rita von Cascia (jeweils 13 Prozent).[34] Wie sagte doch der prophetische Wunderheilige

Pio: »Ich werde nach meinem Tod mehr Lärm machen als während meines Lebens.«[35] Und seitdem ist er in Italien überall präsent. »In den Fahrerhäuschen der Lkw und auf der Konsole der Ferraris, über den Fleischtheken der Metzgereien und zwischen den Likörflaschen der Bars, in den Umkleidekabinen der Fußballer, in den Kabuffs der Schulhausmeister, bei den Blumenverkäufern, im Notarztwagen und über Kinderbetten.«[36]

Marthe Robin

Marthe Robin (1902–1981) ist vor allem in ihrer französischen Heimat ein fester Bestandteil der Stigmatisierten-Szene. Das eineinhalbjährige Kind erkrankte an Typhus, überlebte, aber Krankheiten aller Art, auch psychosomatische, bestimmten ihr weiteres Leben. Die Symptome deuten auf eine chronische Enzephalitis (Gehirnentzündung). »Am 15. Oktober 1925 weihte sie Gott ihr Leben und Leiden. Im Oktober 1927 litt sie an Blutungen der Verdauungswege und fiel drei Wochen lang in eine Art Koma.«[37] Am 3. Februar 1928 trat sie in einen Franziskanerorden ein, worauf 1930 die sog. Jungfrauenweihe vollzogen wurde. (»Der Ausdruck Jungfrauenweihe – consecratio virginum – bezeichnet in der römisch-katholischen Kirche den feierlichen Ritus der Weihe einer Frau, die sich dem Dienste Gottes und der Kirche im Stande der Jungfräulichkeit bzw. vollkommener Keuschheit hingegeben hat.«[38] Ich fand in der Literatur keine Hinweise, ob und von wem und wie die Unversehrtheit des Jungfernhäutchens überprüft wird.)

Nachdem Marthe Robin schon früher von Marienerscheinungen heimgesucht wurde, traten bei ihr ab 1930 Stigmata auf. Sie »erlebte regelmäßig von Donnerstag bis Freitag das Leiden Christi so intensiv, dass Blut von ihrer Stirn lief und aus ihren Augen austrat.«[39]

Die Stigmatisierte wurde so bekannt, dass sie 1934 eine christliche Schule für Mädchen eröffnen konnte. Am 10. Februar 1936 äußerte sie den Wunsch nach einem »foyer de charité«, zu Deutsch einem Haus der Nächstenliebe. Tatsächlich wurden bis 2011 weltweit 75 Häuser der Nächstenliebe eröffnet, die ersten natürlich in Frankreich. Es folgten Dependancen in der Schweiz, in Deutschland (Gunzenbach/Gemeinde Mömbris) und in Österreich (Wallfahrtsort Sonntagsberg/NÖ).

Das Zimmer, in dem Marthe Robin einen Großteil ihres Lebens verbracht hat, wurde zum Wallfahrtsort und wird jährlich von ca. 40.000 Menschen besucht. Die Seligsprechung wurde 1991 vom Bischof von Valence beim Hl. Stuhl beantragt, ist aber noch nicht in die Gänge gekommen, vermutlich weil a) ein Wunder nicht vorliegt oder b) die Gehirnerkrankung zwar ein echtes Martyrium für die unglückliche Patientin war, aber kein Märtyrertum im Sinne des katholischen Seligsprechungsregelwerks.

Ein georgisches Stigmatisations- und Weinwunder

Der 1957 geborene georgische Autor Zurab Karumidze erzählt in seinem Roman *Dagny oder ein Fest der Liebe* ein ganz bezauberndes Stigmatisationswunder, das sich in Georgien zugetragen haben soll. Ob es sich um einen in dem christlichen Kaukasusland verbreiteten Mythos oder eine freie Erfindung des Autors handelt, ist nicht auszumachen. Diese skurrile Geschichte ist von einem ganz besonderen Reiz, weil dem Stigmatisations- ein Weinwunder folgt. Sehr verständlich, wenn das in dem für seine Weine berühmten Land geschieht.

»Ich werde euch von einem kleinen Mädchen namens Gatta erzählen. Sie wuchs in einem Bordell auf, da ihre Mutter dort arbeitete und sie keine andere Wohnstätte hatten. Gatta war so niedlich, so schön, dass alle im Bordell ihr von Herzen zugetan waren. Die Prostituierten hielten sie entfernt von ihrem Hurenleben; das Mädchen half in der Küche und bei der Wäsche. Doch als Gatta sechzehn war, wurde sie von einer Gruppe Soldaten aus einem Regiment in der Nähe, die in dem Bordell ein wüstes Fest feierten, vergewaltigt. Da lief sie fort und suchte Schutz in einem Kloster im Hochland. Und auch dort waren ihr alle Nonnen von Herzen zugetan. Doch eines

Nachts wurde sie von einem Seufzen und Stöhnen geweckt, das aus der Kapelle zu ihr drang. Sie schlich sich hinein und gewahrte alle Nonnen splitternackt, selbst die Mutter Oberin, wie sie eine nach der anderen auf einem am Boden liegenden Kruzifix ritten. Völlig entsetzt rannte Gatta aus dem Kloster und lief in die Felder, gerade als ein schreckliches Gewitter hereinbrach. Sie flüchtete sich unter eine grüne Eiche und wurde mitsamt dem Baum vom Blitz getroffen. Doch Gatta starb nicht – sie fiel in einen tiefen Schlaf, und später erschienen auf ihren Händen und Füßen und unterhalb ihrer rechten Brust die Stigmata, und Wein floss aus diesen, Wein, der diejenigen, die ihn tranken, erleuchtete.«[40]

10. KAPITEL

DREI BESONDERS LEHRREICHE WUNDER

Ein #metoo-Wunder der Karolingerzeit

»Eine Frau (…) erlitt, von einem schweren Schlage getroffen, einen beklagenswerten Schock. Heftig zitternd verlor sie den normalen Gebrauch des rechten Armes. Nachdem ihre rechte Schulter infolge der Lähmung dieser Seite kraftlos geworden war, konnte sie nicht einmal mehr die schlaffe und zitternde Hand zum eigenen Munde führen. Ihre Hausgenossen erfüllten ihre von gläubigem Vertrauen getragenen Wünsche und führten sie in größter Eile zum Heiligtum der Jungfrau [Walpurga]. Als sie nun ankam, stieß sie aus innerstem Herzen tiefe Seufzer hervor und flehte inständig, der Schöpfer möge ihr auf die Fürsprache der Jungfrau Hilfe bringen. Dann richtete sie sich auf und schritt gläubig, voll Vertrauen, zum Altar. Während sie nun unter Aufbietung aller Kräfte das Kopftuch, das sie als Geschenk mitgebracht hatte, auf den heilbringenden Altar niederlegte, erlangte sie sogleich die volle Gesundheit wieder. Und sie dankte und kehrte an den Ort zurück, von dem sie gekommen war.

Nachdem indessen einige Zeit verstrichen war und ihr Grundherr in seiner sinnlichen Veranlagung mit begehrlichen Blicken sah, wie sie an allen Gliedern gesundete, machte er ihr gegenüber die Rechte der geschuldeten Gefügigkeit geltend. Da bog sich mit dem Arm die eben noch gelenkige Hand, die das Geschenk der himmlischen Wohltat empfangen hatte, als ob sie das Unrecht, das blinde Leidenschaft ihr zufügte, nicht ertragen könne, alsbald in einer schrecklichen Verkrampfung einwärts. Und sie hing, heftig zusammengezogen, am Leib herunter, wo sie haften blieb und wie angepresst sich vergrub. Da sah der Grundherr, dass die Frau wegen der von ihm begangenen Sünde die erlangte Heilung wieder verloren hatte, ja dass sie eine Strafe erhielt, die sie nicht erwarten konnte. Deshalb machte er aus freien Stücken das Gelübde, er wolle, falls durch die Verdienste der heiligen Walpurga die ihm rechtmäßig gehörende Magd wieder hergestellt werde, diese aus den Banden der Leibeigenschaft entlassen und sie mit der Entlassungsurkunde beschenken. Sobald sich ihr die Pforten aus der Unfreiheit öffneten (…), wurde auf wunderbare Weise die Hand, die sich in den Leib verkrampft hatte, wieder gelöst und dem früheren Gebrauch zurückgegeben.«[1]

Das Rosenwunder der Elisabeth

Elisabeth von Thüringen (1207–1231), Tochter des ungarischen Königs Andreas II., wurde als Vierjährige mit Hermann, dem sieben Jahre älteren zukünftigen Herrscher Thüringens, verlobt und zur Erziehung auf die Wartburg bei Eisenach gebracht. Hermann starb 1216, sein jüngerer Bruder Ludwig wurde 1218 als Ludwig IV. Landgraf von Thüringen. Eigentlich sollte Elisabeth nach dem Tod ihres Verlobten nach Ungarn zurückgeschickt werden, aber Ludwig verliebte sich in das Mädchen, das »am Hofe durch Frömmigkeit, Schönheit und Sittsamkeit aufgefallen war«, und heiratete die 14-Jährige.[2]

In sechs Ehejahren gebar Elisabeth drei Kinder. Bereits zu Lebzeiten ihres Mannes – er starb 1227 als Kreuzfahrer auf dem Weg nach Palästina – hatte sich Elisabeth unter dem Einfluss von Franziskanern der Armenpflege zugewandt. Die Witwe wurde nebst ihren drei Kindern von ihrem Schwager aus der Wartburg vertrieben und folgte ihrem Beichtvater Konrad von Marburg in die Stadt an der Lahn, wo sie ein Krankenhaus errichten ließ. Sie »verrichtete niedrigste Arbeiten, verschenkte ihr gesamtes Vermögen an Geld und Schmuck den Armen und übte sich in Gehorsam, Askese und Kontemplation. Nach nur dreijährigem Wirken starb sie, bereits zu Lebzeiten im Ruf der Heiligkeit stehend, in tiefster Armut.«[3]

Die enorme Wirkung Elisabeths – sie wurde ungewöhnlich schnell heiliggesprochen und ihr Grab in Marburg drohte, Santiago de Compostela den Rang als hochkarätiges Pilgerziel abzulaufen – muss vor dem Hintergrund der sozialen Spannungen des 12. und 13. Jahrhunderts gesehen werden. In den Städten bildete sich durch den wachsenden Fernhandel ein reiches Bürgertum heraus, während die

Landbevölkerung verarmte und auch ein Großteil der Stadtbewohner in kümmerlichsten Verhältnissen lebte.

Wikipedia listet das Rosenwunder und seine verschiedenen Versionen auf: »Als Elisabeth eines Tages in die Stadt geht, um den Armen Brot zu geben, obwohl gerade dies ihr unter Strafe verboten ist, trifft sie die Mutter ihres Mannes (in anderen Versionen ihren Mann selbst), die ihre Barmherzigkeit nicht gutheißt und ihr eine Falle stellen will. Auf die Frage, was sie in dem Korb (andere Versionen: unter der Schürze) habe, den sie bei sich trägt, antwortet Elisabeth, es seien Rosen im Korb. Ihre Schwiegermutter bittet sie, das Tuch zu heben, um die wunderbaren Rosen sehen zu können. Widerwillig hebt Elisabeth das Tuch, und im Korb liegen Rosen statt des Brotes für die Armen.«[4] Nichts gegen den auch heute beliebten Topos der bösen Schwiegermutter. Es gilt aber als historisch gesichert, dass Elisabeths Gatte Ludwig die Mildtätigkeit seiner schwer frommen Gemahlin unterstützte.

Ähnlich gebaut sind weitere Elisabeth-Wunder: Sie hatte ihr Bett einem Aussätzigen zur Verfügung gestellt, um ihn zu pflegen. Als ihr Mann die Bettdecke zurückschlug, war nur ein Bild des gekreuzigten Jesus zu sehen.

Elisabeth kann auch Nahrungswunder. »Als sie im Hungerjahr 1226 alles verfügbare Korn austeilen ließ und auch Geld aus der Staatskasse verwandte, wurden heftige Vorwürfe erhoben – da bedeckte sich plötzlich der Boden des Saales mit Korn, und Korn füllte alle Kammern.«[5]

Das Rosenwunder ist übrigens weder in Elisabeths Lebensbeschreibung noch in zeitgenössischen Legendensammlungen, z. B. der *Legenda aurea*, erwähnt. Dass der Elisabeth von Thüringen ein Rosenwunder zugeschrieben wurde, war eventuell das Ergebnis einer Verwechslung. Elisabeth von Portugal hatte das Rosenwunder schon vorher ins Spiel gebracht.

Das Galgenwunder des Jakobus

Leben und Legende des Jesus-Jüngers Jakobus wird an anderer Stelle dieses Buches im Zusammenhang mit dem Pilgerziel Santiago de Compostela erzählt. Hier geht es nur um ein berühmtes Strafwunder.

»Ein Junge, der mit seinem Vater nach Santiago de Compostela pilgerte, wurde von einem Wirt des Diebstahls bezichtigt und an einen Galgen gehängt. Der Vater, der voller Sorgen weiter zum Grab des Heiligen gereist war, fand auf dem Rückweg seinen Sohn noch lebend am Galgen baumeln. Als er dies dem Herbergsvater mitteilte, antwortete dieser, dies könne er erst glauben, wenn die gebratenen Hühner auf seinem Teller zum Leben erwachten. Tatsächlich erhob sich das Geflügel und flog davon. An Stelle des Jungen fand nun der betrügerische Wirt sein Ende durch den Strick.«[6]

So einfach geht das, wenn der liebe Jakob eingreift.

11. KAPITEL

KÖNIGLICHE WUNDERHEILUNGEN – ERGEBNIS EINES KOLLEKTIVEN IRRTUMS

Die Heilung der Scrofeln durch Königshand. So ist eine Denkschrift überschrieben, die 1833 zur »Feier der fünfzigjährigen Amtsführung ihres hochverehrten Mitgliedes des Herrn Johann August Wilhelm Hedenus« von der Gesellschaft für Natur- und Heilkunde in Dresden herausgegeben wurde.

Was, bitte, sind Scrofeln? Das Wort ist abgeleitet von lat. scrofula = Halsdrüsengeschwulst. Der Duden definiert Skrofulose als »bei Kindern auftretende tuberkulöse Erkrankung, bei der sich an der Haut und an den Lymphknoten Geschwülste bilden.« Wikipedia erläutert: »Mit dem Begriff *Skrofeln* wurde im Mittelalter ein umfangreiches Krankheitsbild bezeichnet, das auch verschiedene andere Hals- und Gesichtskrankheiten umfasste, die auch bei Erwachsenen auftraten und in einigen Landstrichen wohl endemisch waren.«

Sowohl englischen als auch französischen Königen wurde jahrhundertelang die Gabe der Wunderheilung zugeschrieben. In Shakespeares *Macbeth* heißt es im vierten Akt, dritte Szene:

Malcolm:
Geht heut der König aus?
Arzt:
Ja, Prinz, denn viele Arme sind versammelt,
Die seine Hülf erwarten; ihre Krankheit
Trotzt jeder Heilkunst, doch rührt er sie an,
Hat so der Himmel seine Hand gesegnet,
Dass sie sogleich genesen.
Malcolm:
Ich dank Euch, Doctor. (Arzt geht ab.)
Macduff:
Was für 'ne Krankheit ist's?
Malcolm:
Sie heißt das Übel;
Ein wundertätig Werk vom guten König,
Das ich ihn oft, seit ich in England bin,
Vollbringen sah. Wie er zum Himmel fleht,
Weiß er am besten. Seltsam Heimgesuchte,

Voll Schwulst und Schwären, kläglich anzuschaun,
An denen alle Kunst verzweifelt, heilt er,
Um ihren Nacken eine Goldmünz hängend,
Mit heiligem Gebet. Und nach Verheißung
Wird er vererben auf die künftgen Herrscher
Die Wundergabe. Zu der heilgen Kraft
Hat er auch himmlischen Prophetengeist;
So steht um seinen Thron vielfacher Segen,
Ihn gottbegabt verkündend.[1]

Der König, von dem bei Shakespeare die Rede ist, war wohl Eduard der Bekenner, der im Jahr 1066 im Alter von 65 Jahren nach 25 Regierungsjahren starb. Eduard gilt als derjenige, der den Ritus der Berührung der Scrofelkranken in England eingeführt hatte. Eduard wurde 100 Jahre später übrigens heiliggesprochen.

Die französischen Könige standen den englischen in puncto Heilung durch Handauflegen in nichts nach. Sie beriefen sich auf den Merowingerkönig Chlodwig († 511). Doch die Sache hat einen Pferdefuß: Die Kraft zur wunderbaren Heilung erhält der König erst durch die Salbung. Und Chlodwig war, als er König der Franken wurde, weder getauft noch gesalbt. Als wahrscheinlich gilt, dass die älteste Spur des königlichen Handauflegens bei Skrofelkranken in Frankreich auf Philipp. I. († 1108) zurückgeht.

Die tüchtigen sächsischen Naturforscher in Dresden machten 1833 eine interessante Entdeckung: Zur gleichen Zeit, zu der in England und Frankreich die wundertätigen Könige ihren Job als Skrofelheiler begannen, passierte auch im weit entfernten Norwegen Ähnliches. In der *Edda* heißt es über das Leben des Königs Olaf Haraldson: »Es wird erzählt, dass, als König Olaf zu Gardariki war, der Sohn einer vornehmen Witwe an einer Geschwulst am Halse so krank lag, dass er nicht schlingen konnte und der Tod bevorstand. Die Mutter des Jünglings ging zur Königin Ingigerda, mit welcher sie bekannt war, und nahm ihren Sohn mit sich. Die Königin sagte zu ihr, sie habe keine Arznei, die sie ihr geben könnte. Gehe hin zu König Olaf, sagte sie, er ist hier der beste Arzt; bitte ihn, dass er seine Hände auf den

Schaden des Jünglings lege, und wenn der König dies weigert, so sage ihm meine Worte selbst. Die Frau tat so, wie die Königin gesagt hatte. Als sie zum König kam, sagte sie ihm, dass ihr Sohn todtkrank sey an einer Halsgeschwulst, und bat ihn, er möge ihm Hände auf die Geschwulst legen. Der König sagte zu ihr, er sey kein Arzt und sie habe anderwärts nach solchem zu suchen. Darauf sagte die Frau, die Königin habe sie hergesendet, mit dem Auftrage, ihre eigenen Worte dem Könige zu überbringen, und ihn zu bitten, er möge ihrem Sohn mit seiner Hülfe beistehen, auch habe die Königin ihr gesagt, der König sey hier der beste Arzt. Da legte der König die Hände auf den Hals des Jünglings und drückte die Geschwulst so lange, bis jener den Mund bewegen konnte. Da nahm der König Brod, brach es, legte es kreuzweis auf seine Hand, gab es sodann dem Jünglinge in den Mund, der es hinunterschluckte, worauf aller Schmerz am Halse verschwand und er in wenigen Tagen gesund war.«[2]

l. Choulant, der Verfasser der sächsischen Denkschrift, ist sich sicher, dass die Wurzeln der royalen Praxis, durch Handauflegen zu heilen, nicht in England oder Frankreich liegen, sondern Erbe der keltischen Druiden sind. Allerdings heilten diese nicht durch Handauflegen, sondern »durch den mystischen Gebrauch von Pflanzen, deren Kenntnis von ihnen mit Eifer betrieben worden zu seyn scheint.«[3]

89 Jahre nach der sächsischen Denkschrift erschien das Buch *Die wundertätigen Könige*, das bis heute Standardwerk in Sachen Wunderheilkraft französischer und englischer Könige ist.[4] Sein Verfasser, der Franzose Marc Bloch, wurde wegen seiner Beteiligung an der Widerstandsbewegung von der Gestapo gefoltert und am 16. Juni 1944 erschossen. Minutiös ging Bloch allen Spuren königlicher Wunderheilungen vom frühen Mittelalter bis ins 19. Jahrhundert nach.

Schon die Germanen kannten eine Art von Königsheil. Es beruhte auf dynastischen Wurzeln und musste sich aber stets aufs Neue in der Praxis beweisen. »Bereits Tacitus bemerkte«, schreibt Bloch, »dass die Könige bei den Germanen ausschließlich aus bestimmten adligen Familien genommen wurden, im Gegensatz zu den aufgrund ihrer

Tüchtigkeit frei gewählten militärischen Anführern, deren Auftrag zeitlich begrenzt war.«[5]

Bei vielen Völkern gab es den Glauben, dass wahrhaft göttliche Könige auch Herrschaft über die Natur ausüben konnten. Der norwegische König Halfdan der Schwarze wurde gerühmt, er sei »unter allen Königen derjenige gewesen, der am meisten Glück mit den Ernten hatte.«[6] Nach Halfdans Tod wurde sein Leichnam nicht begraben, sondern »viergeteilt und jedes Viertel wurde in einem der Hauptbezirke des Landes unter einem kleinen Hügel beigesetzt.«[7] Der Besitz auch nur einzelner Teile des Körpers bot Aussicht auf gute Ernten. Klassischer Reliquienkult ohne christliche Heilige.

»Ein hervorragender Herrscher kann, so glaubten die Dänen noch im 12. Jahrhundert, durch die Berührung von Kindern und Getreidesaaten den Menschen einen schönen Nachwuchs und gute Ernten geben.«[8] Wenn die Ernte verhagelte, war der germanische König eventuell seinen Job los. Der Häuptling als Wettermacher – diese Tradition gibt es in vielen Naturgesellschaften. Aber Heilungswunder gab es bei den Germanen wohl nicht.

Nach christlicher Auffassung waren Hostie, Messwein, Taufwasser und die Finger des Geistlichen, die er in das Wasser getaucht hatte, nachdem er Brot und Wein berührt hatte, geweihte Heilmittel. Das wirksamste Heilmittel jedoch war heiliges Öl. In Frankreich etablierte sich der Mythos vom geweihten Öl, das der Heilige Geist dem Franken Chlodwig bei seiner Taufe in Gestalt einer Taube und in Form einer Ampulle gebracht haben soll. Die französischen Könige wurden in der Krönungsstadt Reims mit diesem Öl gesalbt, ein Zaubertrank ähnlich dem, den der Druide Mirakulix für Asterix zu brauen pflegte, wenn das gallische Dorf in Gefahr war. Wer nicht mit Tropfen dieses nicht versiegenden Öls gesalbt wurde, war auch nicht zur Wunderheilung fähig. Und so vererbte sich die Heilkraft im erblichen Königtum von Generation zu Generation.

Das Berührungsritual als solches ist eine alte magische und christliche Praxis. Die Berührung der erkrankten Körperteile geschah mit der Hand. Die Zauberformel lautete: »Der König berührt dich. Gott heilt dich.« Jahrhunderte später hieß es mit Ansätzen von Skepsis:

»Der König berührt dich. Gott möge dich heilen.« Über die Wunden wurde das Kreuz geschlagen. Die Patienten erhielten außerdem eine Münze.

In England wurde am Karfreitag 1323 unter König Eduard II. ein Ritual aus dem Fundus uralter Magie eingeführt, das es in Frankreich nicht gab. Der König legte auf dem Altar »als Opfer eine bestimmte Menge an Gold und Silber in Gestalt schön geprägter Münzen nieder; dann nahm er die Münzen wieder an sich«[9] und ersetzte sie durch eine gleich große Summe in beliebiger Währung. Aus dem geschenkten und wieder zurückgenommenen Edelmetall ließ der König Ringe herstellen. Diese Talismane sollten in der Lage sein, Muskelschmerzen und Krämpfe zu heilen, auch epileptische Anfälle. Diese sog. *cramp rings* (Krampfringe) wurden seit Eduard II. zum königlichen Spezialmittel für wunderbare Heilungen.

Den Glauben an die magische Kraft von Ringen hatte es schon vor Eduard gegeben. Ringe gehören seit alters her zu den Lieblingsmitteln der heilenden Magie. Durch bestimmte kultische Handlungen erhalten sie ihre magische Kraft. In einer deutschen Rezeptsammlung aus dem 15. Jahrhundert wird als Mittel gegen Gicht empfohlen: »Bettelt unter Anrufung des Leidens unseres Herrn und seines Heiligen Bluts so lange, bis ihr 32 Pfennige beisammen habt. Nehmt davon 16 und lasst daraus einen Ring herstellen; mit den 16 anderen bezahlt ihr den Goldschmied. Diesen Ring müsst ihr unablässig tragen und jeden Tag fünf Paternoster und fünf Ave Maria zum Gedächtnis des Leidens und des Heiligen Bluts Unseres Herrn sprechen.«[10]

Ringe konnten aber auch ein Zeichen von Hexerei sein. Jeanne d'Arc (1412–1431) musste ihren Richtern beteuern, dass sie sich ihrer Ringe nie bedient hatte, um jemanden zu heilen. Sie wurde trotzdem als Ketzerin verbrannt.

Der Mythos von der wundertätigen Heilkraft der Könige rief in der frühen Neuzeit Neider und Nachahmer auf den Plan. Vorher hatten schon Engländer und Franzosen argwöhnisch die Wunderkraft ihrer jeweiligen Herrscher gegenüber der Konkurrenz hervorgehoben. Nach der Religionsspaltung im Gefolge der Reformation verschärfte sich dieser Antagonismus. Doch es traten auch Nachahmer auf. Der schwäbische Mönch Felix Fabri beanspruchte Ende des 15. Jahrhunderts für »seine« Habsburger die gleiche Heilkraft, wie sie den französischen Königen zugesprochen wurde. »Wir lesen«, zitiert Bloch Fabri, »in den Chroniken der Grafen von Habsburg, dass sie gnadenhalber eine solche Gabe erhalten haben, dass jeder, der mit Skrofeln oder einem Kropf behaftet ist, sogleich einen gesunden, funktionsfähigen und schlanken Hals bekommt, sobald ihm die Hand eines Grafen von Habsburg einen Trank reicht.«[11] Auch Martin Luther erwähnt in seinen Tischgesprächen ein wunderbares Heilmittel gegen Augenkrankheit, das nur wirkt, wenn die sächsischen Kurfürsten es selbst applizieren.[12] In beiden Fällen handelt es sich wohl um ein Gebräu aus der Hofapotheke. Von Heilung durch Handauflegen ist nicht die Rede.

Der französische König Henri IV. führte das Ritual, obwohl es ihn ermüdete, auf traditionelle Weise durch. Der König musste dabei stehen. Zu den vier Hauptfesten des katholischen Kirchenjahrs kamen Hunderte von Skrofelkranken vor den Königspalast. Doch Henri nahm die Tortur nicht auf sich, weil er ein begnadeter Arzt gewesen wäre, sondern um ein Zeichen für die Stärkung der erschütterten königlichen Zentralgewalt zu setzen.

Als Oliver Cromwell das Kommando in England übernahm, war erst mal Schluss mit königlichen Wunderheilungen. Doch die Unterbrechung stärkte den Volksglauben erst recht. Unter König Charles II. wurden in vier Jahren ungefähr 23.000 Personen berührt, im Jahr vor seinem Tod 6.610. Man kann, schreibt Bloch, »ohne Gefahr eines Irrtums die Zahl der Skrofulösen, die an Karl II. während seiner 15-jährigen Herrschaft vorbeidefilierten, auf etwa Hunderttausend schätzen.«[13] Nie wieder hatte ein heilkräftiger König größeren Erfolg gehabt.

Zur Zeit Ludwigs XIII. und Ludwigs XIV. erfreute sich die Berührung mit königlicher Heilkraft größter Beliebtheit. In Paris erblühte im 17. Jahrhundert ein Berührungstourismus. Das Berührungsritual war eine Hauptsehenswürdigkeit, die Reisende aus ganz Europa anzog. Aber der junge Ludwig XIII. ekelte sich vor den offenen Wunden, in die er seinen Finger legen musste, und fürchtete sich vor Ansteckung. Er fühlte sich von der Masse der Kranken bedroht. »Sie verfolgen mich so arg. Sie sagen, dass ein König nicht an Pest stirbt …, sie meinen, ich bin ein Spielkartenkönig.«[14]

Auch der gemeinhin als »Sonnenkönig« apostrophierte Ludwig XIV. unterwarf sich dem Ritual, das für den Zusammenhalt von Monarchie und Volk so wichtig war. Ostern 1698 hatte der Sonnenkönig wegen eines Gichtanfalls keine Kranken berühren können. Zu Pfingsten erschienen fast 3.000 Skrofelkranke in der Hoffnung auf Heilung durch die königliche Wunderkraft.[15]

Am 27. April 1714 vollzog die Oranierin Queen Anne zum letzten Mal auf englischem Boden das Ritual. Ihr Nachfolger, Georg I. aus dem Haus Hannover, hielt nichts von der königlichen Wunderheilung, über die sich die Skeptiker auch in England schon lustig gemacht hatten. Und außerdem konnte er sich nicht auf ererbtes göttliches Recht stützen. So wurde das Übernatürliche aus der englischen Politik eliminiert.

In Frankreich setzte die Revolution 1789 der Wirkung wundertätiger Könige ein schmerzhaftes Ende. Ludwig XVI. hatte das Ritual wie seine Vorgänger praktiziert. Wann das zum letzten Mal geschah, konnte auch der erfahrene Historiker Bloch nicht ermitteln. Er stellt sich wie auch den Lesern seines 555 Seiten starken Buches die Frage: Wieso konnte man an das 800 Jahre praktizierte Wunder glauben? Wenn man die Sache genauer verfolgt, sieht man, so Bloch, dass es keine schnellen Heilungen gab. Die Berührungswunder brauchten auch gar nicht auf der Stelle zu wirken. Heilungen traten oft später ein, und manchmal brach die Krankheit auch wieder aus. Viele Kranke kamen auch mehrfach wieder. Und es gibt keine Statistik über Geheilte und nicht Geheilte. »Skrofeln«, so Bloch in seinem Resümee, »sind keine Krankheit, die leicht heilt; sie tritt oft mit langen, manchmal nicht enden wollenden Rückfällen auf; aber es handelt sich auf der anderen Seite auch um eine Krankheit, die leicht die Illusion einer Heilung vermitteln kann, denn ihre Symptome, Geschwülste, Fisteln, Vereiterungen, verschwinden recht häufig spontan, was nicht heißt, dass sie nicht später wieder an derselben oder anderen Stellen auftauchen.«[16]

Die Könige waren keineswegs Wunderheiler. Der Glaube an das königliche Wunder war das Ergebnis eines kollektiven Irrtums, schreibt Bloch. Auch wenn die Berührung durch den König wirkungslos war, der Glaube verschaffte Glücksgefühle, und die vermeintliche Heilkraft sicherte die königliche Macht. Königtum und Volk konnten mit dieser Illusion sehr glücklich leben.

Schlussfrage dieses Kapitels: Warum bedienten sich die deutschen Herrscher nicht dieses strategischen Machtmittels? – Als Kaiser des Heiligen Römischen Reiches Deutscher Nation hatten sie es nicht nötig, ihren Rang durch die Heilung von hässlichen Haut- und Halskranken zu demonstrieren.

12. KAPITEL

WUNDERHEILUNGEN IM 19. UND 20. JAHRHUNDERT

Schade, dass die Zeit der wunderheilenden Könige im 19. Jahrhundert zu Ende war. Gab es niemanden, der wunderbare Heilung versprach? Im Fortgang der Aufklärung erwuchsen mit gut ausgebildeten Ärzten den kirchlichen Wunderpredigern und selbst ernannten Heilern ernst zu nehmende Gegner. Die Schulmedizin beschäftigte sich gründlich mit den sog. Heilungswundern, aus medizinischer Sicht Wunderheilungen. »Auf einem konkurrierenden Gesundheitsmarkt stellten die Heilungserfolge von nichtakademischen Heilspersonen insbesondere seit der zweiten Hälfte des 19. Jahrhunderts eine Bedrohung für eine Medizin dar, die sich immer stärker nach naturwissenschaftlichen Gesetzen auszurichten begann«, schreibt die Greifswalder Medizinhistorikerin Susanne Michl.[1] Die Schulmedizin habe von Kurpfuscherei und Scharlatanerie gesprochen, wenn es um Praktiken wie Handauflegen und Gesundbeten ging. Ärzte übernahmen das Kommando in der Wunderdiskussion. »Ärzte nahmen seit Ende des 19. Jahrhunderts auch die Rolle von Gutachtern ein, die an Wallfahrtsorten mit Zertifikaten beglaubigen sollten, ob der Heilungsprozess ein vermeintlich wundersamer oder aber durch therapeutische Maßnahmen eingeleitet worden sei.«[2] So seien ab den 1870er-Jahren die Atteste zum Beispiel in Lourdes entstanden, wo dann 1883 ein Medizinisches Büro eingerichtet wurde, das im Auftrag der Kirche für die Zertifizierung von Wundern zuständig war.

Gegen Ende des 19. Jahrhunderts kam es zu einer Gegenbewegung gegen den naturwissenschaftlichen und medizinischen Fortschrittsglauben. Die Entzauberung der Natur hatte zwar große Fortschritte gemacht, war aber noch keineswegs so erfolgreich, um etwa das Wunder des Lebens lösen zu können. Auch in der Medizin suchte man nach neuen Ansätzen, um dem Wesen von Heilungsprozessen auf die Spur zu kommen. Psychophysische Ursachen wurden ausgemacht, eine Herausforderung für Psychiater und Neurologen. 1892 äußerte sich der Neurologe Jean-Martin Charcot, Chef der Pariser Irrenanstalt La Salpêtrière, über die Wunderheilungen, die angeblich in Lourdes stattgefunden hatten. »Geheilt würden nur solche Krankheiten, bei denen der Geist den Körper beeinflussen könne, das heißt vor allem hysterische Störungen.«[3]

Im 20. Jahrhundert verfeinerte sich das Wissen der Mediziner über Suggestion, Autosuggestion und Hypnose. Das Arzt-Patient-Verhältnis gewann an Bedeutung, und Sigmund Freud und C.G. Jung, Begründer der modernen Psychoanalyse, räumten sogar Magie einen Raum bei der Therapie ein.

Der Erste Weltkrieg zwang die Ärzte zu Höchstleistungen in jeder Hinsicht. Tote brauchten zwar nicht mehr medizinisch versorgt zu werden, aber die Lebenden hatten traumatische Erfahrungen gemacht. »Betroffen waren Soldaten, denen der Krieg buchstäblich in die Glieder gefahren war, die am ganzen Leib zitterten, sich schüttelten, sich clownesk verrenkten, die verstummt oder ertaubt waren und deren verkrampfte und gelähmte Gliedmaßen und Druckstellungen sich auch mit brachialer Gewalt nicht mehr lösen ließen.«[4] Wie ließen sich diese Elenden möglichst schnell heilen und wieder in die Schützengräben schicken? Die deutschen Kriegsärzte kamen zur Erkenntnis, dass die genannten Verletzungen rein psychischer Art waren und durch Suggestion zu heilen seien. Der Stuttgarter Internist Franz Buttersack berichtete 1917: »Das wesentliche Moment liegt in der Macht der Persönlichkeit des Arztes. (...) Der Name, der Ruf des Lazaretts kann von solcher Bedeutung sein, dass der Kranke schon gesund wird, wenn er nur in das betreffende Lazarett gelangt ist, und unwillkürlich fällt der Satz ins Gedächtnis: ›Nimm dein Bett, steh auf und wandle, dein Glaube hat dir geholfen.‹ Man muss diese Fälle und diese Behandlungserfolge miterlebt haben, um sie vollständig zu verstehen und zu – glauben.«[5] Da ist sie wieder, die seit der Antike bekannte und in den Jesus-Wundern zur Routine gewordene Dreiheit von heilsamem Wunderort, wundertätigem Heiler und wundergläubigem Patienten. Der Rückgriff auf die Bibel kommt nicht von ungefähr. Denn die kriegsbedingten Krankheitsbilder ähnelten den biblischen sehr: »Verkrüppelte, Lahme, Blinde, Taube und Stumme.«[6]

Die Kriegszitterer, Kriegsneurotiker »wieder in Reih und Glied zu bringen, trug demnach entscheidend zur Stabilisierung von Geschlechterordnungen und zur Aufrechterhaltung des politischen und gesellschaftlichen Systems bei, dessen Umsturz unmittelbar bevorzustehen schien«.[7]

Wer das Buch *Wunder wirken Wunder* des Fernsehdoktors Eckart von Hirschhausen aus einer öffentlichen Bücherei ausleihen will, muss sich in der Regel auf eine Warteliste setzen lassen. Der Bestseller hat eine riesige Lesergemeinde gefunden, die sich vermutlich durch die Lektüre des geistreichen Schmökers ein kleines Heilungs- oder zumindest Erkenntniswunder erhofft.

Eckart von Hirschhausen erzählt von drei spontanen Heilungswundern, die er als Augenzeuge selbst erlebt hat. Als Austauschstudent lernte er in London die dortige Medizinpraxis kennen. »Hätte sich die Geschichte 2000 Jahre früher zugetragen, hätte sie das Zeug zum biblischen Wunder gehabt, denn eine gelähmte Frau konnte plötzlich wieder gehen. Fairerweise muss man dazu sagen, dass die Lähmung nicht etwa auf einer neurologischen Tatsache wie einem durchtrennten Nervenstrang beruhte, die Symptome waren ›psychogen‹. Früher nannte man das hysterisch.«[8]

Das zweite Heilungswunder, von dem Hirschhausen berichtet, ging unmittelbar auf seine Kappe. Als der junge Arzt in einem Kinderkrankenhaus seine Zaubershow vorführte, bei der »die Kinder mitmachen, pusten, lachen und laut zählen durften«, passierte es: Ein an Mutismus erkrankter Junge überwand während der Show seine Störung und lachte und quatschte mit den anderen Kindern mit. Der Junge hatte seit Wochen mit keinem Menschen gesprochen und war vollständig verstummt, obwohl ihm neurologisch nichts fehlte.[9]

Das dritte selbst erlebte Heilungswunder ist Hirschhausen, wie er in seinem Bestseller schreibt, »bis heute unbegreiflich«. Am dritten Abend eines mehrtägigen Seminars eines amerikanischen Trainers mit indianischem Hintergrund gab es »ein Ritual, bei dem sich jeder in einem Entspannungszustand auf eine innere Reise begeben sollte.« Bei dieser sog. Traumreise saß ein nach einem Autounfall tauber Teilnehmer in der ersten Reihe, um die Worte des Trainers von dessen Lippen ablesen zu können. »Während der Heilungsübung fing er an, mit geschlossenen Augen unruhig zu werden. Er stöhnte, wälzte sich, und es war, als ob ihn etwas schüttelte, was er nicht kontrollieren konnte. (…) Der innere Prozess, der sich bei Walter abspielte, dauerte mehrere Minuten, bis er die Augen aufschlug und sagte: ›Ich kann wieder hören.‹«[10]

Auch wenn ihn diese drei selbst erlebten Spontanheilungen beeindruckt haben, räumt Hirschhausen ein: »Kein Toter ist auferstanden, kein abgetrenntes Bein wieder angewachsen.«[11]

Dass Placebos heilsame Wirkung entfalten können, ist bekannt und unumstritten. Aber weshalb sie selbst dann wirken, wenn der Patient weiß, dass es sich um Placebos handelt, das ist ein Wunder, das noch der Erklärung bedarf. Sagt mein Hausarzt.

13. KAPITEL

WUNDER IM ISLAM

Im Verlauf dieses Buches haben wir bisher das biblische und christlich fundierte Wunderwesen behandelt. Jetzt ist es an der Zeit, einen Blick auf die nachbiblische Religion des Islam zu werfen.

Der Islam kennt im Wesentlichen nur ein einziges Wunder, nämlich das der Offenbarung des Korans als Heiliger Schrift. In der 97. Sure des Korans wird das geheimnisvolle Ereignis, das dem Religionsstifter Mohammed zuteil wurde, wie folgt beschrieben:

»Im Namen Allahs, des Gnädigen, des Barmherzigen.

Wahrlich, Wir sandten ihn [den Koran] hernieder in der Nacht Al-Quadr.

Und was lehrt dich wissen, was die Nacht Al-Quadr ist?

Die Nacht Al-Quadr ist besser als tausend Monde.

In ihr steigen die Engel herab und der Geist nach dem Gebot ihres Herrn – mit jeder Sache.

Friede währt bis zum Anbruch der Morgenröte.«

Selbstverständlich wollten Mohammeds Zeitgenossen eine wunderbare Bestätigung seines Anspruches sehen, der verkündete Koran sei eine Offenbarung Allahs. Aber Mohammed beantwortete diese Herausforderung der Skeptiker mit ähnlichen Argumenten wie vorher schon Buddha und Jesus.

In Sure 6, 8 heißt es: »Und hätten wir dir auch eine Schrift hinabgesandt auf Pergament, und sie [die Ungläubigen] hätten sie befühlt mit ihren Händen, [selbst dann] hätten diese Ungläubigen gewiss gesagt: Das ist nichts als Zauberei.«

Die Anerkennung des Wundercharakters des Korans setzt also den Glauben an ebendiesen Wundercharakter voraus. Im Übrigen belegen viele Koranstellen Mohammeds Meinung, dass nicht im außergewöhnlichen Wunder, sondern im natürlichen Lauf der Natur Zeichen göttlichen Wirkens zu sehen sind.

»Wahrlich, in der Schöpfung der Himmel und der Erde und im Wechsel von Tag und Nacht und in den Schiffen, die das Meer befahren mit dem, was den Menschen nützt, und in dem Wasser, das Allah niedersendet vom Himmel, womit er die Erde belebt nach ihrem Tode und darauf verstreut allerlei Getier, und im Wechsel der Winde und der Wolken, die dienen müssen zwischen Himmel und Erde, sind fürwahr Zeichen für solche, die verstehen.« (Sure 2, 165)

Wie schon vorher im Christentum setzte sich auch im späteren Islam die Entwicklung von Wunderlegenden durch. Begabte Märchenerzähler erschufen eine Mohammed-Biografie, die mit der historischen Realität in keiner Weise übereinstimmte. Wie schon in der Jesus-Überlieferung beginnt das Wunder bei der Empfängnis. Bereits die Zeugung des Propheten wird von außergewöhnlichen Ereignissen flankiert. Die Haustiere fingen an zu reden, die Throne der Könige auf der ganzen Welt waren im Morgengrauen umgestürzt. Die wilden Tiere im Osten brachten den wilden Tieren im Westen die Freudenbotschaft, und die Bewohner des Meeres beglückwünschten sich. In jedem Schwangerschaftsmonat wurde im Himmel und auf Erden eine Heilsbotschaft verkündet. Mohammeds Geburt wurde von Engeln laut und leise verlautbart. Die Huris, also die blendend weißen großäugigen Jungfrauen, traten aus ihren Schlössern, und herrliche Düfte verbreiteten sich. Amina, die Mutter des Säuglings, sah ein Licht, und Engel standen nach der Geburt um sie herum.

Mohammed ist in der Märchenerzählertradition wie Christus nicht nur Objekt göttlicher Wunder, sondern wird auch selbst als Wundertäter aktiv. Seine bemerkenswertesten Wunder: Die Vermehrung von Speisen, die Spaltung des Mondes, die Heilungen eines stummen Kindes und die von Blinden.

Im 12. Jahrhundert, als der Islam in seinem Vormarsch auch die allertrockensten Wüstenregionen Afrikas und Asiens erreicht hatte, wird von einem Biografen ausführlich ein Wasserwunder berichtet, das bei den unter der Dürre leidenden Zuhörern vermutlich allerhöchstes Entzücken auslöste: »Als wir mit dem Propheten zusammensaßen und kein Wasser hatten, sagte uns der Prophet: ›Fragt nach, wer Wasser übrig hat.‹ Da brachte man ihm Wasser, und er ließ es in ein Gefäß schütten; dann legte er seine Hand hinein und das Wasser begann zwischen seinen Fingern hervorzuquellen.«

Die asketischen Sufis hielten nichts von derlei Wunderbeschwörung, um die Gläubigen bei Laune zu halten. Als islamische Mystiker zählte für sie die innere Erfahrung, die sich auf den Schöpfergott

Allah beschränkte. Aber auch die Sufis konnten nicht verhindern, dass wie zuvor im Christentum den islamischen Heiligen Wunder ohne Ende untergeschoben wurden, obwohl der Koran bekanntlich nur Allah Wunderwirksamkeit zuweist. So wurde überliefert, dass der bedeutende alevitische Mystiker Hadschi Bektasch, der in der zweiten Hälfte des 13. Jahrhunderts lebte, zum Zeichen seiner Wundermächtigkeit aus Roggensamen Weizen wachsen ließ. Ebenso habe er einen großen Felsen mit einem Messer zerschnitten, und aus einem von ihm berührten kleinen Rest von Mehl sei eine ungeheure Menge von Brot entstanden. Alles ziemlich coole Sachen.

Talismanhemden sind eine Spezialität des islamischen Kulturkreises. Wie bekannt, schützen Talismane ihren Träger vor Unheil aller Art. Bereits im Koran (12. Sure) »gewährt ein Hemd dem Propheten Yusuf Schutz und ist sogar wundertätig. Yusuf übergibt es, damit es seinen Vater Jakob von seiner Blindheit heilt: ›Nehmt dieses mein Hemd und legt es meinem Vater auf das Gesicht, dann kann er (wieder) sehen.‹«[1] In der Regel wurden Talismanhemden bei militärischen Auseinandersetzungen getragen, fanden aber, wie wir sahen, auch als Hilfsmittel bei alltäglichen Heilungswundern Verwendung.

»Muslimische Autoren haben«, heißt es in der *Theologischen Realenzyklopädie*, diverse Wunderkataloge verfasst, in denen außergewöhnliche Vorkommnisse ihrer Entstehung nach unterschieden werden. Viele dieser Wunder sind auch in anderen Religionen bekannt, wie die Totenerweckung, das Schreiten über Wasser, Levitation [freies Schweben eines Körpers im Raum], Bilokation, Telekinese, Transportwunder, Speisenmehrungen, Krakenheilungen, Macht über Naturgewalten, Gestaltverwandlung, Immunität gegen Gifte usw.«[2]

Ja, auch Moslems wollen auf ihre Wunder nicht verzichten. Und sie haben ein nettes Äquivalent zu den Marienerscheinungen der katholischen Propagandisten, das ebenfalls gerne zu Missionierungszwecken eingesetzt wird. Unschlagbarer Vorteil des Islam bei der Deutung himmlischer Zeichen: Der »arabische Schriftzug für Allah ist nicht nur kurz, sondern besteht auch aus recht einfachen geometrischen Formen. Und genau diese Formen wollen Muslime in aller Welt in den unterschiedlichsten Naturerscheinungen und Alltagsgegenständen entdeckt haben.«[3] Der Schriftzug auf einer Wassermelone oder einem Kaktus in einem Blumentopf, im Fleisch einer Tomate – sie alle scheinen das Wort »Allah« zu formen.

Mit Abbildungen von solchen Wundern möchte die Gruppe islam.can (»Islam kann es«) Mittel bereitstellen, »um den Glauben jedes Menschen an Allah zu stärken.«[4] »In den Kommentaren zu den Fotos berichtet etwa eine muslimische Gemeinde in Birmingham/Alabama von einem Koran-Rezitations-Wettbewerb in ihrer Moschee. Weil bei einem Regenschauer Wasser durchs undichte Dach tropfte, stellte jemand einen Topf auf den Teppich. Als eine Gläubige das Gefäß wenig später hochhob, war das Wunder geschehen: Auf der Auslegeware erschien der Name Allahs. (…) Auch eine Konvertitin namens Angelique aus Liverpool in England hat Bemerkenswertes zu berichten: ›Ich briet Fleisch auf einem Backblech, und als ich es herunternahm, erschien das Wort Allah eingebrannt auf dem Metall.‹« Im Juli 2006 erfreute die Agentur AFP ihre Leser mit der »Meldung, in Kasachstan habe ein Huhn ein Ei gelegt, auf dessen Schale in arabischer Schrift das Wort ›Allah‹ zu lesen sei. Kurz darauf berichteten malaysische Zeitungen, in einem Sportfischerteich in der Stadt Rawang seien fünf Fische entdeckt worden, die arabische Zeichen auf ihrer Schuppenhaut trügen: Sie bildeten die Worte ›Allah, Allah, Allah‹ und ›La illaha ila Allah‹ – das islamische Glaubensbekenntnis (›Es gibt keinen Gott außer Gott und Mohammed ist sein Prophet‹).«[5]

Der Schweizer Tourist Antonio Cali filmte zufällig einen gigantischen Starenschwarm bei einem Flug über eine Istanbuler Moschee. »Es war unglaublich. Einmal sah die Formation aus wie ein Mensch, dann wie ein Vogel«, sagte der 29-jährige Manager einer Filmproduktion in Winterthur.[6]

Calis Video war Wasser auf die Mühlen islamischer Eiferer. »Kalif_Saladin« veröffentlichte das Video am 13.2.2013 bei Youtube mit religiösem Begleittext unter der Überschrift »Wunder der Vögel im Himmel von Istanbul?«.

Mit dem Titel »Wunder im Islam« ist ebenfalls bei YouTube die optisch äußerst bescheidene Botschaft eines gläubigen Moslems zu bewundern: »Allahuakbar meine lieben Geschwister«, lässt uns alaattin

1996 wissen. »Dies ist bei mir persönlich passiert, und ich habe es selbst fotografiert. Letztes Jahr stand auf einer Blutorange ALLAH und vor Kurzem Mitte August 2011 wieder auf ein einem Pfirsich ALLAHUAKBAR, (…) Dies sind die Zeichen Allahs.« Alaattin sollte es mal mit Bleigießen versuchen. Das ergibt mit Sicherheit, wenn man es lang genug betreibt, eine Unmenge höchst eindeutiger Zeichen, die seinen Orangen- und Pfirsichabdrücken himmelhoch überlegen sind.

Es ist kein Wunder, wenn körperlich hart arbeitende Menschen im streng islamischen Saudi-Arabien beim Freitagsgebet in der Moschee ziemlich müffeln, selbst wenn sie die Waschvorschriften des ja direkt vom Schöpfer herabgesandten Korans befolgt haben, wo es in Sure 5, Vers 6 heißt: »O ihr, die ihr glaubt, wenn ihr hintretet zum Gebet, so waschet euer Gesicht und eure Hände bis zum Ellenbogen und wischet eure Häupter und eure Füße bis zu den Knöcheln ab.« Ein Gesetzesvorschlag des 150-köpfigen Schura-Rates will das Ausdünsten übler Gerüche in Gotteshäusern unter Strafe stellen. 800 Dollar oder fünf Monate Gefängnis für Müffeln.[7] Pech für die islamischen Gastarbeiter, die keine Zeit haben, sich nach der Arbeit umzuziehen, sondern direkt in die Moschee laufen und eilig Kopf, Hände und Füße waschen. Sie können nur auf ein Reinigungswunder hoffen.

14. KAPITEL

ORTE MIT WUNDERKRAFT

Wunder gibt's nicht überall. Wunder brauchen ihre Orte. In der Antike gab es Orte, an denen seit alters her Wunder geschahen und Prophezeiungen verkündet wurden. Wunderheilungen waren sehr beliebt. Es gab aber auch einen Ort, an dem nicht geheilt wurde. Das war der mit Schaudern bestaunte Eingang zur Hölle. Das Christentum schuf sich seine Wunderorte aufgrund von Erzählungen im Neuen Testament. Und selbstverständlich verfügt auch der Islam über Orte mit wunderbarer Ausstrahlung.

Orakel von Delphi (Griechenland)

Über Jahrhunderte war das Orakel von Delphi die zentrale Kultstätte der Hellenen. Delphi galt zeitweise sogar als Mittelpunkt der Welt. Im Orakel von Delphi hockte die weissagende Priesterin (Pythia) auf einem Dreibein über einem Erdspalt und verkündete in Trance Prophezeiungen. Die Gelehrten streiten sich darüber, ob das aus dem Erdspalt strömende Ethylen oder/und der durch hohen Methan- und Kohlendioxid-Ausstoß verursachte Sauerstoffmangel die Halluzinationen beflügelte.

Übel reingefallen mit dem Orakel ist der lydische König Krösus, der in Delphi eine Weissagung einholen wollte, bevor er im Jahr 546 v. Chr. zu seinem Feldzug gegen den Perserkönig Kyros II. aufbrach. Die Prophezeiung lautete:

»Wenn Krösus den Halys (heute Kisilmak) überschreitet, wird er ein großes Reich zerstören.« Dumm gelaufen. Krösus meinte die Zerstörung des Perserreiches herausgehört zu haben; in Wirklichkeit war es sein eigenes Ende. Diese schöne, aber erfundene Story wird von dem griechischen Geschichtenerzähler Herodot überliefert. Und der Schriftsteller Plutarch tischt eine weitere wundervolle Geschichte, allerdings ganz ohne Wunder, auf. Als Alexander der Große vor seinem geplanten Feldzug gegen die Perser im Jahr 335 v. Chr. in Delphi Rat einholen wollte, habe ihn die Pythia mit dem Hinweis vertröstet, das Orakel finde nur zu bestimmten, von den Göttern festgelegten Zeiten statt. Alexander sei sehr wütend geworden und habe keinen Bock auf

Zuwarten gehabt. Er habe die Seherin mit Gewalt an den Haaren in den Tempel gezerrt. Daraufhin habe sie gerufen: »Lass ab von mir, du bist doch unüberwindlich, Junge!« Und Alexander habe triumphierend gesagt: »Jetzt habe ich meine Antwort!« Und dann habe er die Lady auf dem Dreibein losgelassen und sei in den Krieg gezogen.[1]

Asklepios-Heiligtum in Epidauros (Griechenland)

Eine der größten antiken Wallfahrtsstätten war das auf der Halbinsel Peloponnes gelegene Epidauros. Hier huldigte man schon im 16. Jahrhundert vor unserer Zeitrechnung einer Gottheit mit Namen Maleatas, der Heilkräfte nachgesagt wurden. Nach der Durchsetzung der griechischen Götterwelt wurde der Maleatas-Kult von dem des Apollo abgelöst, und vom 5. Jahrhundert v. Chr. bis zum 4. Jahrhundert unserer Zeitrechnung übernahm Asklepios das Kommando. Homer erwähnt Asklepios als einen »Sterblichen, der in Thessalien lebte und zur Zeit des Trojanischen Kriegs König war. Bei Homer hatte Asklepios unfehlbare ärztliche Kenntnisse (…). Die späteren Mythen erwähnen Asklepios als Halbgott, der von einer sterblichen Mutter geboren und dem Gotte Apollon gezeugt worden war. (…) Später rückte Asklepios hierarchisch auf und wurde aus dem tiefen Glauben an seine wundertätigen ärztlichen Kenntnisse statt Halbgott als Gott verehrt.«[2] Als der Asklepios-Kult in dem peloponnesischen Heiligtum Fahrt aufgenommen hatte, reklamierten die Touristiker von Epidauros ihre Stadt als Geburtsort des wundertätigen Gottes. Das Asklepios-Heiligtum war ein Gebäudekomplex, groß genug, um Heilungswunder aller Art geschehen zu lassen. Hinter den Propyläen, dem formellen Eingang, prangte das Schild:

Wenn Du in das Gotteshaus eintrittst,
dem vom Weihrauch duftenden,
musst Du rein sein,
und der Gedanke muss rein sein,
wenn Du mit Ehrfurcht denkst.

Vorrangige Pflicht des Pilgers war die Erbringung einer Opferleistung, deren Größe zwischen Blumen und Ochsen schwankte – je nach Einkommensverhältnissen. Auswärtige Pilger konnten ihrer Opferpflicht durch Barzahlung nachkommen. In der *Balneologischen Zeitung* beschrieb ein Professor aus Athen das Wasser des Heiligtums nach einem Ortstermin mit dem Kenntnisstand des Jahres 1859 wie folgt: »Das Wasser, das nun heutzutage in dieser Cisterne sich befindet, ist ein Mineralwasser; 16 Unzen desselben enthalten 3 ½ Gran feste Bestandtheile (…) Ein dem eben beschriebenen ähnliches Wasser entspringt an einer Stelle außerhalb des Hains, welche die Leute Terelli nennen. Es soll nach den Aussagen der Leute, die dasselbe als heilkräftig gegen verschiedene Krankheiten des Unterleibs trinken, im Sommer sehr kalt und im Winter warm sein: ich habe das Wasser bei 15 Grad R. [d. i. 18,75 Grad Celsius] Wärme der Atmosphäre nur 8 Grad [d i. 10 Grad Celsius] gefunden, so daß man es wohl nicht mit Unrecht lauwarm nennen könnte. Es ist vollkommen geruch- und geschmacklos und enthält in 16 Unzen 2 Gran feste Bestandtheile.«[3])

Herzstück des damaligen Zentrums für Wunderheilungen waren die Liegeräume, in denen Priester die Pilger betreuten. Während des. sog. »Inkubationsschlafes« erschien der Gott dem Gläubigen im Traum. Und dann heilte Asklepios selbst oder gab Tipps, die zur Heilung führten. Bereits im 19. Jahrhundert förderten Untersuchungen von Archäologen jede Menge Votivtafeln zutage, die die in Epidauros vollbrachten Wunder dokumentierten – Vorläufer der »Maria-hat-geholfen-Inschriften« in Altötting und an vielen anderen Wallfahrtsorten. »Wir erfahren, dass die Kranken daselbst durch Träume zur Kenntnis der Heilmittel gelangten, ferner von Heilungen, die als Wunder jenes Heilgottes angesehen wurden. Auch viele Ehefrauen sahen ihren Wunsch, Mütter zu werden, dort erfüllt. Von einer gewissen Andromeda sagt eine Inschrift, dass sie durch ein Wunder Fünflinge geboren habe. Die Inschriften reden von Stummen, von Blinden, die geheilt wurden, von Lahmen, die alsbald gehen und schwere Steine tragen konnten. Wie z. B. ein gewisser Hermodicus von sich bezeugt. Ein Sklave brachte ein zerbrochenes kostbares Gefäß nach Epidauros und entdeckte dort, dass dasselbe unzerbrochen und wie neu in seinem Sacke lag.« [4]

Weil Wundererzählungen so herzergreifend sind, hier eine auf einer Votivtafel verewigte Story: »Als Kleo bereits fünf Jahre schwanger war, wandte sie sich Hilfe suchend an den Gott Asklepios und schlief im Allerheiligsten des Tempels. Sobald sie wieder herausgekommen war und sich aus dem heiligsten Bezirk entfernt hatte, gebar sie einen Knaben, der sofort nach der Geburt sich selbst an der Quelle wusch und mit der Mutter herumlief.[5] Fünf Jahre schwanger, und dann kommt ein fünfjähriges Kind heraus – eine interessante Vorstellung.

Der bezeugte Erfolg antiker Wunderheilungen, zumal derer in Ephesus, beruhte eher auf einer Therapie als auf einer religiösen Praxis. Traum, Wunderheilung und ärztliche Kunst griffen ineinander und führten zu positiven Ergebnissen.

Asklepios ist heute der Name der größten privaten europäischen Klinikkette mit ca. 35.000 Mitarbeitern an ca. 150 Standorten. Wunderheilungen von Asklepios-Patienten sind bisher nicht bekannt geworden. Aber der Heilschlaf wird noch praktiziert. Die Opfergaben derer, die sich in die Obhut des modernen Asklepios begeben, werden nicht den Göttern in Weiß überreicht, sondern mit den Krankenkassen oder privat abgerechnet. Das ist sehr wenig spirituell.

Artemis-Tempel in Ephesos (Türkei)

Es ist eher eine touristische als eine religiöse Pilgerfahrt, die heutzutage Tausende von Reisenden ins kleinasiatische Ephesus bei Selçuk führt. Der Artemis-Tempel von Ephesos, von dem heute so gut wie gar nichts mehr übrig ist, war der größte Tempel der antiken Welt und eines der sieben Weltwunder, Artemis war die Göttin der Jagd, des Waldes und die Beschützerin von Frauen und Kindern. Es sind bedauerlicherweise keine Besucherzahlen, keine Pilgerstatistik des Artemis-Heiligtums in den mehr als zehn Jahrhunderten seines Bestehens überliefert. Bereits ab der Bronzezeit wurde das Gelände kultisch genutzt. Im 7. Jahrhundert v. Chr. entstand ein Tempel, der allerdings noch vor seiner Fertigstellung durch Überschwemmung zerstört wurde. Die Bauarbeiten an dem Nachfolgetempel dauerten 120 Jahre. Im Zentrum des Bauwerks stand eine zwei Meter hohe Artemis-Statue aus Holz, die mit Gold und Silber verkleidet war. Ein Wichtigtuer namens Herostratos fackelte den Tempel am 21. Juli 356 v. Chr. ab. Es dauerte wieder 100 Jahre, bis ein neuer, noch größerer Tempel fertig war. In der Römischen Zeit wurde der Artemis-Tempel für politische Zwecke genutzt. Mark Anton ließ 41 v. Chr. Kleopatras Schwester Arsinoe öffentlichkeitswirksam auf den Stufen des Tempels hinrichten, da sie als Blutsverwandte eine Bedrohung des Machtanspruchs ihrer Schwester war.

In der Apostelgeschichte des Neuen Testaments wird von einem Besuch des Apostels Paulus in Ephesos im Jahr 55 n. Chr. erzählt. Paulus habe zwei Jahre in Ephesos gelebt und eine zuverlässige Gruppe von Jüngern um sich geschart. Wie Jesus habe er Dämonenaustreibungen praktiziert. Außerdem habe er die Anhänger anderer Religionen des Götzenkults beschuldigt. Das ließen sich die Handwerker, die Devotionalien für den Artemis-Kult herstellten und feilboten, natürlich nicht gefallen. Ein Silberschmied namens Demetrios, der selbst kleine silberne Artemistempelchen herstellte, wurde ihr Anführer: »Ihr Männer, wie ihr wisst, hängt von diesem Gewerbe unser Wohlstand ab. Ihr seht und hört aber, dass dieser Paulus nicht nur in Ephesus, sondern in ganz Asia durch seine Überredung viel Volk abwendig macht, indem er behauptet, das seien keine Götter, die mit Händen gemacht werden. Doch nicht nur dieses unser Geschäft ist in Gefahr, in Verruf zu kommen, sondern auch der Tempel der großen Göttin Artemis ist daran, missachtet zu werden, und sie wird ihres großen Ansehens verlustig gehen, die doch ganz Asia und der gesamte Erdkreis verehrt.« (Apg 19, 25–27) Die aufgebrachten Devotionalienhändler riefen: »Groß ist die Artemis von Ephesus!« Der Stadtschreiber habe große Mühe gehabt, die Gemüter wieder zu beruhigen, erzählt Lukas, der mutmaßliche Autor der Apostelgeschichte. Paulus zog es vor, nicht das gleiche Schicksal wie die Schwester der schönen Kleopatra zu erleiden, und verschwand aus der Stadt.

Das Tor zur Hölle in Hierapolis (Türkei)

Es gibt viele Orte, die weltweit aus touristischen Gründen darum wetteifern, das Tor zur Hölle zu sein. Aber ein Ort 250 Kilometer nordwestlich des türkischen Touristenortes Antalya kann den Ruhm für sich beanspruchen, das wirkliche Tor zur Hölle zu sein. In Hierapolis (zu Deutsch: heilige Stadt) befand sich das Plutonium, der Tempel des Gottes Pluto, In dem beliebten Ausflugsziel gibt es außerdem 1.200 antike Gräber und ein antikes Theater zu besichtigen. Doch die Hauptattraktion ist der erst vor einigen Jahren freigelegte Eingang zur Unterwelt in einer Grotte.

Schon der griechische Geograf Strabon (~63 v. Chr.–23 n. Chr.) schrieb in seinem 17-bändigen Nachschlagewerk: »Der Ort ist so voll von Dämpfen und so eng, dass man kaum den Boden sehen kann. Jedes Tier, das den Eingang passiert, trifft sofort den Tod. Ich warf Spatzen hinein, und sie nahmen sofort ihren letzten Atemzug und fielen tot um.«[6] Das konnte nach der herrschenden Meinung nur das Werk des Höllenhundes Kerberos sein, der mit tödlichem Atem für den Gott Pluto den Eingang zur Unterwelt bewachte.

Pilger konnten bei den Händlern im Tempel kleine Vögelchen kaufen, um sich auf höher gelegenen Sitzreihen an deren schnellem Hinscheiden zu erschrecken und zu ergötzen. Noch eindrucksvoller waren die Opferrituale mit Kälbern, Schafen und Ziegen. Aber warum konnten die Priester unbeschadet ihrem Handwerk nachkommen? Für die Pilger war es ein übernatürliches Wunder, das hier geschah.

Professor Hardy Pfanz, Vulkanbiologe an der Universität Duisburg-Essen, wollte wissen, was es mit dem Todeshauch auf sich hatte, und entzauberte 2018 das Wunder. »Hierapolis«, so Pfanz, »liegt wie viele andere Heiligtümer und Orakelstätten über tektonischen Störungen; viele Pluto-Tempel sind über Grotten errichtet – auch die beiden Heiligtümer in Hierapolis.«[7] Mit Messungen stellte er fest, dass aus dem Höllenschlund giftiges Kohlendioxid austritt, und zwar je nach Tageszeit in unterschiedlicher Konzentration. Nachts und am frühen Morgen ist die Konzentration am höchsten. CO_2 ist schwerer als Luft und sammelt sich am Boden. Pfanz lobt die Cleverness der

Pluto-Priester: »Sie wussten, wann der tödliche Atem des Kerberos wirkte und bis zu welcher Höhe ein Aufenthalt völlig ungefährlich war. Morgens waren das etwa 40 cm über dem Boden. Wollten sie ihre übernatürlichen Kräfte demonstrieren, stellten sie sich auf Steine um die Opfertiere. Diese standen jedoch mitten im CO_2-Dunst, ihnen wurde schwindelig, die Köpfe sanken zu Boden, wo sie die tödliche Dosis einatmeten. Die Priester hingegen konnten auf ihrer Position etwa 20 bis 40 Minuten aushalten.«[8]

»Hierapolis war wie Bad Füssing«, schreibt die *Süddeutsche*, »nur ohne Tanztee und Spielbank, dafür mit viel Hokuspokus.«[9]) An der Grotte, dem Eingang in die Unterwelt, konnte niemand geheilt werden, doch in der Nachbarschaft des Tempels von Hierapolis befanden sich ungiftige Mineralquellen, die heute als die Kalksinterterrassen von Pamukkale eine Touristenattraktion ersten Ranges sind.

Der Tempelberg in Jerusalem

Der Tempelberg in Jerusalem ist auch heute noch eine sakrale Stätte von herausragender Bedeutung. Nach jüdischer Tradition hat Gott an dieser Stelle die Erde entnommen, aus der er Adam formte. König Davids Sohn Salomo ließ einen Tempel auf dem Berg bauen. Baubeginn könnte um 957 v. Chr. gewesen sein, die Weihe ist im Jahr 951 v. Chr. dokumentiert. Der Tempel war Aufbewahrungsort der mystischen Bundeslade, für deren Existenz es leider keinerlei archäologische Zeugnisse gibt. Die Bundeslade enthielt zwei Steintafeln mit den Zehn Geboten, die Moses nach alttestamentarischer Darstellung von Gott erhalten haben soll. Als mobiles Heiligtum wurde die Bundeslade von den Juden auf ihren erzwungenen Wanderungen mitgeführt, bevor sie in Jerusalem ihren Platz im Tempel fand. Die Babylonier unter Nebukadnezar II. zerstörten 586 v. Chr. den Tempel. Das war auch das Aus für die Bundeslade. Nach dem Ende der babylonischen Gefangenschaft wurde an gleicher Stelle ein zweiter Tempel errichtet. Der bestand zu Zeiten des historischen Jesus von Nazareth und seiner Jünger und findet sich als Schauplatz in vielen Geschichten des

Neuen Testaments wieder. Nach der Zerstörung des Tempels und der Vertreibung der jüdischen Bevölkerung aus Jerusalem im Jahr 70 n. Chr. wurde der Tempelberg römischen Kultzwecken gewidmet. Es entstanden ein großer Jupiter- und ein Aphrodite-Tempel.

Die sog. Klagemauer ist der einzige heute noch erhaltene Rest der Mauer, die das ursprüngliche Tempelplateau abstützte. Die Mauer ist ein bevorzugter Ort für die Gebete frommer Juden. Wie an christlichen Pilgerstätten werden hier kleine Zettelchen in den Mauerspalten mit Dankesworten oder der Bitte um Wunder deponiert.

Nach der islamischen Eroberung Palästinas wurde zwischen 687 und 691 der Felsendom auf dem Tempelberg errichtet. Er ist ein Meisterwerk der islamischen Baukunst und bis heute das Wahrzeichen Jerusalems. Islamischen Mythen zufolge soll Mohammed von diesem Ort aus »Himmelfahrt und seine Begegnung mit den früheren Propheten des Judentums und Jesus angetreten haben.«[10]

Ebenfalls auf dem Felsenberg befindet sich die Al-Aqsa-Moschee. Der in den Jahren zwischen 706 und 717 errichtete Bau gilt als drittwichtigstes Heiligtum des Islam nach der Kaaba in Mekka und dem Grab Mohammeds in Medina. Die sakrale Bedeutung der Al-Aqsa-Moschee beruht auf einer Koransure. Bei der Eroberung Jerusalems im Ersten Kreuzzug im Jahr 1099 richteten die christlichen Plünderer ein Blutbad unter den Moslems an, die sich in die Moschee geflüchtet hatten. Die Kreuzritter machten aus der heiligen Stätte u. a. einen Pferdestall wie Napoleon Jahrhunderte später aus dem Kölner Dom. Ihre Freude währte allerdings nicht lange. Seit 1299 ist der Tempelberg ununterbrochen in islamischem Besitz.

Sehr zum Unwillen orthodoxer Juden, die nur allzu gern den dritten jüdischen Tempel auf dem ihnen heiligen Berg errichten würden. Dazu müsste man allerdings den Felsendom und die Al-Aqsa-Moschee abreißen. Davon träumen fanatische Juden, aber der pfiffige orthodoxe Rabbiner Jitzak Ehrenberg aus Berlin sieht 2014 im Gespräch mit dem *Deutschlandfunk* eine andere Lösung des alten jüdischen Traums vom Tempel: »Es gibt heute extreme Leute, die meinen, man muss unbedingt diese Al-Aqsa-Moschee abreißen und [einen Tempel] bauen; die sind ganz extrem, das ist unmöglich, unmachbar. Die meisten in der jüdischen geistlichen Führung sind der Meinung: Wir warten, bis Gott wird das machen.«[11] So wartet die Orthodoxie auf das göttliche Wunder des Abrisses der islamischen Heiligtümer. Aber was sagt eigentlich der islamische Gott dazu? Können sich die Herren des Himmels nicht einigen?

Jesu Geburtskirche in Bethlehem

In der christlichen Überlieferung sind die vermutete Geburtskirche in Bethlehem (auch wenn Jesus von Nazareth bekanntlich wohl nicht in Bethlehem geboren wurde) und die vermutete Grabeskirche in Jerusalem herausragende, Wunder bewirkende Orte, die bis heute eine große Anziehungskraft besitzen. »Am Krippenplatz zieht eine Gruppe von nigerianischen Pilgern durch den niedrigen Eingang in die Geburtskirche. Sie ist die älteste, täglich genutzte christliche Kirche der Welt. Die ausladenden Seitenschiffe der Basilika sind eingerüstet und mit Planen abgedeckt. Ein Restaurierungsteam entfernt jahrhundertealten Kerzenruß von den vergoldeten Mosaiken aus dem 12. Jahrhundert an den oberen Wänden; sie befinden sich oberhalb der kunstvoll geschnitzten Zedernbalken, die im 6. Jahrhundert eingezogen wurden. Voller Ehrfurcht umkreisen die Pilger derweil ein Loch im Boden, das einen Blick auf den frühesten Kirchenbau gewährt. Er wurde 326 n. Chr. auf Anordnung von Konstantin erbaut, dem ersten römischen Kaiser, der sich taufen ließ. Stufen führen hinab zu einer erleuchteten Grotte und einer kleinen, mit Marmor verkleideten Nische. Ein silberner Stern markiert die Stelle, an der Jesus Christus laut Überlieferung geboren wurde. Die Pilger knien nieder, um den Stern zu küssen und die Hände auf den kühlen, polierten Stein zu legen, bis sie ein Kirchenbeamter bittet weiterzugehen, damit auch andere den heiligen Stein berühren können – und durch ihn, wie der Glaube sagt, das Heilige Jesuskind selbst.«[12]

Ein Wörtchen noch zu dem später heiliggesprochenen Konstantin. Wie alle römischen Kaiser war er ein brutaler Machtpolitiker. »Ein Sieger mit dem Ziel, Alleinherrscher zu werden. Er wusste, dass man dafür auf der Klaviatur der Religionen und Kulte spielen musste, um Loyalität herzustellen. Konstantin selbst war sicherlich überzeugt, dass er in der Gunst einer Gottheit stand. Wahrscheinlich dachte er dabei an den Sonnengott.« So die Bewertung des Bamberger Althistorikers Hartwin Brandt.[13]

Jesu Grabeskirche in Jerusalem

Die Grabeskirche in Jerusalem ist von noch größerer Bedeutung für den christlichen Glaubenstourismus. Dass Jesus von Nazareth hier beerdigt wurde, ist eine Vermutung mit einer nirgendwo quantifizierten Wahrscheinlichkeitsquote. Helena, die Mutter des vom Heidentum zum Christentum konvertierten Kaisers Konstantin, ließ im 4. Jahrhundert, von religiösem Eifer getrieben, neben der Geburtskirche in Bethlehem auch diesen Ort als christliches Heiligtum dingfest machen und den römischen Juno-Tempel, der hier vorher stand, abreißen. Klare Sache für die Kaisermutter, die von Historikern als »intrigant, autoritär und völlig bedenkenlos« charakterisiert wird.[14]

Geschichte und Gegenwart dieser 5-Sterne-Pilgerstätte sind von beachtlicher Delikatesse. Im Jahr 1009 zerstört, wurde die Kirche unter osmanischer Herrschaft im 15. Jahrhundert wieder aufgebaut. Der türkische Sultan in Istanbul durfte fortan bestimmen, ob Franziskaner oder Griechisch-Orthodoxe in Jerusalem das Sagen hatten. Es wird berichtet, dass man durch Bakschisch die Entscheidung beeinflussen konnte. Heute teilen sich sechs christliche Konfessionen die Verfügung über das touristische Highlight im von Israel besetzten Ost-Jerusalem: Griechisch-Orthodoxe, Römisch-Katholische und die Armenisch-Apostolische Kirche sind quasi die Mehrheitsaktionäre der Attraktion mit Millionen Besuchern. Die Syrisch-Orthodoxe Kirche, ägyptische Kopten und die Äthiopische Orthodoxe Kirche besitzen Minderheitsanteile. Lutheraner, Calvinisten, Anglikaner und andere Abtrünnige konnten keine Anteile an dem religiösen Investment erwerben. Der Gag ist aber: Da sich die verschiedenen christlichen Kirchen bis aufs Messer bekämpften und sich noch immer nicht riechen können, hat eine lokale muslimische Familie seit Jahrhunderten so eine Art Aufsichtsrat inne. Sie verfügt über den Kirchenschlüssel und schlichtet bei Streitereien über die Zeiten der Nutzung.[15]

Der Besuch der Grabeskirche als spirituelle Wanderung erfolgt in ähnlich hektischer Weise wie der Besuch des Lenin-Mausoleums und anderer Wallfahrtsorte. In einer Reportage über das österliche Geschehen in der Jerusalemer Grabeskirche im Jahr 2017 heißt es: Die Marmorverkleidung »schützt die Grabbank vor den Menschen, die Schulter an Schulter auf Zutritt zu dem winzigen Schrein warten. Schützt sie vor Pilgern wie den drei Russinnen mit Kopftuch, die sich in die Kammer zwängen, vor ihren Küssen und all den Rosenkränzen und Gebetsbildern, die endlos an der von der Zeit polierten Oberfläche gerieben werden. Die jüngste Frau bittet Jesus flüsternd, ihren Sohn Jewgenij zu heilen. Er hat Leukämie. Ein Priester am Eingang erinnert laut daran, dass die Zeit abgelaufen sei, dass andere Pilger warten. Widerstrebend stehen die Frauen auf und gehen nacheinander hinaus.«[16] Was die Gläubigen aber nicht wissen: Im verzweigten System alter Grabkammern gibt es fünf jüdische Gräber aus der Jesus-Zeit nahe beieinander und ein leeres. Das lud natürlich zu Spekulationen ein.[17]

Weitere hochverehrte Gräber des Jesus von Nazareth befinden sich in Srinagar (Kaschmir, Indien) und im Dorf Shingo (Präfektur Aomori, Japan). 30.000 Pilger besuchen es pro Jahr.[18]

Das Petrus-Grab in Rom

Die dritte hochkarätige christliche *location* neben der Geburtskirche und der Grabeskirche ist der Petersdom in Rom mit dem Petrus-Grab. Petrus soll auf seinen Missionsfahrten auch in Rom gewesen sein. Genaues weiß man nicht. Als im Jahr 64 in einem römischen Zirkus Anhänger der neuen Christensekte massakriert wurden, soll Petrus auch eines der Opfer gewesen sein. Üblicherweise wurden zu Zeiten des Kaisers Nero die Leichen der Hingerichteten in den Tiber geworfen, aber die Petrus-Legende berichtet, Freunde hätten ihn im Schutz der Nacht in ein Tuch gewickelt und in die Via Cornelia am heutigen Vatikanhügel geschleppt. (Wir erinnern uns an die das Verschwinden der Leiche des gekreuzigten Aufwieglers Jesus von Nazareth.) Jedenfalls wurde ab dem Jahr 326 unter Kaiser Konstantin die Peters-Basilika gebaut, Vermutlich hatte dabei die Kaisermutter Helena dabei ihre Hände im Spiel. Denn ihr Hobby war es, Orte, die sie für die christliche Religion für wichtig hielt, dingfest zu machen. Die Reste der Basilika wurden bei einer Grabung 1939 freigelegt. Die Archäologen stießen auf die Knochen »von zwei Männern und einer Frau. Und von einem Hahn, einem Schwein und einem Pferd.«[19]

Jahrzehnte später fand eine Wissenschaftlerin beim Herumkramen in einer Kiste, die von der Grabung 1939 übrig geblieben war, die Knochen eines Mannes und einer Maus. Der Mann dürfte zwischen 60 und 70 Jahre alt gewesen sein und im 1. Jahrhundert gelebt haben, »Im Juni 1968 verkündete Papst Paul VI., diese Knochen seien die von Petrus.«[20]

Die Petrus-Knochen sind für den sog. »Heiligen« Stuhl von immenser Bedeutung. Denn sie verleihen den Päpsten als Glaubenshirten und Nachfolgern des eifrigen Apostels Petrus Autorität und Macht über 1,3 Milliarden Schäflein in aller Welt. (Siehe dazu auch den Abschnitt über das Pfingstwunder im 4. Kapitel dieses Buches.)

Jakobus-Grab in Santiago de Compostela

Das kleine Städtchen Santiago de Compostela in der spanischen Nordwestprovinz Galizien kann es mit Rom auf Augenhöhe aufnehmen. Wie kam es dazu? Jakobus war wie Simon Petrus ein Jünger des Jesus von Nazareth. Den Auftrag seines Chefs befolgend, soll er zahlreiche Missionsreisen, u. a. nach Spanien, unternommen haben. Näheres ist, jedenfalls aus dem Neuen Testament, nicht bekannt. Die Legende sagt, dass er im Jahr 44 als erster der Jünger unter Herodes Agrippa I. als Märtyrer starb. Im *Handbuch der Heiligen* heißt es: »Aus Furcht vor den Juden legten die Apostel seinen Leichnam in ein Boot und schickten dieses auf das Meer hinaus. Nach einer siebentägigen Seereise erreichte das Schifflein den galicischen Ort Iria Flavia (Padrón), wo man den Leichnam bestattete. Da die Menschen dieser Gegend bald wieder ins Heidentum zurückfielen, geriet auch das Grab des heiligen Apostels in Vergessenheit. Erst eine Menge von leuchtenden Sternen machte den Ort auf sich aufmerksam, sodass man seine Gebeine erhob und für sie eine Kirche errichtete. Der Name Santiago de Compostela (lat. Campus stellae – Sternenfeld) erinnert noch heute an die wundersame Auffindung des Leichnams.«[21] Wir erinnern uns an das Verschwinden des Leichnams des hingerichteten Aufwieglers Jesus von Nazareth und an das Verschwinden des Leichnams des Simon Petrus. Die Jakobus-Kreuzfahrt toppt die beiden anderen Geschichten. Sie ist zwar keine Himmelfahrt, aber aus seemännischer Sicht ist die Schiffsreise ohne Steuermann von der Küste Palästinas quer durchs Mittelmeer an Malta und Gibraltar vorbei und den Atlantik hoch nach Norden fast bis zur Biskaya eine nautische Spitzenleistung, die der von Kolumbus oder Vasco da Gama gleichkommt.

Dem ersten Jakobus-Wunder, der Seereise der Leiche von Palästina nach Galicien, folgten weitere. Am bekanntesten wurde ein sog. Galgenwunder. Das wurde bereits im Kapitel über drei besonders lehrreiche Wunder dargestellt.

So richtig populär machte die Kirche den Jakobus erst im Kampf gegen die Muslime. Jakobus persönlich soll Karl dem Großen im Traum erschienen sein. Er habe den Kaiser aufgefordert, den Weg zu seinem Grab von den islamischen Sarazenen zu befreien. Santiago wurde neben Jerusalem und Rom im Mittelalter zum Hauptziel von Fernwallfahrten. Pilgerwege nach Santiago entstanden in ganz Mittel- und Westeuropa. »Jakobus (…) wurde im französisch-germanischen Sprachraum zum Pilgerheiligen schlechthin.«[22]

Im katholischen Spanien erhielt Jakobus den Ehrentitel »matamauros« – Maurentöter. Im Zusammenhang mit der Bedrohung durch die auf dem Balkan vorrückenden Osmanen erhielt er den Ehrentitel »mataturcos«, und die spanischen Plünderer Lateinamerikas ernannten ihn zum »mataindios« – zum heiligen Killer der Einheimischen.[23]

In seinem 2006 erschienenen Bestseller *Ich bin dann mal weg* beschrieb der Unterhaltungskünstler Hape Kerkeling seine von Rückenschmerzen und Blasen an den Füßen flankierte Pilgerreise, die er in einer Auszeit zwischen dem 9. Juni und dem 20. Juli 2001 nach einem Hörsturz und einer Gallenblasenoperation unternommen hatte. Das Buch wurde verfilmt und in mehrere Sprachen übersetzt. Dank der Auflage von mehr als 3 Millionen verkauften Exemplaren bis Ende 2007 erlebten die deutschen Pilgerzahlen auf dem Jakobsweg im Folgejahr der Veröffentlichung eine Steigerung von 71 Prozent. Zu diesem sog. »Kerkeling-Effekt« trugen auch die zahlreichen Talkshow-Auftritte des Autors bei. In den letzten Jahren wurden in Deutschland viele Routen zum Jakobsweg wiederentdeckt, markiert und Reisende mit Pilgerstempeln versehen. Pilgern auf dem Jakobsweg wurde im Zug der neuen deutschen Wanderbewegung chic und bescherte der Outdoor-Klamottenbranche hohe Umsätze bei einer spirituell angehauchten Zielgruppe.

Der Gral

Mit dem Gral ist es so eine ganz spezielle Sache. Er ist einerseits ein wundertätiges Gefäß, quasi eine Reliquie, andrerseits aber auch ein magischer Ort, der es mit den in diesem Buch genannten Wunderorten aufnehmen kann. Das Problem: Es gibt keine Nachweise über seine Existenz. Und das ist kein Wunder bei dessen wunderbaren Eigenschaften.

Die älteste schriftliche Quelle des Grals-Mythos findet sich um 1180 bei dem französischen Autor Chrétien de Troyes. Chrétien erzählt von einem Ritter namens Perceval, dem der Gral als juwelenbesetzte vergoldete Schale erscheint, die von einem jungen Mädchen getragen wird. Ein zweites Mädchen trägt einen flachen Teller für das Abendmahlsbrot (Patene). »Ihnen voran geht ein junger Mann, der eine Lanze trägt, von der ein Blutstropfen perlt.«[24] – Es darf gerätselt werden: Ist der Gral ein Kelch für eine liturgische Zeremonie? Oder muss man »den Gral in Verbindung mit Vegetations- und

Fruchtbarkeitskulten«[25] bringen, um den Mythos zu verstehen? »Ein dritter Interpretationsansatz nähert den Gral den in der keltischen Sagentradition häufigen Gefäßen an, die unerschöpfliche Nahrungsquellen bergen, insbesondere aber dem wunderbaren Becher, den der Held in der anderen Welt zu erobern hat. Im Sinne dieser Deutung kann die Gralssuche als königlicher Initiationsritus zur Erringung magisch-religiöser Fähigkeiten und der Herrschaft angesehen werden.«[26] »In den Texten der Gralsdichtung«, resümiert das *Lexikon des Mittelalters*, »mischen sich mythische, folkloristische und christliche Momente.« Der Ursprung sei jedoch vermutlich keltisch.

Ungefähr zeitgleich verfasste Robert de Boron ein Gralsepos in Versen. Das kennt keinen Perceval, aber einen Gral als Gefäß, in dem das Blut des gekreuzigten Jesus von Nazareth aufbewahrt wird, das Josef von Arimathäa aufgefangen hat. Und es ist nicht irgendein Gefäß, sondern der Kelch, den Jesus von Nazareth bei seinem letzten Abendmahl benutzte. Wir erinnern uns: Der vermögende Jude Josef von Arimathäa soll seinerzeit quasi als Bestattungsunternehmer den Umstürzler vom Kreuz abgenommen und sein Felsengrab für den – angeblich kurzfristigen – Aufenthalt des Gekreuzigten zur Verfügung gestellt haben. Für das reliquiensüchtige Spätmittelalter war eine Schale mit dem Blut Jesu ein Wunder-Wunder-Wunderobjekt. Und wenn wir dem Erzähler Robert de Boron glauben wollen, gründete Joseph von Arimathäa eine Gemeinde, zog mit ihr in ein fernes Land und setzte zwölf Personen (zwölf, nicht elf oder zehn – warum wohl?) zu Hütern des Grals ein.

Deutsche Gymnasiasten, die vordem in den Genuss einer 9G-Ausbildung kamen, werden sich noch (in Erinnerung an die Obersekunda/11. Schuljahr) an den Satz aus Wolfram von Eschenbachs *Parzival* erinnern: »Ich han gefraget nicht.« Wolfram setzte sich von dem christlichen Gralshype ab. Ihm ging es um Empathie und nicht um Wunderzirkus.

Die Suche nach dem Gral und seiner Wunderkraft setzte sich bis in die Gegenwart fort. Harrison Ford suchte und fand ihn im Film *Indiana Jones und der letzte Kreuzzug*, wenige Monate vor dem Zusammenbruch der DDR Ende 1989. Bei einer Explosion am Ende des Films wurde die Reliquie unglücklicherweise zerstört. Im Film wird auch die historisch gesicherte Suche der Nazis nach dem Gral erwähnt. Heinrich Himmler »vermutete in Spanien den Quell aller rassischen Überlegenheit und des ewigen Lebens. 1940 reiste er nach Barcelona und besuchte das Kloster Montserrat, wo er den Heiligen Gral vermutete. Der SS-Führer soll von der arischen Abstammung von Jesus Christus überzeugt gewesen sein und in dem Kelch – wie treffend in *Indiana Jones und der letzte Kreuzzug* beschrieben – tatsächlich Kräfte vermutet haben, die zum Sieg des Weltkrieges führen würden.«[27] Himmler soll bei seinem Besuch auf Montserrat Einsicht in alle Dokumente der Bibliothek über Parsifal und den Heiligen Gral gefordert und behauptet haben, alle in Deutschland wüssten, dass Montserrat der Berg des Heiligen Grals sei. Dumm gelaufen, denn alle alten Dokumente waren Opfer der Napoleonischen Kriege geworden.

In Dan Browns Buch *Sakrileg* ist der Leib der Jesus-Gattin Maria Magdalena der Sitz des Grals. Der Gral, so die krude These des US-Autors, sei »ein Symbol für die Verehrung der Urmutter und die Fähigkeit der Frau, Leben hervorzubringen. Diese Vorstellung decke sich sowohl mit der symbolischen Form (Kelch oder Gefäß) als auch inhaltlich mit den Überlieferungen anderer Beschreibungen, die ihn als einen Ort des Ursprungs, des Paradieses, des Gleichgewichts, der Harmonie oder als Kessel der Wiedergeburt bezeichnen.«[28]

Der deutsche Komponist Richard Wagner ist der unangefochtene und unbestrittene musikalische Gralshüter. Am Schluss der Oper *Lohengrin* heißt es:

In fernem Land, unnahbar euren Schritten,
liegt eine Burg, die Montsalvat genannt,
ein lichter Tempel stehet dort inmitten,
so kostbar als auf Erden nichts bekannt;

drin ein Gefäß von wundertät'gem Segen
wird dort als höchstes Heiligtum bewacht.
Es ward, dass sein der Menschen reinste pflegen,
herab von einer Engelschar gebracht.

Alljährlich naht vom Himmel eine Taube,
um neu zu stärken seine Wunderkraft:
Es heißt der Gral, und selig reinster Glaube
erteilt durch ihn sich seiner Ritterschaft.[29]

Am Mittwoch, 25. Juli 2018 konnte man in Bayreuth erleben, dass dieser verquaste Quatsch, der schon Hitler begeisterte, auch heute noch Leute aus den höchsten politischen Kreisen fasziniert. Bei der Premiere des 2018er *Lohengrin* lauschten Bundeskanzlerin Angela Merkel, der bayerische Ministerpräsident Söder und der niederländische Premier Mark Rutte hingerissen auf Holzbänken der Gralsbotschaft des alten Richie.

Die Kaaba in Mekka (Saudi-Arabien)

Die Kaaba (zu Deutsch: Würfel) im Innenhof der Heiligen Moschee in Mekka ist das zentrale Heiligtum des Islam. Nach islamischer Überlieferung ist sie »Ursprung und Ausgangspunkt der Schöpfung« und wurde von Adam erbaut.[30] Nach Zerstörung baute sie Abraham mit seinem Sohn Ismael wieder auf. Schon in vorislamischer Zeit wurde die Kaaba von Stämmen in der arabischen Wüste als Heiligtum des Gottes Habal verehrt. Es folgten über die Jahrhunderte Zerstörungen und weitere Wiederherstellungen. Es gibt eine wunderschöne Geschichte über den Wunderglauben bzw. die Götterfurcht der Bewohner Mekkas. Bei Auseinandersetzungen verschiedener Clans brach die (damals noch hölzerne) Kaaba am 31. Oktober 683 zusammen. Abdallah ibn az-Zubair ernannte sich zu dieser Zeit zum Kalifen und befahl den Abriss der Ruine. Doch die Bewohner Mekkas fürchteten ob diesen Frevels den Zorn Gottes oder von wer weiß wem. Sie flüchteten aus Mekka nach Mina. Also musste der Herr Kalif selbst Hand anlegen und die Trümmer entsorgen. Als nichts passierte, der göttliche Zorn über den Abbruch des Heiligtums also nicht stattfand, kehrten die Bewohner Mekkas zurück.[31]

Der heutige Bau ist ein Neubau nach Zerstörungen durch eine Überschwemmung im Jahr 1630. Die siebenfache Umrundung der Kaaba gegen den Uhrzeigersinn verbunden mit der Lobpreisung Allahs ist das Kernstück der sog. Hadsch, der großen Wallfahrt, die jeder gläubige Muslim einmal in seinem Leben unternehmen sollte, sofern seine finanziellen Verhältnisse das zulassen.

Die Gebetsnischen aller Moscheen weltweit sind auf die Kaaba ausgerichtet, und wer mit einer Fluggesellschaft aus einem islamischen Land um den Globus fliegt, wird über seinen Monitor ständig auf dem Laufenden gehalten, in welcher Richtung sich die Kaaba befindet. (Sofern der Fluggast nicht einen amerikanischen Gangsterthriller anschaut.)

Chinas Heilige Berge gehen an die Börse

Heilige Stätten kennt auch der Buddhismus. In China gibt es vier heilige Berge. Der Petuo-Berg, malerisch auf einer Insel vor der Ostküste gelegen, ist, mit mehreren Klöstern, Tempeln und einer 20 Meter hohen Guanyin-Statue bestückt, das Ziel von Millionen Pilgern und Touristen. Die chinesischen »Kommunisten« zeichnen sich im Allgemeinen durch enorme Geschäftstüchtigkeit aus. Im speziellen Fall übertrieben sie es aber wohl. Die lokalen Behörden wollten den boomenden Tourismus zum heiligen Berg Petuo mit dem Bau riesiger Parkplätze, Seilbahnen, der Erschließung heißer Quellen und dem Bau von Wellness-Spas optimieren und dazu an die Börse gehen. Der Börsengang sollte 615 Millionen Yuan (80 Millionen €) einspielen. Als die ersten Pläne 2012 publik wurden, wurde Kritik laut. Es sei moralisch inakzeptabel, »wenn sich die religiösen Pilger auf die Knie werfen müssen vor börsennotierten Unternehmen.«[32] »Die Pläne«, schrieb der China-Korrespondent der *Süddeutschen* am 24. April 2018, »stießen auf erbitterten Widerstand in buddhistischen Kreisen, und am Ende sorgte ein Bescheid der Börsenaufsicht dafür, dass die Firma ihren Antrag vor ein paar Tagen wieder zurückzog.«[33]

Zwei der vier heiligen Berge Chinas sind aber bereits jetzt an der Börse notiert. Der Emei-Berg in Sichuan ist es seit 1997, der Jiuhua-Berg in Anhui folgte 2015. Könnte das nicht Vorbild für Lourdes oder Altötting sein? Es gibt doch jetzt schon Sozial- und Nachhaltigkeitsfonds. Warum nicht auch Glaubens- oder Heilige-Stätten-Fonds? Wann kommt der Blackrock-Fonds *HOLY PLACES ETF*?

15. KAPITEL

DIE WUNDERKUNST DER VORHERSAGEN

Die Fähigkeit, die Zukunft richtig vorherzusagen, ist zweifellos ein Wunder. Auch wenn es sich dabei nicht um ein einmaliges, Staunen erregendes Ereignis handelt. Deshalb darf ein Abschnitt über Orakel in diesem Buch nicht fehlen. Auch deshalb, weil Orakel in allen Kulturen und zu allen Zeiten bis in die Gegenwart praktiziert werden. Der Mensch im Einzelnen ist ziemlich neugierig und will etwas über seine Zukunft wissen. Und die Herrscher in allen Gesellschaften befragten Orakel vor schwierigen politischen Entscheidungen, besonders aber vor Kriegszügen. Bereits in den altorientalischen Reichen gab es Orakel. In China wurden Tierknochen zu Zwecken der Prognose erhitzt. Über das Orakel von Delphi, die bekannteste Weissagungsstätte des alten Griechenlands, haben wir schon gesprochen. Die Römer bedienten sich verschiedener Orakel.

Die Leberschau

Es waren wohl Etrusker, die den aus heutiger Sicht ziemlich unappetitlichen Brauch der Leberschau in das römische Orakelwesen einbrachten. Die Leberschau gehört zu den ältesten Orakeln. Durch eingehende Untersuchung der Lebern von Schafen wurde bereits in den altorientalischen Reichen um die Mitte des 3. Jahrtausends v. Chr. der Wille der Götter erkundet. Die Leber galt den Babyloniern neben dem Herzen als Zentralorgan des Lebens, als wichtigstes Organ des Denkens und Fühlens. Zur Leberschau wurden benötigt: 1. Ein Schaf, dessen Leber gut ausgeprägt und gut interpretierbar war. 2. Ein professioneller Wahrsager von priesterlicher Herkunft, der baru. 3. Ein sakrales Drumherum, in das die Leberschau eingebettet wurde. Die Archäologin Judith Bickenbach erläutert das Ritual, nachdem vorher die Götter Samas, der Sonnen- und Schutzgott, und der Gott Ada, der Gott des Gebets und der Opferschau, angerufen worden waren: »Der Opferschaupriester begann die Leberschau mit dem linken Leberlappen. Dort befindet sich eine natürliche augenlidförmige Furche. Durch diese konnte der Blick der Gottheit, nachdem der Priester im Opferschaugebet darum gebeten hatte, in die Leber eindringen. Die

Gottheit war nun in der Leber gegenwärtig und blickte durch diese Furche auf den baru. Das Orakel war möglich.«[1]

Eine Leber ohne Furche, ohne »Blick«, konnte nicht verwendet werden. Die Leber besaß nach herrschender Auffassung ein »Tor«, einen »Pfad« und einen »Fluss«. Die rechte Seite der Leber war die verheißungsvolle, günstige, und die linke die feindliche, ungünstige. Zum Abschluss der Wahrsagehandlung wurden die günstigen und ungünstigen Befunde addiert und das Ergebnis in einem Schlussvermerk auf Tontafeln niedergeschrieben. Die Leberschau wurde zur Prognose des Ausgangs von Kriegszügen eingesetzt. Da sie der gesellschaftlichen Führungsschicht vorbehalten war, bot sie auch Möglichkeiten zur Manipulation.

Die Griechen übernahmen aus dem Zweistromland die Praxis der Leberschau. Herodot (5. Jh. v. Chr.) erzählt von einer Leberschau im Zusammenhang mit einer militärischen Auseinandersetzung. »Dieser Teisamenos hielt damals bei Plataiai für die Hellenen unter Führung der Spartiaten das Opfer ab. Das Opferorakel lautete günstig für den Fall, dass sie sich verteidigten, aber ungünstig für den Fall, dass sie den Asopos überschritten und angriffen. Mardonios, der gerne angegriffen hätte, erhielt ebenfalls kein günstiges Opferorakel, aber für den Fall der Verteidigung war es auch ihm günstig.«[2] Welch schönes Orakel, das Angriffskriege verhindert!

Die alten Römer übernahmen die Leberschau von den Etruskern. Aus dem toten Fleisch ließ sich der Wille der Götter lesen, und die Etrusker waren Spezialisten in dieser Technik. Wie schon in Mesopotamien war der Ritus Priestern vorbehalten. Die Römer nannten diese Haruspices. Der alte Cato bezeichnete diese zwar als Schwindler, doch die Haruspices konnten ihr Gewerbe bis über die Zeit Kaiser Konstantins ausüben.

Auspizien

Religiös untermauerte Entscheidungshilfe wurde in der Römerzeit außerdem von den Auguren betrieben. Ihr optisches Kennzeichen ist der Krummstab, der im Christentum ein Kennzeichen der Bischöfe wurde. Die Auguren beobachteten den Himmel und interpretierten Vogelflug und -gesang, um daraus Prognosen abzuleiten, wie sich die Götter zu einer konkret geplanten Handlung verhalten. In den Auspizien wurde der Wille der Götter gedeutet. Und wie bei der Leberschau gab es erwünschte und unerwünschte Zeichen. Alle Rufe von Eulen, Krähen, Raben und Hühnern konnten, je nach Richtung, als gutes oder schlechtes Omen gewertet werden. Und bei den Greifvögeln Adler, Geier, Falke und Habicht konnten aus der Flugrichtung entscheidende Schlüsse gezogen werden.

Bei militärischen Feldzügen dienten mitgeführte Hühner als göttliches Orakel. »Die Hühner wurden in Käfigen unter der Aufsicht eines *pullarius* gehalten, des ›Bewahrers der Auspizien-Hühner‹. Wenn die Hühner befragt werden sollten, ließ er sie aus dem Käfig und warf ihnen Brotkrumen zu. Dann wurde beobachtet, wie sich die Hühner verhielten: Kamen sie nicht aus dem Käfig, verweigerten sie das Brot, flatterten sie mit den Flügeln oder kreischten sie, oder flogen sie gar weg, galt das als ungünstiges Zeichen. Fraß das Huhn etwas von dem Brot und fiel danach etwas davon auf den Boden, galt das als gutes Zeichen.«

Auguren konnten außerdem alle Himmelserscheinungen deuten, besonders Blitze, aber auch Wolkenformationen. Niederschläge und Lichterscheinungen wie Regenbogen, Sternschnuppen, Sonnen- und Mondfinsternisse.[3]

Noch heute existiert im deutschen Hochsprech die Formulierung »Die Auspizien stehen günstig«.

Raben

Raben galten in der Antike bei Germanen, Slawen, Babyloniern, Juden, Arabern und Mongolen als Orakelvogel. Im alten Rom beachtete man sein Geschrei, aber auch seine Flugrichtung. Kam der Vogel von rechts, war das ein positives Zeichen, ein Flug von links brachte Unglück. Scharen von Raben, die sich bekriegten, galten im europäischen Norden als Vorzeichen für Krieg. Das orakelkundige *Handwörterbuch des deutschen Aberglaubens* schreibt: »Das Erscheinen von Raben in der Nähe des Hauses, gar in Scharen, Rabengeschrei am Neujahrstage, in der Frühe bedeutet allgemein Unglück. Raben überm Haus schaffen Zank und Streit; erscheinen sie bei der Saat, gedeiht das Getreide nicht, fliegen drei übers Haus, verdirbt etwas, sitzen sie auf dem Dach, wird jemand krank.«[4] Der Rabe ist aber nicht nur Unglücksbote, sondern verheißt in einigen Regionen Glück, so am Rhein und in der Gegend von Landshut.[5]

Buddhistische Orakel

Buddhistische Orakel benötigen keine Tiere, sondern setzen auf Menschen. »Die buddhistische Schutzgottheit Pekar (…) bedient sich, nach der Überlieferung, seit mehr als vier Jahrhunderten regelmäßig eines Mönchs als Medium, um zukünftige Geschehnisse vorherzusagen und um die tibetische Regierung durch Ratschläge zu leiten. Der als Medium dienende Mönch hat daher größtes Ansehen im Gelug-Orden. Aufgrund seiner häufigen, sehr kräftezehrenden Orakel-Trancen hat er aber in der Regel nur eine geringe Lebenserwartung. Das Nechung-Orakel ist heutzutage noch immer wichtigstes Staatsorakel der tibetischen Exilregierung und des Dalai Lama.«[6]

Eheorakel

Wenden wir uns nun einem Orakel zu, das leider heute weitgehend verschwunden ist und an dessen Stelle wohl die Besäufnisse von Junggesell/innenabschieden getreten sind. Verschiedenste Formen des Eheorakels wurden jahrhundertelang praktiziert. Mit welchem Erfolg, haben Statistiker in tausend Jahren leider noch nicht ermitteln können. Auch bei diesem Thema ist das *Handwörterbuch des deutschen Aberglaubens* hilfreich: »Zum Eheorakel geeignet, zur Beantwortung der Schicksalsfragen ist mancherlei, vom Marienbilde und den Heiligen über Tiere und Pflanzen, dem blinden Zufall und toten Dingen bis zum Traum und dem Spiel der vom Eros beschäftigten Phantasie, bis zur Wahrsagerin oder den unheimlichen Mächten. Bald wissen sich die Fragenden im Lichte eines guten christlichen Gewissens, bald streifen sie mehr oder weniger bewusst die Grenze des Unheimlichen. (…) Besonders die Vögel sind geeignet, das Künftige zu künden: Sieht das Mädchen im Frühling, wenn die Schwalben kommen, zuerst nur e i n e einsam fliegen, kann es auf Verheißung hoffen; ist's gleich ein Schwarm, fürchtet es, ledig zu bleiben. Das Nisten der Störche oder der Schwalben am Haus deutet allgemein auf nahes Eheglück, desgleichen ein erstes Bachstelzenpaar im Frühling. Der Kuckuck gibt mit seinem Ruf die Zahl der noch ehelos zu verbringenden Jahre an. Am Weihnachtsabend deutet das Geschrei der Hühner im Stall, wie auch das Wiehern eines Pferds (Lausitz) auf baldige Ehe. (…) Verschüttet ein Mädchen viel Wasser oder macht sich beim Waschen die Schürze recht nass, bekommt es einen Trunkenbold, regnet es bei der Wäsche, einen Unbeständigen zum Ehemann.«[7] Wir lernen: Erstens: Adressaten der volkstümlichen Eheorakel sind hauptsächlich Mädels, die von zu Hause abhauen wollen und nur auf den richtigen Kerl warten. Zweitens sollten Mädels bei der Vielfalt von möglichen Vogelflügen einzig den für sie interessantesten im Gedächtnis aufbewahren und den Rest verdrängen. Und drittens: Achtung, Mädels, Umsicht beim Umgang mit Wasser und Vorsicht, falls Regen droht. Mehr brauche ich nicht zu sagen …

Die fleißigen Aberglaubensforscher haben seinerzeit auch Belege für die Inanspruchnahme des Gehörs als Hilfsmittel eines Eheorakels gesammelt: »Aus dem Geräusch des kochenden Wassers im Ofen am heiligen Abend suchen die Mädchen etwas über ihren künftigen Mann, aus dem Geräusch in der ›Mohnstampfe‹ die Burschen etwas über ihr künftiges Weib zu erfahren. In der Uckermark (Hassleben) sollen die Burschen bisweilen in der Walpurgisnacht auf einem Besenstiel nach dem Stalle reiten und dreimal anklopfen; je nachdem, ob dann im Schweinekofen ein altes oder junges Schwein grunzt, ist ihnen ein altes oder junges Eheweib bestimmt. Ähnlich verschafft sich das Mädchen durch Klopfen ans Hühnerhaus Kunde: Lässt sich der Hahn vernehmen, so darf sie auf einen Mann hoffen, sonst nicht.«[8]

Das Wurforakel war eine besonders verbreitete Art des Eheorakels. Geworfen wurden Holzscheite, aber auch Schuhe. In Northumberland »wird am Hochzeitstag bisweilen ein Strumpf der Braut oder des Bräutigams als Eheorakel für die Werfenden benutzt.[9]

Holzscheitorakel waren früher weit verbreitet, wenn man dem *Handwörterbuch des deutschen Aberglaubens* Glauben schenken will. Es widmet diesem Stichwort ganze vier Seiten.[10] Mit der Einführung von Kohle- und später Ölheizung gingen die meisten Holzscheitvorräte in deutschen Haushalten gegen null. Und so verschwand das beliebte Holzscheitorakel aus unserem Alltag. Doch es besteht Hoffnung. Kamine und Kachelöfen sind in, gelten als Beweis gehobener Wohnkultur. Auch wenn sie nicht benutzt werden, benötigen die Staubfänger zur Dekoration und zum Beweis ihrer möglichen Funktionstüchtigkeit ein paar Holzscheite in der Ablage unter der Brennkammer.

Nostradamus

Kein anderer weltlicher Prophet hat solch eine Wirkung erzielt wie der Franzose Michel de Nostredame (1503–1566), bekannt unter dem Namen Nostradamus. Er verstand es schon zu seinen Lebzeiten, sich mit Legenden zu schmücken. Angeblich seien zwei seiner Urgroßväter Leibärzte von Königen gewesen. Tatsächlich waren sie Getreidehändler und Steuereintreiber.[11] Und sein Urgroßvater habe ihm Latein, Griechisch, Hebräisch, die Kabbala, Mathematik und Astrologie beigebracht. Im Laufe seines Lebens erlebte Nostradamus Höhen und Tiefen, die für die damalige Zeit eher typisch waren. Er verlor im Jahr 1535 seine Familie durch Pest oder Diphterie, heiratete noch einmal, wurde als Spekulant reich und verarmte wieder. Sein Versuch, die Gunst des französischen Königs Henri II. zu erlangen, scheiterte, da der König nicht an Prophezeiungen interessiert war.

Doch dessen Gattin Katharina von Medici, dem Okkulten nicht abgeneigt, »lud ihn ein, Horoskope für ihre Kinder zu erstellen.«[12]

Nostradamus publizierte von 1550 bis zu seinem Tod jährliche Almanache, die auf Französisch und nicht in der Gelehrtensprache Latein verfasst waren und somit einen großen Leserkreis erreichten. Berühmt wurde er durch das 1555 veröffentlichte Buch *Les Prophéties de M. Michel Nostradamus*. Dieses Buch wurde ein in viele Sprachen übersetzter Bestseller, der auch heute noch in zahlreichen Ausgaben auf dem Markt ist. Die anhaltende Wirkung erklärt sich auch daraus, dass laut Vorwort die Prophezeiungen bis ins Jahr 3797 reichen, wobei Namen und konkrete Zeitangaben der vorhergesagten Ereignisse diffus bleiben.

Auf Nostradamus stützen sich heute sehr gerne rechte Verschwörungstheoretiker. Wer im Netz die Begriffe »Nostradamus Prophezeiungen« angibt, landet in einem sehr tiefen rechten Sumpf. Am widerlichsten ist das Angebot eines Unternehmens im paraguayanischen Asuncion, bei dem man neben allerlei Nostradamus-Zeug »Gruselbücher aus dem Dritten Reich« beziehen kann, darunter laut Eigenwerbung »Das schlimmste Kinderbuch aller Zeiten!«. Es enthält »krasse Judenhetze, reichlich illustriert, aus dem Stürmer Verlag, Nürnberg. Die Juden als Landplage, teuflisch, verlaust, stinkend und dreckig – bis hin zum Juden-Arzt als Kinderschänder!« Schier unglaublich, dass derart kranker und obszöner Antisemitismus von 150-%-Nazis aus Paraguay ungestraft im Netz angeboten werden kann.

In der Nachfolge von Nostradamus etablierten sich bis heute jede Menge Seherinnen und Seher. Am 25.12.2017 wagte *BILD* einen »Blick in die düsteren Zukunftsvisionen von Hellsehern und Propheten.«[13] Neben Nostradamus bot das in Sachen Zukunft meinungsstarke Blatt die Vorhersagen folgender Damen und Herren an: Mühlhiasl (~1753–~1805), Alois Irlmaier (1894–1959), Baba Wanga (1911–1996) und Craig Hamilton-Parker (geb. 1954). Die Prophezeiungen ähneln sich frappierend:

- Es besteht die Gefahr eines großen Krieges
- Es wird Erdbeben geben, und Vulkane werden ausbrechen

- Es wird große Hitze und schlimme Überschwemmungen geben
- Es werden Völkerwanderungen stattfinden

Irgendwo, irgendwie, irgendwann. Gut, dass das mal einer vorhersagt.

Erik Jan Hanussen

Nach verlorenem Weltkrieg, Inflation und Weltwirtschaftskrise hatte sich »Ende der 20er Jahre in großen Teilen der deutschen Gesellschaft eine psychische Disposition entwickelt (…). die man im weitesten Sinne als antiaufklärerisch und irrationalistisch, als romantisch und realitätsverweigernd bezeichnen kann«, schreibt Siegfried Gehrmann.[14] Ein idealer Boden für Wundergläubigkeit. In Deutschland gab es sieben astrologische Wochenzeitschriften, und mehr als 12 Millionen Menschen waren Anhänger mystischer Praktiken. »In Berlin alleine, so schätzt man, gab es über 20.000 Hellseher, Handleser, Wahrsager, Geisterbeschwörer, Wunderheiler, Astrologen, Hypnotiseure, Kristallkugelschauer, Mitglieder okkulter Sekten, geheimer Bruderschaften und ähnlicher Vereinigungen. Vergleichbar waren die Verhältnisse in anderen Großstädten.«[15]

Bekannte Okkultisten waren Joseph Weissenberg, der »Anführer der Sekte *Neues Jerusalem,* der weißen Käse als Mittel gegen Blindheit verkaufte und den Kaiser Barbarossa aus dem Munde seiner Jünger sprechen ließ. Max Anton Moecke wurde zur internationalen Berühmtheit, als es ihm 1929 gelang, angeblich aufgrund seiner hellseherischen Fähigkeiten die Spielbank von Monte Carlo zu sprengen.« Moecke war als »Hellseher von Berlin« Liebling der Schickeria und wurde wie ein Filmstar verehrt. In diesem Umfeld machte Erik Jan Hanussen seine außergewöhnliche tödliche Karriere.

Erik Jan Hanussen wurde 1889 in Wien-Ottakring als Hermann Chaim Steinschneider geboren. Sein Vater war Schauspieler und wie seine Mutter jüdischer Herkunft. Wie seine Eltern schlug sich der junge Hermann Steinschneider, der mit 14 Jahren die Schule beendet hatte, anfangs als Schauspieler und Sänger in zweit- und drittklassigen Etablissements durch. Er trat als Kunstreiter, Akrobat, Experimental-Psychologe, Taschenspieler, Handleser, Geisterbeschwörer und Hypnotiseur auf.

1918 nahm Steinschneider der Namen Erik-Jan Hanussen an und verbreitete die Legende, er stamme aus einem dänischen Adelsgeschlecht. Sein Durchbruch zu internationalem Ruhm erfolgte, als er den in Wien beliebten »Eisenkönig« Siegmund Breitbart kopierte. »Der konnte schwere Ketten mit Muskelkraft sprengen. Hanussen versetzte sein Medium in Trance – auch eine zarte Frau ließ Marmor, Stein und Eisen brechen.«[16] »Der in der Presse ausgetragene Konkurrenzkampf der beiden Rivalen erregte so viel Aufsehen, dass beide im Dezember 1923 nach New York eingeladen wurden«, schreibt Wikipedia.[17] Anfang 1930 verlegte Hanussen sein Aktionsfeld nach Berlin. In der *Scala* trat er zweimal täglich bei Hellsehshows auf. »Hanussen brillierte mit einem Trick: Etwa zwei Dutzend Zuschauer schrieben besondere Erlebnisse auf ein Papier. Die kamen in nummerierte Umschläge, die verschlossen wurden. Der Meister hielt sich das Kuvert an die Stirn und verkündete die Lösung, die vom ersten Zuschauer unter dem Beifall des Saales bestätigt wurde. Nur: Dieser erste Kunde war ein Komplize. Das ›Erlebnis‹ wurde zuvor abgesprochen. Wenn Hanussen danach den Umschlag öffnete und seine Prophezeiung zutraf, ahnte niemand, dass in diesem Moment schon ein Umschlag ›vorn‹ lag, er sich also bereits das ›Erlebnis‹ des nächsten Zuschauers eingeprägt hatte.«[18] Hanussen verdiente Millionen, kaufte 1931 eine Druckerei und gründete 1932 ein Wochenmagazin mit dem schönen Titel *Hanussen-Zeitung*. Nach der Erstauflage mit 8.000 Exemplaren brachte es das Blatt auf 140.000 Exemplare. Eifrig machten die Massenmedien Reklame für den Liebling der Wundergläubigen. Der Rundfunk übertrug im Oktober 1931 eine spiritistische Sitzung mit Hanussen aus dem Hamburger Curio-Saal, und die *Fox Tönende Wochenschau* sparte nicht mit Berichten.

In der Figur des Hellsehers, Geisterbeschwörers und Gedankenlesers Oskar Lautensack zeichnete Lion Feuchtwanger in seinem Roman *Die Brüder Lautensack* ein Abbild des Hanussen. Der Roman erschien im März und April 1943 in New York als Vorabdruck in englischer Sprache. Hellsichtig schilderte Feuchtwanger die mentale Disposition am Vorabend des Dritten Reiches: »Die Berliner von heute, sie wollen keine Logik mehr und keine Vernunft und keine siebengescheiten Reden. Die wollen Irrationales, die wollen das Wunder.«[19]

Hanussens Fähigkeit, die Massen zu beeinflussen, gefällt den Nazis, und Hanussen gefällt der Mystizismus der Nazis. »Angeblich soll Hitler Hanussen versprochen haben, im Fall seiner Machtübernahme eine Hochschule für Okkultismus zu errichten«, schreibt Hanussens Biograf Wilfried Kugel.[20] Es ist durchaus möglich, dass sich Hitler und Hanussen in ihren Wiener Jahren, als beide noch arme Würstchen waren, über den Weg gelaufen sind. Hanussen macht öffentlich Reklame für Hitler, unterhält ein Info-System, das Nazis ausspioniert, und pumpt Berliner SA-Größen Geld.

Am 26. Februar 1933 feiert Hanussen mit drei Dutzend Gästen die Einweihung seiner neuen schicken Wohnung in der Lietzenburger Straße. Im Palast des Okkultismus geht es hoch her. Nach dem üblichen spiritistischen Schabernack ertönt in Trance ein Schrei der Schauspielerin Maria Paudler: »Ich sehe …, ich sehe … ein Haus, es ist riesig groß, eine hohe Kuppel ragt in den Himmel …« Und weiter: »Ich sehe ein Licht, rotes Licht, Feuer. Das Haus, die riesige Kuppel brennt.«[21] 24 Stunden nach der Seance steht der Reichstag in Flammen. Einen Monat später wird Hanussen verhaftet und bei Nacht und Nebel von einem SA-Kommando im Wald bei Zossen im Süden von Berlin liquidiert. Erst Tage später wurde sein von Tieren angefressener Leichnam gefunden. Ein juristisches Nachspiel dieses Mords gab es nicht.

Hatten SA-Leute zu viel von Plänen über den bevorstehenden Reichstagsbrand ausgeplaudert? Oder wollte der spätere Berliner Polizeipräsident Graf von Helldorff die zahlreichen Schuldscheine seiner Spielschulden auf elegante Weise einkassieren? Oder war den strammen Berliner SA-Antisemiten die Freundschaft zu Hanussen peinlich geworden, nachdem Anfang 1933 bekannt geworden war, dass Hanussen kein dänischer Adliger, sondern ein normaler deutscher Jude osteuropäischer Herkunft war?

Die Krake Paul – Tier-Orakel im Internet-Zeitalter

Ach, was war das schön mit der Krake Paul. Auf die Orakel des »Sehers von Oberhausen« war bei der Fußballweltmeisterschaft im Jahr 2010 immer Verlass. Paul sagte bei allen acht Spielen der deutschen Nationalmannschaft den Sieger voraus – und das bei einer Wahrscheinlichkeit von 0,4 Prozent. Dass die inzwischen verstorbene Krake übersinnliche Fähigkeiten besaß, daran dürfte es wohl keinen Zweifel geben. Und wer sich vom Geist Pauls inspirieren lassen will, dem sei ein Besuch des Deutschen Fußballmuseums in Dortmund empfohlen. Dort steht Pauls Urne, und man kann ihr ganz nahe kommen.

Bei der Fußballweltmeisterschaft 2018 gab es einen Boom der sog. »Tierakel«. Schwerpunkt der tierischen Prophetie war das fußballversessene Ruhrgebiet. Das Kugelgürteltier Hektor in Bochum erwies sich als ebenso wenig hellseherisch begabt wie Eisbär Nanook im Gelsenkirchener Zoo, das Alpaka Norman in Gladbeck und die Tiger im Duisburger Zoo. Elefantenkuh Sweni vom Wuppertaler Zoo lag mit ihrer Prognose zum Spiel Deutschland – Mexiko richtig. Auch Eberhard, ein Schwein im Kölner Zoo, hatte die deutsche Niederlage gegen Mexiko richtig geweissagt. In einem Interview ließ Schwein Eberhard den Zoodirektor anstatt seiner gelassen die Worte aussprechen: »Machen wir uns nichts vor. In diesem Gewerbe sind auch Scharlatane unterwegs.«[22] Was wohl Paul dazu sagen würde?

Gummibärchen-Orakel – Können Bärchen lügen?

Paul würde wohl auch das Gummibärchen-Orakel als Scharlatanerie abtun. Der amazon-Werbetext zu dem betreffenden Buch lautet: »Kaufen Sie eine Tüte Gummibärchen! Ziehen Sie mit geschlossenen Augen fünf Bärchen. Und öffnen Sie die Augen. Sie sehen fünf Bärchen in verschiedenen Farben. Nun schlagen Sie nach, was Ihre Farbkombination bedeutet. Jetzt wissen Sie alles über Ihre Zukunft. Genau 126 Kombinationen sind möglich. Jede einzelne wird in diesem Buch gedeutet, selbstverständlich auf originelle, geistreiche, witzige Art. Absolut zuverlässig.« Der pfiffige Autor Dietmar Bittrich variierte geschäftstüchtig seine Idee und ließ noch *Das kleine Gummibärchen-Orakel* auf die Menschheit los. (»Können Bärchen lügen?«) Die hatte auch auf ein weiteres Buch gewartet: *Das Gummibärchen-Orakel der Liebe.* »Sie wollen alles über die Liebe wissen? Ohne einen Hellseher zu bemühen oder Ihren Liebsten zu einem Geständnis zu zwingen? Dann sind Sie hier richtig! Nehmen Sie eine Tüte Gummibärchen. Ziehen Sie mit geschlossenen Augen fünf Bärchen …« Undsoweiter. Undsofort. Was wohl Paul dazu sagen würde?

Mit dem Horoskop in der Tages- oder Wochenzeitung hat das Orakel das triviale Endstadium erreicht. Vergessen sind die großartigen, manchmal tatsächlich zutreffenden Weissagungen der Pythia, vergessen ist die Kraft biblischer Prophezeiungen, vergessen ist die dem Metzgerhandwerk benachbarte Kunst der Leberschau. Im täglichen Horoskop geben beliebig zusammengesetzte Textbausteine Lebens- und Entscheidungshilfe von nicht zu überbietender Banalität: »Ein überraschendes Angebot verleitet zu Tagträumen.« – »Jetzt nur nichts übers Knie brechen.« – »Wenn Sie jetzt nicht schnellstmöglich handeln, könnte Ihnen ein wichtiges Geschäft entgehen.« – »Vorsicht vor Übertreibungen!«

Wie wahr. Der Teufel soll sie holen, die Produzenten und die Konsumenten dieses Schwachsinns. Aber der Teufel hat keinen Bock darauf.

16. KAPITEL

OPFER

Was haben Opfer mit Wundern zu tun? Sehr viel. Mit Opfern dankt man den Göttern für eine erwiesene Wohltat, mit Opfern erbittet man Rettungs- oder Heilungswunder.

Das größte Opfer ist das Menschenopfer. Es fand und findet in allen Religionen statt. Im Alten Testament wird Isaak von seinem Vater Abraham geopfert (der liebe Gott lässt das Opfer aber nicht zu). Das Christentum kennt das Opfer des Jesus von Nazareth auf zwei Ebenen. Zum einen der blutige Kreuzestod und zum anderen die mystische Kommunion der Gläubigen mit Jesus.

Unter ökonomischen Gesichtspunkten war Kannibalismus in den frühen Stammesgesellschaften so lange von Vorteil, wie es keine Verwendung für Arbeitssklaven gab. Mit dem Aufkommen arbeitsteiliger Gesellschaften erwies sich das Töten von möglichen Arbeitskräften als kontraproduktiv. Der bei Naturvölkern gelegentlich noch heute verbreitete Ritus der Menschenfresserei beruht auf der Vorstellung, dass die Kraft, die Energie des Getöteten auf den Kannibalen übergeht.

Die Geschichte vom möglichen Opfer Isaaks wurde in einer Zeit verfasst, in der Menschenopfer gang und gäbe waren. Dabei ging es nicht um irgendein mystisches Abschlachten, sondern um intensive Zuwendung an die Götter. Für China und das alte Ägypten belegen Quellen diese Rituale, ebenso für Mesopotamien, für Griechen und Etrusker. Menschenopfer dienen aber nicht nur der Besänftigung tückischer Götter. Eine Studie wies 2013 nach, dass es umso mehr Tötungen gab, je hierarchischer eine Gesellschaft war. »Was nicht verwundert, hätten diese grausamen Rituale doch die Entwicklung sozialer Hierarchien gefördert und gestärkt. Denn mit ihrer Hilfe hätten die Eliten besonders eindrücklich ihre Macht und Überlegenheit demonstrieren können.«[1]

Schon der römische Autor Tacitus berichtete von Menschenopfern, die die Germanen ihren Göttern Wotan, Ziu und Donar widmeten. Hunderte Tote wurden inzwischen aus Mooren und Seen gefischt. Darunter befinden sich Opfer von Hinrichtungen und verirrte Wanderer. »Spuren ritueller Gewalt bei einigen Leichen, zumal bei Frauen und Kindern, lassen jedoch den Schluss zu, dass zumindest einige Germanenstämme nicht davor zurückschreckten, ihren Göttern das

Wertvollste, was ihnen zu Gebote stand, zu opfern.«[2] Menschenopfer hatten eine solide Tradition und waren auf deutschem Boden noch im 8. Jahrhundert verbreitet. Auf der Synode von Liftinae (Hennegau) im Jahr 743 ließ Bonifatius daher neben anderen heidnischen Bräuchen auch Menschenopfer verbieten.[3]

Der dänische Geschichtsschreiber Saxo Grammaticus (~1140–~1220) berichtet vom Sühnetod des norwegischen Königs Wikar, nachdem das Los auf ihn gefallen war. »Der König wurde mit einer Schlinge umwunden und aufgehängt, was ja die dem Wotan geweihte Todesart war.«[4] Was war aber der Anlass für den wenig royalen Abgang? Laut Saxo führten widrige Winde zu dem Glauben, dass die Götter versöhnt werden mussten. Diese Ansicht kostete auch den König Domaldi von Schweden das Leben. Im ersten Jahr einer großen Hungersnot opferte man im Herbst einen Ochsen, im zweiten einen Menschen, und als die Hungersnot auch im dritten Jahr noch nicht zu Ende war, war der König dran.[5]

Die grausamen Menschenopfer mittelamerikanischer Kulturen interessieren seit Jahren Forscher verschiedener Sparten. In der Maya-Stadt Uxul (Mexiko) entdeckten Bonner Wissenschaftler 2013 ein Massengrab. 24 Menschen waren enthauptet und zerstückelt worden. Um das Jahr 600 wurden sie den Göttern geopfert. »Die Götter der Azteken waren durstig, durstig nach Menschenblut. Man schatzt, dass mehr als 10.000 Menschen pro Jahr auf ihren Altären geopfert wurden. Um die Opfer dafür zu bekommen, führten die Azteken sogenannte Rosenkriege, in denen es weniger um Eroberungen, sondern vor allem um das Einbringen von Gefangenen ging.«[6]

Die Maya waren im Übrigen begeisterte Ballspieler. Bei ihren Mannschaftsspielen ging es um Leben und Tod. Auf der Halbinsel Yukatan hat man 500 Spielplätze identifiziert. Ein Kautschukball von der Größe eines Medizinballs musste durch einen steinernen Ring in 6 Meter Höhe durchgeschoben werden. Der Ball durfte nicht mit Händen oder Füßen bewegt werden. Die Verlierermannschaft wurde den Göttern geopfert. Oder war es doch die Gewinnermannschaft? Weil es keine größere Ehre gab, als den Göttern geopfert zu werden. Die Wissenschaftler wissen es nicht.

Majestätisch erhebt sich der 6.300 Meter hohe eisbedeckte Gipfel des Nevado Ampato in der Kulisse der Vulkane im peruanischen Hochland. Im Herbst 1995 ließ die heiße Asche des benachbarten Vulkans Sabancaya das Eis schmelzen und gab den mumifizierten Körper eines jungen Mädchens frei. Die ca. 14-Jährige war durch einen Schlag gegen die rechte Schläfe ums Leben gekommen und lag seit 500 Jahren in eisiger Höhe, um den Vulkangott Apu Ampato gütig zu stimmen. Grabbeigaben wie silberne Broschen, eine federverzierte Tasche mit Kokablättern und kostbare Textilien bewiesen, dass es sich um ein Menschenopfer der Inka handelte. Die Kinderopfer der Inka sind inzwischen unter dem Namen Capacocha bekannt. Sie wurden von ihren Eltern nach Cuzco gebracht, wo in den Sonnwendmonaten Kinder zu Opfern bestimmt wurden. Die Kinder wurden gemästet und vor ihrem Tod mit Koka und Alkohol ruhiggestellt.

»Die bislang entdeckten Capacocha-Opfer wurden alle auf gut sichtbaren Gipfeln beigesetzt. Die Forscher vermuten, dass die Inka damit die gesellschaftliche Macht ihres Reiches auf neu hinzugewonnene Territorien unterstreichen wollten.«[7]

Ein sensationeller Fund gelang Archäologen unlängst im Boden von Mexiko-Stadt. Sie gruben die Reste des Tzompantli aus, über den schon die spanischen Konquistadoren geschrieben hatten. Der Tzompantli war ein vier bis fünf Meter hohes und 35 Meter langes Holzgestell, auf dem Tausende menschlicher Schädel aufgereiht lagen. Das Aztekenvölkchen der Mexica pflegte vor 500 Jahren einen ganz speziellen Opferritus: »Der Priester stach sein Messer mit einem Ruck in den Oberkörper des Gefangenen, dann schnitt er geschickt dessen noch schlagendes Herz heraus. Dieses Opfer, eines unter Tausenden in der heiligen Stadt Tenochtitlan, würde die Götter ernähren und für den Fortbestand der Welt sorgen.«[8] Anschließend wurde die Leiche von Priestern fachmännisch enthauptet – durch einen Schnitt zwischen zwei Halswirbeln, durchgeführt mit einer Obsidianklinge, schärfer als Stahl. »Anschließend trennte man Haut und Muskeln vom Gesicht ab, bis nur der bloße Knochen übrig blieb. Zuletzt meißelten die Priester noch zwei große Löcher in den Schädel und schoben ihn auf einen dicken hölzernen Pfahl, an dem bereits viele andere Schädel auf genau die gleiche Weise befestigt waren.«[9] Alles zum Wohle des Kriegsgottes Huitzilopochtli und des Regengottes Tlaloc. Damit war 1519 Schluss. Die spanischen Goldräuber rückten mit ihren katholischen Begleitern in die Stadt Tzompantli ein. Ein anderer Kult nahm im Land der Azteken Fahrt auf.

Damit dieses Kapitel nicht so brutal endet, sei noch ein Verweis auf Votiv-Opfer gegeben. Im *Handwörterbuch des deutschen Aberglaubens* heißt es dazu: »Krankheiten der Menschen wie des Viehs glaubt man dadurch zu Stillstand und Heilung zu bringen, dass man Nachbildungen des kranken Körperteiles in Holz, Metall oder Wachs anfertigt (kauft) und an einer heiligen Stätte niederlegt oder aufhängt. Wie diese Sitte bei den alten Babyloniern, Griechen und Römern verbreitet war, so tritt sie uns bei deutschen Stämmen schon vor Einführung des Christentums entgegen.«[10]

17. KAPITEL

DAS WUNDER IN DER POLITIK

Eigentlich schließen sich vernunftgemäßes politisches Denken und Handeln und Wunderglaube aus. Aber unerwartete politische oder militärische Ereignisse lassen sich als Wunder in Dienst nehmen. Wunder werden seit Alters her als Instrumente politischer oder militärischer Machtausübung ins Feld geführt. Im gesamten Altertum pflegte man Kriege nur mit göttlichem Beistand durchzuführen.

Im riesigen Tempel von Karnak nahe Luxor (Ägypten) zieht eine große Hieroglypheninschrift die Bewunderung aller Besucher auf sich. Sie kündet von einem wunderbaren Sieg, der durch das unmittelbare Eingreifen des Gottes Amun errungen worden sei. Mit Hilfe des Gottes habe König Ramses II. in der Schlacht von Kadesch im Jahr 1274 v. Chr. die Hethiter vernichtend geschlagen. Alles Blödsinn. Die Schlacht war blutig, hatte aber keinen Sieger.

Auch die Wunder, von denen die Jünger des Jesus von Nazareth berichteten, hatten neben der Funktion, Anhänger für die neue Religion zu gewinnen, eine politische Dimension. Die Berichte verunsicherten die römische Besatzungsmacht und stärkten das Selbstbewusstsein der Einheimischen.

Fake News über Kaiser Konstantin

Kaiser Konstantin der Große soll angeblich vor der Schlacht an der Milvischen Brücke eine Kreuzeserscheinung gehabt haben. »In diesem Zeichen wirst Du siegen«. Daraufhin habe seine Armee seinen Gegner Maxentius mit dem Kreuz auf den Schilden besiegt. Diese Wundergeschichte entstand, nachdem sich Konstantin politisch durchgesetzt und das Christentum legalisiert hatte. Die von Hofschranzen verfasste Story diente hervorragend dazu, die Herrschaft des machtbewussten Kaisers mit göttlichem Segen auszustatten, wie das bei den Kaisern Roms seit Augustus üblich war. Der Bamberger Althistoriker Prof. Hartwin Brandt bezweifelt die schöne Legende. Konstantin sei eigentlich ein Anhänger des Sonnengottes gewesen, und seine kampferprobten Soldaten, mit denen er den zahlenmäßig überlegenen Gegner Maxentius besiegt hatte, hätten sich schwerlich zur christlichen Religion der Barmherzigkeit bekannt. Auch Konstantins Auftritt auf dem Konzil zu Nicäa habe vor allem den Zweck gehabt, Ruhe unter die christlichen Streithansels zu bringen. Einen Widerspruch zwischen dem Sonnengott und dem christlichen Gott habe es für Konstantin nicht gegeben. Warum auch? Er war ja kein Theologe, sondern römischer Machtpolitiker. »Ein Sieger mit dem Ziel, Alleinherrscher zu werden. Er wusste, dass man dafür auf der Klaviatur der Religionen und Kulte spielen musste, um Loyalität herzustellen. Konstantin selbst war sicherlich überzeugt, dass er in der Gunst einer Gottheit stand. Wahrscheinlich dachte er dabei an den Sonnengott.«[1]

Knochenraub zur Sicherung der politischen Macht

Im Kölner Dom werden die Gebeine dreier Männer aufbewahrt. Bei einer Inspektion im Jahre 1864 fanden sich im Inneren des sog. Dreikönigsschreins »die Überreste eines Jünglings, eines Mannes im mittleren Alter und eines alten Mannes.«[2] Im rheinisch-katholischen Volksglauben spielen die sog. Heiligen Drei Könige eine große Rolle. Jedes gut katholische Haus wird Anfang des Jahres gegen eine kleine Spende von den Messdienern mit geweihter Kreide mit den drei Buchstaben C M B gekennzeichnet. Chiffre für Caspar, Melchior und Balthasar. Ob die Kölner Knochen irgendwelche Bestandteile der drei Könige/Magiere/Weisen aus dem Morgenland enthalten, muss uns hier nicht interessieren. Bemerkenswert ist, wie viel Politik mit CMB gemacht wurde.

Kaiser Friedrich Barbarossa eroberte 1162 Mailand. In dieser Stadt wurden angeblich schon seit Jahrhunderten die Gebeine von CMB aufbewahrt, ohne dass sich irgendwer in der Vergangenheit dafür interessiert hatte. Die Mailänder behaupteten, die Gebeine seien von der allseits bekannten Reliquienjägerin Helena, der Mutter Konstantins, im 4. Jahrhundert aus Palästina über Konstantinopel nach Mailand gebracht worden. Rainald von Dassel, Kölner Erzbischof, brachte sie in seinen Besitz. Eventuell hatte sie ihm Kaiser Barbarossa geschenkt. Rainald ließ die heilige Beute in einem Triumphzug nach Köln überführen. Auf seiner Reise über die Alpen, durch Burgund und Lothringen seien Wirtshäuser mit dem Namen »Zu den Heiligen Drei Königen« wie Pilze aus dem Boden geschossen, notiert das *Lexikon der kuriosesten Reliquien*. Rainald entwickelte mit den Gebeinen von CMB ein strategisches Marketing zur Festigung seiner Position. Es seien die ersten christlichen Könige gewesen, die Jesus als dem »König der Könige« gehuldigt hätten. Der Besitz der Gebeine von CMB »verschaffte Rainald höchste politische Macht, indem sie seinen Anspruch auf die Krönung der deutschen Könige stärkten.« (Wikipedia) Denn Rainald war als Kölner Erzbischof einer der Wahlmänner des deutschen Königs und konnte mit dem Besitz der Gebeine der ersten christlichen Könige seinen Vorrang gegenüber den Kurfürsten von Mainz und Trier demonstrieren. Nach ihrer Krönung, die traditionell in Trier, der Stadt Karls des Großen, erfolgte, mussten fortan die frisch gekrönten Häupter in Köln bei Rainald vorbeischauen.[3]

Judenverfolgungen aufgrund christlicher Wunderbücher

Schon sehr früh treten in den christlichen Wunderbüchern antijüdische Züge hervor. In Verbindung mit den Kreuzzügen kam es europaweit zu einer Welle von Pogromen und Judenvertreibungen. Der christliche Zorn ergoss sich nicht nur über Moslems und Ketzer, sondern auch über Juden, denen die Urheberschaft für den Kreuzestod des Jesus von Nazareth vorgeworfen wurde. Der englische Benediktiner Wilhelm von Malmesbury († 1143) spickte seine Kampfschrift *Traktat über die Wunder der seligen Jungfrau Maria* mit allerheftigsten Vorwürfen gegen seine jüdischen Mitbürger, die es in England überhaupt erst seit ein paar Jahrzehnten gab. Der fromme Benediktiner war »von der fixen Idee beherrscht, dass

1. die Juden ganz Europa überschwemmten,
2. sie eine Gegenkirche mit eigenem Papst bildeten,

3. sich heimtückisch unter die Christen mischten,
4. den christlichen Glauben ins Lächerliche zögen,
5. sie mit ihrem Geld alles und jeden bestächen,
6. sie die Alleinschuld am Tod Christi trügen
7. und schließlich danach strebten, diesen Tod beständig zu wiederholen.«[4]

Malmesbury kolportierte auch die üble Ritualmord-Legende, einen Grundpfeiler der Judenverfolgungen. Juden hätten zu Ostern 1144 einen Christenjungen, den zwölfjährigen Wilhelm von Norwich, »gemartert, gegeißelt und gekreuzigt.«[5] Die Ritualmord-Legende verbreitete sich rasch und nahm immer groteskere Züge an. Der englische Chorherr Thomas von Monmouth versicherte, jedes Jahr träfen sich die Juden im südfranzösischen Narbonne, um zu entscheiden, wer ihr nächstes Opfer sein werde. »Fortan war die Idee, die Juden feierten einen jährlichen Blutzoll in Gestalt eines jungfräulichen Knaben, nicht mehr aus den Köpfen derer zu bringen, die ohnedies mit antijüdischen Vorurteilen beladen waren. Ähnliche Vorkommnisse werden 1147 aus Würzburg, 1161 aus Passau und 1171 aus Blois berichtet. Doch nach wie vor bleibt im 12. und 13. Jahrhundert England das Kernland der Ritualmordlegende.«[6] Doch wie kamen dabei die Wunder ins Spiel? Am selben Tag, an dem der »Gute Werner« von Oberwesel im Jahr 1287 angeblich von Juden in Bacharach ermordet wurde, seien 90 Wunder geschehen, wurde später berichtet. In Regensburg fackelte man in einem Judenpogrom 1519 die Synagoge ab und errichtete darauf eine Marienkapelle. Anschließend gab's in Regensburg jede Menge Wunder. Wiedervorlage zur »Reichskristallnacht«. Aber welche Wunder hatten die brandstiftenden Nazis danach zu erzählen?

Maria hilft bei der griechischen Unabhängigkeit

Auf der kleinen Kykladeninsel Tinos liegt ein Heiligtum, das für Griechen seit fast 200 Jahren nationale Bedeutung hat. Die Bewohner von Tinos lebten seit 1715 unter osmanischer Oberhoheit. Wie die meisten europäischen Völker im 19. Jahrhundert strebten auch die Griechen nach nationaler Einheit. Am 31. März 1821 wurde in dem Dorf Pyrgos auf Tinos erstmals die griechische Flagge gehisst. Eine Nonne hatte wenig später eine Vision. Maria erschien ihr und befahl ihr, an einer bestimmten Stelle der Insel Ausgrabungen vorzunehmen. Und tatsächlich: Ein Jahr später fand man an der angegebenen Stelle ein hölzernes Marienbild, eine Ikone. Die politische Wirkung dieses Fundes war beträchtlich. Das christliche Symbol motivierte die Griechen in ihrem Kampf um nationale Unabhängigkeit, der bekanntlich 1830 mit der Gründung des griechischen Staates seinen vorläufigen Abschluss fand – für viele Griechen ein Wunder nach jahrhundertelanger Fremdherrschaft von Venezianern und Türken.

Tinos ist seit dem 19. Jahrhundert Nationalheiligtum und bis heute der wichtigste Wallfahrtsort der griechisch-orthodoxen Gläubigen. Das Marienbild von 1822 ist von eminent politischer Bedeutung. Aber die Pilger kommen auch wegen eines Heilungswunders, das sich im Vorfeld der nationalen Unabhängigkeit 1830 ereignet hatte.

Hunderte Pilger nutzen nächtlich Teile der Wallfahrtskirche als Dormitorium. »Sie sind damit dem antiken Brauch der Inkubation treu geblieben«, notiert ein deutscher Reisender im Jahr 1952. Alle seien vom Glauben erfüllt, »dort Heilung zu erfahren oder eines himmlischen Gnadenerweises im Traum teilhaftig zu werden«. Der Bezug dieser Sitte auf den antiken Kultbrauch werde von Laien und Priestern gleichermaßen positiv bewertet, weil ihr ausgeprägter Nationalstolz sie veranlasse, sich als Nachfolger der alten Hellenen zu betrachten.[7]

Wunderwaffen im Ersten Weltkrieg

Das Protzen mit eigenen Waffen, die denen des Gegners vielfach überlegen sind, ist Teil der modernen praktischen und ideologischen

Kriegsführung. Das deutsche Kaiserreich war 1914 stolz auf die neue Wunderwaffe U-Boot, die der britischen Handelsflotte einige überraschende Verluste zufügt hatte. Doch bald war ein Gegenmittel gegen diese Wunderwaffe gefunden, und die Versenkung ziviler Schiffe ließ bei den Briten nicht unbedingt Friedensstimmung aufkommen. Der Historiker Gerhard Ritter benennt in seinem Standardwerk *Staatskunst und Kriegshandwerk* den ideologischen Haupteffekt der angeblich überlegenen Waffe. »Deutlicher als irgendein anderes Geschehnis der Kriegsjahre [des Ersten Weltkriegs] hat der U-Boot-Krieg offenbart, welche unwiderstehliche Macht die öffentliche Meinung mit all ihren Vorurteilen, Leidenschaften und Legenden sogar im Bereich der rein militärischen Entscheidungen im modernen Volkskrieg auszuüben vermag. Der unbeschränkte Handelskrieg mit Tauchbooten ist schon sehr früh zu einem populären Mythos geworden, zum Mythos eines angeblich unfehlbaren Siegesmittels, einer ›Wunderwaffe‹, deren rechtzeitiger und kräftiger Einsatz nur durch die Unentschlossenheit (…) verhindert wurde.«[8]

Als der Erste Weltkrieg sich bereits seinem Ende näherte, brachte das Deutsche Reich eine letzte Wunderwaffe ins Spiel: die »Dicke Bertha«. Die »Dicke Bertha« war ein Riesengeschütz. Sie wog 142 Tonnen, ihr Rohr war an die 30 Meter lang, und jedes ihrer Geschosse wog 142 kg. Ursprünglich in den Škoda-Werken entwickelt, wurde die monströse Kanone nun von Krupp in Essen gebaut. Das Deutsche Oberkommando lud Kriegsberichterstatter zur Premiere der »Dicken Bertha« im Wald von Coucy 150 km von Paris entfernt ein »und ließ sie, um durch Zeitungsartikel die Stimmung in der todmüden, erschöpften Heimat zu heben, den Abschuss der Riesengranate miterleben.«[9] Am Karfreitag des Jahres 1918 schlug ein aus der Entfernung von 150 km abgegebenes Geschoss in die Pariser Kirche Saint-Gervais ein und tötete 156 Menschen. Doch auch die »Dicke Bertha« vermochte nicht, dem Krieg die von der Politik in Deutschland und Österreich-Ungarn erhoffte Wendung zu geben.

Wunder in Ideologie und Politik 1933–1945

»Politik ist das Wunder des Unmöglichen«

(Josef Goebbels)

Von Carl Schmitt, dem Vordenker und späteren Ideologen des NS-Regimes, stammt die Formulierung: »Der Ausnahmezustand hat für die Jurisprudenz eine analoge Bedeutung wie das Wunder für die Theologie.«[10]

Was meint Schmitt damit? Der politische Souverän hat die Macht, unter bestimmten Bedingungen die Legalität zu verlassen und Entscheidungen wie aus dem Nichts herbeizuführen. »Wunder ist das, woran die souveräne staatliche Gewalt als an ein Wunder zu glauben befiehlt.« Und: »Der sterbliche Gott hat Macht auch über Wunder und Bekenntnis.«[11] Der Kulturhistoriker Falko Schmieder erläutert: »Schmitts Kampfbegriff des Wunders als absoluter Machtanspruch, der ›gegebenenfalls das Opfer des Lebens‹ verlangt, steht so im Dienst des Auf- und Untergehens des Einzelnen im Partikular-Allgemeinen der Volksgemeinschaft, im Dienst der Mobilisierung einer blinden Gefolgschaft bis in den Tod.«[12]

Im Sommer 1942 hatte die Wehrmacht eine Fläche vom Atlantik bis zum Kaukasus, vom Nordkap bis nach Afrika besetzt. Allerdings war der Vormarsch in der Sowjetunion zum Erliegen gekommen und die heiß ersehnten Ölfelder von Baku noch immer nicht im Besitz der Deutschen. Führende Nationalsozialisten waren der Meinung, der Krieg sei bereits verloren. In dieser Situation tauchte wohl erstmals die Idee einer Wunderwaffe auf. Es handelte sich um die Atombombe. Die deutschen Physiker stellten ihr Programm auf einer Konferenz in Gegenwart von Albert Speer vor. Doch Heisenberg und seine Kollegen mussten zugeben, dass für die Weiterentwicklung der Vernichtungswaffe bis zu ihrer Anwendung mindestens zwei bis drei Jahre erforderlich seien. Abgesehen davon, dass es ganz gewaltiger Investitionen bedurfte.[13] Damit war eine militärische Verwendung der Atombombe fürs Erste ausgeschlossen.

Albert Speer, der »miracle man«, wie ihn der britische Wirtschaftshistoriker Adam Tooze nennt, wurde im selben Jahr Rüstungsminister mit außerordentlichen Kompetenzen. Speer baute die Rüstungsproduktion aus, und so entstand, von Speer eifrig selbst befördert, die Mär von einem deutschen Rüstungswunder. Tatsächlich waren die Rüstungsanstrengungen des NS-Regimes schon unter Speers Vorgänger Fritz Todt seit 1940 enorm angestiegen. Aber Speer orchestrierte in Abstimmung mit Hitler »eine Propagandashow, die jedem die neue Dynamik der Kriegswirtschaft und ihre unmittelbaren Zusammenhänge mit der Wehrmacht vor Augen führen und dem Volk von Wochenschau zu Wochenschau erneut präsentiert werden sollte.[14]

»In der kurzen Zeit zwischen Frühjahr und Herbst 1942 erlebte Albert Speer sozusagen seine Flitterwochen«, schreibt Tooze. »Es war der perfekte Augenblick, um seine Rüstungswunderpropaganda zu starten.« Deutschlands Verbündeter Japan hatte große Teile Südostasiens in Windeseile besetzt und dem British Empire in Asien den Todesstoß versetzt. Deutsche U-Boote versenkten im Atlantik ungeschützte amerikanische Schiffe. Rommel nahm Tobruk ein und rückte gegen Ägypten vor. Doch während sich Speer das vermeintliche Rüstungswunder zuschreiben ließ, fand unter und hinter dem Ural ein wirkliches Rüstungswunder statt. Innerhalb weniger Monate gelang es den Ingenieuren in den noch freien Teilen der teilweise besetzten Sowjetunion, modernste und wirkungsvolle Waffen gegen den deutschen Aggressor herzustellen. Und zwar in einer Zahl, die dem deutschen Output mehrfach überlegen war.[15]

Nach der verheerenden Niederlage in Stalingrad im Januar 1943 und unter dem Eindruck immer heftigerer Bombardierung deutscher Städte ergab sich die Notwendigkeit, propagandistisch wirkungsvoll bei der deutschen Bevölkerung – Soldaten und Zivilbevölkerung – Siegeszuversicht zu verbreiten. Nun kamen die neuen »Wunderwaffen« ins Spiel. Die Panzer Panther und Tiger, die ME 210, die Raketen V1 und V2, das Mark-XXI-U-Boot und anderes Kriegsgerät sollten die militärische Wende bringen. Hans Fritzsche, »das Radiosprachrohr seines Herrn und Meisters Goebbels, hatte die Aufgabe erhalten, in seinem ständigen Radiokommentar ›Hier spricht Hans Fritzsche‹

den Traum von der geheimnisvollen Superwunderwaffe mit geheimnisvollen Andeutungen möglichst zu verlängern.«[16] In seinem nach seiner Entlassung aus alliierter Haft 1948 erschienenen Buch *Hier spricht Hans Fritzsche* rechtfertigte das Sprachrohr des Propagandaministers sein Handeln: »Die Wunderwaffenpropaganda hat für die Masse des deutschen Volkes die Rolle gespielt, die die ewige Vorspiegelung angeblich ernsthafter Verhandlungen mit einer Gruppe von Alliierten für die sogenannten ›unterrichteten Kreise‹ spielte, zu denen ich gehörte. Wunderwaffen waren das Narkotikum, das beide Schichten hinderte, aus der sich immer mehr verschlechternden Kriegslage die Folgerungen zu ziehen, die der gesunde Menschenverstand ansonsten hätte ziehen müssen.«[17]

Reichspropagandaminister Joseph Goebbels flankierte das rhetorisch. In seiner berühmten Rede zum Totalen Krieg im Berliner Sportpalast am 18.2.1943 – zwei Wochen nach der Kapitulation der 6. Armee in Stalingrad – vermied er das Wort »Wunder« und kritisierte stattdessen die »Objektivitätsduselei.« – »Unsere Herzen wollen wir erfüllen mit jener politischen Leidenschaft, die uns immer in den großen Kampfzeiten der Partei und des Staates wie ein ewig brennendes Feuer verzehrte. Nie wollen wir in diesem Kriege jener falschen und scheinheiligen Objektivitätsduselei verfallen, der die deutsche Nation in ihrer Geschichte schon so viel Unglück zu verdanken hat. (…) Wir beschreiten damit den Weg zum endgültigen Sieg. Er liegt begründet im Glauben an den Führer!«[18] Goebbels appelliert nicht an die Vernunft, sondern an den »Glauben, auf dem seinem Verständnis zufolge seine persönlichen, aber auch die Erfolge des Nationalsozialismus beruhten. Wenn ihnen dieser Glaube fast aus dem Nichts heraus zur Macht verholfen hatte, warum sollte er ihnen jetzt, da sie alle Machtmittel in der Hand hielten, nicht den Weg zum ›Endsieg‹ ebnen.«[19]

Reuth, der Herausgeber der Goebbels-Tagebücher, dokumentiert, dass die Ideologie des Nationalsozialismus schon in den Anfängen von Irrationalismus geprägt war und einer politischen Religion glich. »Im Jahr 1925 umschrieb Goebbels das Wesen nationalsozialistischer Politik dahin gehend, dass sie nicht mehr ›die Kunst des Möglichen ist. Was wir wollen, ist nach den Gesetzen der Mechanik unerreichbar und unerfüllbar. Wir wissen das. Und dennoch handeln wir nach der Erkenntnis, weil wir an das Wunder, an das Unmögliche und Unerreichbare glauben. Für uns ist die Politik das Wunder des Unmöglichen.›«[20]

Zum Wunder des Unmöglichen gehört ein Führer, der gleichsam vom Himmel kommt. Goebbels erhebt Adolf Hitler in einen überirdischen Rang. »Es ist geradezu als ein göttliches Geschenk des Schicksals anzusehen, dass uns in dieser Zeit ein Mann geschenkt wurde, der (…) geradezu an die antiken Vorbilder gemahnt.«[21]

Als die NSDAP nach den Scheinwahlen am 12. November 1933 über 90 Prozent der Stimmen gewonnen hatte und es keine legale Opposition gegen das rassistische Terrorregime mehr gab, notierte Goebbels in sein Tagebuch: »Hitler legte mir ganz gerührt die Hände auf die Schultern. (…) Es ist erreicht. Das deutsche Volk ist einig. Nun können wir der Welt gegenübertreten. Das deutsche Wunder. Man schweigt in Demut still.«[22]

Nach dem gescheiterten Attentat auf Hitler am 20. Juli 1944 gerät Goebbels in einer Rundfunkrede ins Schwärmen. Eine »ehrgeizige, gewissenlose kleine Clique von Glücksrittern und Hasardspielern« habe »die Hand erhoben, um dem uns allen teuersten Leben, das wir auf Erden kennen, ein Ende zu setzen. Dann aber erfüllte eine fast religiöse, andächtige Dankbarkeit mein Herz. Ich hatte es schon oft – aber noch niemals so sichtbar und eindeutig wie hier – erlebt, dass der Führer sein Werk unter dem Schutz der Vorsehung erfüllt, dass keine Gemeinheit und Niedertracht ihn daran zu hindern oder dabei aufzuhalten vermag, dass damit aber auch ein über allem menschlichen Tun waltendes göttliches Schicksal uns einen Fingerzeig gibt«, was zu tun ist.[23] Und weiter in derselben Rede: Ich »kann nur sagen, dass, wenn die Errettung des Führers aus höchster Lebensgefahr kein Wunder war, es überhaupt keine Wunder mehr gibt.«[24]

Als 1942 die ersten Bomben der Alliierten auf Deutschland fielen und der Krieg gegen die Sowjetunion immer mehr Opfer forderte, wurde der Film *Die große Liebe* zum Kassenschlager. Was vordergründig eine Liebesschnulze war, hatte eine ganz andere Dimension, schildert der Musikkritiker Georg Nagel: »Im Subtext – Frau geht trotz Bombenkriegs ihrer Arbeit nach, Mann ist begeisterter Soldat an der Front – zeigt sich die Propaganda. Das Kriegsgeschehen fordert immer wieder die Trennung des Liebespaares. Doch letztlich ermöglicht es die ›große Liebe‹, dass die Geliebten sich allen Widrigkeiten zum Trotz endgültig finden. *Es wird einmal ein Wunder gescheh'n*. Der Film trifft 1942 und in den folgenden Kriegsjahren den Nerv der Zeit. Viele Frauen waren allein oder nur mit ihren Kindern zu Haus; ihre Ehemänner bzw. Freunde oder Söhne waren an der Front. Zu Hause bangten die Familien um ihre Soldaten. Der von Hitler ausgelöste Aggressionskrieg war in der Heimat angekommen.«[25]

Mit rauchiger Stimme sang Zarah Leander das von Bruno Balz getextete und von Michael Jary komponierte Lied: Kleiner Auszug:

Ich weiß, es wird einmal ein Wunder gescheh'n
Und dann werden tausend Märchen wahr.
Ich weiß, so schnell kann keine Liebe vergeh'n,
die so groß ist und so wunderbar.
Wir haben beide denselben Stern
Und dein Schicksal ist auch meins.
Du bist mir fern und doch nicht fern,
denn unsere Seelen sind eins.
Und darum wird einmal ein Wunder gescheh'n
Und ich weiß, dass wir uns wiederseh'n.

Der gelehrige Jesuitenschüler Josef Goebbels hatte 1934 in einem programmatischen Aufsatz auf die Wechselwirkung von Idee und Propaganda hingewiesen, die nun in Kriegszeiten von besonderer Wichtigkeit war. »Die Idee bleibt unveränderlich. Propaganda aber ist labil, anpassungsfähig an die jeweiligen Verhältnisse und Erfordernisse. Sie wendet sich an die breiten Millionenmassen des schaffenden Volkes und muss vor allem volkstümlich sein. Sie darf es nicht verschmähen, sich jener Mittel zu bedienen, die zwar den Intellekt enttäuschen, doch umso mehr das Herz des Volkes packen. Ein guter Propagandist redet immer in der Sprache der Menschen, an die er sich wendet. Er sucht nicht philosophisch nach den letzten Gründen unseres Seins, sondern übernimmt die fertige Erkenntnis, die der Philosoph gefunden hat; seine Aufgabe ist es, dies in eine Formel einzuschmelzen, die der kleine Mann auch begreift.«[26]

Auf ein kleines Wunder im Zusammenhang mit dem Zarah-Leander-Lied sei noch hingewiesen. Der homosexuelle Schlagertexter Bruno Balz veranstaltete 1941 anlässlich der Dreharbeiten des Films *Die große Liebe* einen repräsentativen Empfang in seiner Berliner Wohnung. »Auf dem Höhepunkt des glamourösen Festes wurde ein attraktiver Jüngling in das turbulente Partygeschehen eingeschleust, der den Gastgeber in dessen Schlafzimmer lockte. Bruno Balz folgte und geriet in eine Falle. Als sich das ungleiche Paar im Bett umarmte, gingen die Schranktüren auf und die Szene wurde von der Gestapo (Geheime Staatspolizei) fotografisch dokumentiert. Halb bekleidet wurde der Textdichter abgeführt«, saß drei Wochen in Einzelhaft und wurde gefoltert.[27] Michael Jary soll sich geweigert haben, ohne seinen Texter an der Filmmusik weiterzuarbeiten. Es wurde so schnell auch kein anderer Texter gefunden. Das wichtige Filmprojekt geriet in Gefahr. Da intervenierte Goebbels und – ein kleines Wunder geschah: Bruno Balz kam frei. Auf der Homepage des 1988 Verstorbenen, die von seinem Lebensgefährten betrieben wird, ist zu lesen, Bruno Balz habe in seiner Haftzelle die Texte »Davon geht die Welt nicht unter« und »Ich weiß, es wird einmal ein Wunder gescheh'n« geschrieben. Hört sich gut an. Doch diese Angabe ist wohl eher mit Vorsicht zu genießen.

Wenn Goebbels mit »Wunderwaffen« in Verbindung gebracht wird, handelt es sich in vielen Fällen um englischsprachige Berichterstattung über den kurz vor dem Zusammenbruch Deutschlands fertiggestellten Film *Kolberg*, ein Durchhalteschinken besonderer Art, die teuerste Filmproduktion der ganzen NS-Zeit. Doch was als ideologische Wunderwaffe gedacht war, konnte seine Wirkung nicht mehr entfalten.

Die frühe Bundesrepublik Deutschland hatte nach Niederlage 1945 und angesichts von Städten in Trümmern mit Millionen Flüchtlingen verständlicherweise einen enormen Wunderbedarf. Die »Trias aus Wirtschaftswunder, Marienwundern und dem Wunder von Bern« kann man als »kollektive postfaschistische Heilungswunder einer ganz anderen Art« begreifen.[28]) Wunderglaube in politischem Kontext spielte in der Nachkriegszeit eine große Rolle. Alexander C. T. Geppert und Till Kössler ermittelten, dass die der Esoterik doch eher unverdächtige *Frankfurter Allgemeine Zeitung* im Zeitraum von 1949 bis zum 1.Oktober 2010 30.082 Artikeln den Begriff »Wunder« im Titel verpasste.[29]

»Sozialpsychologisch lässt sich die auffällig häufige Verwendung des Wunderbegriffs im Nachkriegsdeutschland als Reaktion auf das unheimliche Erbe der Vergangenheit deuten. (…) Unter dem Schirm des Wunderbegriffs imaginierten und genossen die früheren Anhänger der Volksgemeinschaft ihren unheimlichen Status als Sieger der Geschichte.«[30]

Das Deutsche-Einheits-Wunder

»Das Wunder der deutschen Einheit« – dieser Begriff taucht nicht etwa um 1989/90, sondern interessanterweise erst zehn Jahre später auf, als sich die von Kanzler Kohl versprochenen »blühenden Landschaften« keineswegs realisiert hatten. Der sich Ende 1989 abzeichnende Zusammenbruch der DDR wurde zwar von der *BILD* nicht als Wunder bezeichnet, aber ohne göttlichen Beistand ging's nicht ab. »Gott segne unser deutsches Vaterland«, titelte das Springer-Blatt anlässlich des Besuchs des damaligen Bundeskanzlers der BRD in Dresden am 20.12.1989. Und ein paar Tage später, am 29.12.1989, wirbt der Stuttgarter Daimler-Benz-Konzern in einer ganzseitigen Anzeige in der *ZEIT* für sein Geschäft mit der Losung »Möge diese Welt mit Gottes Hilfe eine Wiedergeburt der Freiheit erleben.« Wenn die von Herrn Schabowski aus Dummheit oder Vorsatz provozierte Grenzöffnung schon kein Wunder war, dann wenigstens Gottes Hilfe für gute Geschäfte nach der voraussichtlichen Wiedervereinigung.

Zum 20-jährigen Jubiläum des Mauerfalls titelte Berthold Köhler in *faz.net* am 9.11.2009 »Das Wunder von Berlin« und führte aus,

Ex-Kanzler Kohl habe den Nobelpreis verdient. Denn er habe den größten Anteil daran, »dass dem Wunder von Berlin das Wunder von Europa folgte.«[31] Je länger der Mauerfall zurückliegt, umso häufiger wird von Politikern vom »Wunder der Wiedervereinigung« gesprochen, fast so, als ob das fortbestehende West-Ost-Gefälle, die Pegida-Demonstrationen in Dresden und Chemnitz und die Position der AfD als stärkste Partei in Sachsen von der Erinnerung an das mittlerweile knapp 30 Jahre zurückliegende »Wunder« des Zusammenbruchs der DDR zugedeckt werden sollten.

Am 3.10.2014 fand der CSU-Politiker Theo Waigel auf einer Veranstaltung in Günzburg einen anderen Ansatz. Es sei nicht nur ein Wunder gewesen, sondern Deutschland habe auch unwahrscheinliches Glück gehabt, weil es für den Einheitsprozess mit der zwingend notwendigen Unterstützung des sowjetischen Parteichefs Gorbatschow nur ein kurzes Zeitfenster von ein paar Monaten gegeben habe.[32]

Der hessische Ministerpräsident Volker Bouffier rief am 2.10.2015 kurz und schmerzlos dazu auf, das Wunder der Wiedervereinigung zu feiern. Das lag mittlerweile schon 26 Jahre zurück.

Im Herbst 2017 erfolgte die missionarische Indienstnahme des Zusammenbruchs der DDR. Das Missionswerk des rührigen Predigers Werner Heukelbach betitelt seine Internet-Andacht: »Die deutsche Einheit: Ein Wunder Gottes.« Als Missionierungsgehilfe wird der Berliner Bürgermeister Walter Momper ins Spiel gebracht und sagt: »An Wunder glaube ich nicht. Aber nach dem Mauerfall dachte ich: So etwas fällt nicht einfach vom Himmel. So etwas wird von den Menschen gemacht, aber da wirkt auch eine höhere Gewalt. Der Mauerfall hat meinen Glauben verändert.« Und das Missionswerk fügt an: »Der Mauerfall und die Wiedervereinigung waren Wunder Gottes. Sie waren Geschenk und Ausdruck seiner Güte. (…) Die Bibel zeigt ihren Lesern, dass Gott ein Gott der Wunder ist, bei dem alle Dinge möglich sind.« Und Friede mit Gott sei »ein noch viel größeres Wunder als das der Deutschen Einheit.«[33]

Zurück auf der trivialen Ebene des Irdischen, bleibt noch ein »Arbeitsmarktwunder« zu bestaunen, das die klugen Köpfe aus

Frankfurt im August 2017 ausgemacht haben. Sie sind von dem Wunder so entzückt, dass sie den Urheber dieses vermeintlichen Wunders, Gerhard Schröder mit seiner Agenda 2010, erst gar nicht erwähnen. Auch die beständig wachsende und besorgniserregende Zahl der Beschäftigten in befristeten Arbeitsverhältnissen ist im wunderlichen Kontext keine Erwähnung wert. [34]

Keine Wunder im Kosovo

Zehn Jahre nach der Unabhängigkeitserklärung des Kosovo am 17. Februar 2008 herrschte in dem von Jugoslawien abgespaltenen Landesteil Katzenjammer. Die internationale Anerkennung stockte, und Kosovo ist in Deutschland ein Synonym für Korruption und Kriminalität. Der Regierungschef stand schon vor dem Kriegsverbrechertribunal in Den Haag. Und Präsident Hashim Thaçi, verdienter UÇK-Anführer, erwies sich als Prophet, als er 2008 sagte: Mir ist klar, dass die Menschen Wunder erwarten, doch die wird es nicht geben.«[35] Politik und Wunder – das muss nicht immer zusammengehen.

Andrea Nahles: »Gottesgeschenk«; Sahra Wagenknecht: »keine Göttin«

Die führende Sozialdemokratin Andrea Nahles hat zwar noch nicht das Wunder vollbracht, den Niedergang der SPD zu stoppen, aber ihre unaufhaltsame Karriere vollzog sich mit himmlischem Beistand, jedenfalls wenn man Oskar Lafontaine glauben darf, der im November 1995 die damalige Juso-Chefin als »Gottesgeschenk« bezeichnete, das ihm in der Kampfabstimmung auf dem SPD-Parteitag den Wahlsieg über den Rivalen Rudolf Scharping bescherte. Gregor Gysi seinerseits sprach Sahra Wagenknecht, der Lebensgefährtin des besagten Oskar Lafontaine, Wunderwirksamkeit ab. Im Juni 2018 urteilte er: Auch wenn die Fraktionsvorsitzende der LINKEN eine Art

Ikone sei: »Sahra ist keine Göttin, und das weiß sie auch.«[36] Aber da wusste Gysi noch nicht, dass Sahra für ihren Aufruf »Aufstehen« in kürzester Zeit mehr als 150.000 Menschen zusammenzaubern würde und auf das Wunder einer erfolgreichen überparteilichen linken Sammlungsbewegung hofft.

Gottesgeschenk für Erdoğan

Als ein ihm von der Vorsehung gewährtes Gottesgeschenk bezeichnete der türkische Sultan Erdoğan den erfolglosen Putsch im Jahr 2016: »Wenn wir akzeptieren, dass alles aus einem Grund geschieht, dann ist dieser (Putsch-)versuch ein Geschenk Gottes. Denn er ermöglicht es uns, die Armee zu säubern.«[37] Und Hunderte Kritiker ins Gefängnis zu werfen, deren Freilassung einem polischen Wunder im Sultanat Türkei gleichkäme. Wo ein Gottesgeschenk, da gibt es auch Märtyrer. In einer aus heutiger Sicht bizarr anmutenden ganzseitigen Anzeige in der *Süddeutschen Zeitung* zum Jahrestag des Putschversuchs lässt Erdoğan titeln: »Sieg der Demokratie über den Terror. Der 15. Juli – Tag der Demokratie und der nationalen Einheit der Türkei« Und weiter: »Mit Demut und Respekt verneigen wir uns nochmals vor unseren Märtyrern«.[38] Erdoğan bedient sich hier des im Islam sehr weit gefassten Begriffs des Märtyrers. Einzige Voraussetzung ist der gewaltsame Tod eines Muslims wo und wie auch immer.

Das geplatzte Wunder von Marxloh

Das »Wunder von Marxloh« ist was anderes als das »Wunder von Bern« oder das »Wunder von Lengede«. Es hat nichts mit Fußball oder Bergbau, aber viel mit Religion und Politik zu tun. Dieses Wunder wurde 2008 von der Politik und den Medien kreiert. Was war passiert? In Duisburg-Marxloh wurde die größte Moschee in Deutschland gebaut, ohne dass es im Gegensatz zu Köln-Ehrenfeld oder Berlin-Pankow besondere Proteste gab. Es gab so wenig

Schießereien wie beim Fall der Berliner Mauer 1989. Die Duisburger Wutbürger waren und blieben ruhig. Das war der erste Teil des Wunders. Ein weiterer Teil besteht in der Architektur der Moschee. Zwar wurden die Minarette vorsorglich niedriger als der Turm der benachbarten christlichen Kirche geplant und gebaut, aber dank des Baukostenzuschusses der EU und des Landes NRW in Höhe von 3,2 Millionen Euro und vieler Spenden entstand ein außergewöhnlicher Bau. »23 Meter hoch ist die Kuppel, innen ist sie mit aufwendigen Malereien verziert und mit Goldbronze veredelt. Die Fenster sind aus blauem Glas, in der Kuppel hängt ein goldfarbener Kronleuchter, der mehrere Meter Durchmesser hat. Im Gebetsraum sinken die Füße tief in den flauschigen Teppich ein.«[39] Der dritte Teil des Wunders bestand aus dem einmaligen Zusammenwirken aller gesellschaftlichen Gruppen, der politischen Parteien, christlichen Kirchen und der islamischen Gemeinde. Der damalige Ministerpräsident Rüttgers (CDU) forderte wörtlich: »Wir brauchen mehr Moscheen in diesem Land.« Auch Duisburgs Oberbürgermeister Adolf Sauerland (SPD) pries das Objekt als Beispiel für eine gut gelungene Integration. Und der islamische Vorstandsvorsitzende der DITIB-Begegnungsstätte in Marxloh sagte: »Dass wir heute hier zur Eröffnung zusammenkommen können, kommt mir wirklich vor wie das kleine Wunder von Marxloh.«[40] Das ist es also, das viel gerühmte »Wunder von Marxloh«. Aber da gibt es auch DITIP, den Verband von Erdoğans Gnaden, der sich um das Seelenheil der Moslems kümmert, aber vielleicht noch mehr noch um die Gefolgschaftstreue seiner Schäfchen für den Sultan in Ankara.

Das erhoffte Wunder von Marxloh zerplatzte schon bald. Es hatte einen schweren Geburtsfehler. In der Moschee gab es den Verein der Begegnungsstätte. Der sollte sich um den Dialog mit den Menschen des Stadtviertels kümmern und Integrationsarbeit leisten. Der Moscheegemeindeverein andrerseits sollte sich nur um die religiösen Belange kümmern. Als der Pressesprecher beider Vereine den neuen Vorstand des Moscheegemeindevereins kritisierte und forderte: »Politik hat in der Moschee nichts zu suchen«, schmissen ihn die DITIP-Leute raus. Er würde »für die Deutschen« arbeiten, warf man

Mustafa Küçük vor. Die DITIP-Leute hatten offensichtlich keinerlei Interesse an der Integrationsarbeit. Die Vorstellung, dass türkische Frauen eifrig Deutsch büffelten, versetzte sie vermutlich in heiligen Schrecken.[41] Inzwischen hat es sich ausgewundert. Und der ehemalige NRW-Ministerpräsident Rüttgers dürfte sich nur ungern an seine hehren Worte erinnern.

Wunder des toten Kim Jong-il

Zwei Tage nach dem Dahinscheiden von Kim Jong-il, der »Sonne des 21. Jahrhunderts«, wie der Diktator von Nordkorea überaus zärtlich von seinen Untertanen genannt wurde, meldete die amtliche Nachrichtenagentur Nordkoreas am 19. Dezember 2011, »nach Kims Tod habe ein Schneesturm innegehalten und das Eis eines Sees habe so laut geknackt, dass ›Himmel und Erde‹ erschüttert worden seien«. Außerdem habe sich ein Kranich aus der Mandschurei auf einer Statue von Staatsgründer Kim il-Sung niedergelassen.[42] Das war zumindest ein kleines Naturwunder, auch wenn dem Land ein großes Ernährungswunder sehr gutgetan hätte. Kim persönlich jedenfalls überwand die Sterblichkeit, als er postum zum »Ewigen Generalsekretär« und zum »Ewigen Vorsitzenden des Nationalen Verteidigungskomitees der DVRK« ernannt wurde.

Das Wunder von Mals

In der Landwirtschaft werden traditionell Pflanzenschutzmittel in großer Menge eingesetzt. Auch die riesigen Obstplantagen in Südtirol werden mit Unmengen von Pestiziden »gefüttert«. Die Viehbauern in der kleinen Gemeinde Wals im oberen Vinschgau sahen mit Sorge, wie die Monokultur des Apfelanbaus ihrem Ort immer näher kam. Apfelplantagen werden bis zu 30-mal im Jahr gespritzt. Der Wind verteilt die Chemie großflächig, und Pestizidrückstände finden sich im Heu. In einer Volksabstimmung verboten die Malser den Einsatz von Glyphosat und Co. Und erklärten sich gegen den erbitterten Widerstand einer »Lobby aus Obstbauern, Bauernbund, Landesregierung und Chemieindustrie« zu einer (ab 2018) pestizidfreien Gemeinde.

Der österreichische Filmemacher Alexander Schiebel war davon so begeistert, dass er einen Film mit dem Titel *Das Wunder von Mals* produzierte, der im Sommer 2018 in diverse Programmkinos kam. Im Herbst 2017 erschien ein von Alexander Schiebel betreutes Buch mit dem gleichen Titel und dem Untertitel *Wie ein Dorf der Agrarindustrie die Stirn bietet.*[43]

Das Wunder von Wolfsburg

Unter dieser Überschrift berichteten Medien im Frühjahr 2018 über ein unglaubliches Vorkommnis: »Milliardengewinne, Millionengehälter für das Management: Volkswagen verdient trotz Diesel-Affäre und drohender Fahrverbote deutlich mehr.«[44]

Das Problem besteht darin, dass es sich nicht um ein Wunder handelt, sondern um die Bestätigung des alten Spruches: »Verbrechen lohnen sich.« Ob da jemand in Wolfsburg einen Bund mit dem Teufel eingegangen ist? Eine schöne Überleitung zum nächsten Kapitel.

18. KAPITEL

HIMMEL & HÖLLE

Wenden wir uns nun nach den politischen Trivialitäten der Gegenwart wieder den wertvollen spirituellen Fragen zu, die uns Entzücken oder Entsetzen bereiten.

Himmel: 125 Millionen Google-Belege

Was sagt der schlaue DUDEN über den Himmel?

1. scheinbar über dem Horizont liegendes halbkugelähnliches Gewölbe (an dem die Gestirne erscheinen)
2. a. der Hölle oder der Erde als dem Diesseits gegenübergestellter Aufenthalt Gottes (der Engel und der Seligen)
   b. (verhüllend) Gott, Schicksal, Vorsehung
3. [fest angebrachte] zum Teil hinten und an den Seiten heruntergezogene Überdachung aus Stoff, Leder o. Ä.; Baldachin
4. (Kfz-Technik) innere Bespannung des Verdecks im Auto

Der Himmel muss sehr groß sein. Denn allein die US-Firma Google führt in ihrer Suchmaschine 125 Millionen Belege auf.

Beschränken wir uns auf 2.a. der Duden-Definition. Die Bibel vermittelt ein äußerst komplexes Bild des Jenseits. Der Himmel liegt über der Erde. Darum benötigt man eine Himmelsleiter, um nach oben ins himmlische Paradies zu kommen, in eine Welt voller Wunder. Die Gefilde der Seligen bestehen aus mehreren Sphären. Einen »eigenen Bereich bilden die neun Engelchöre, die 24 Ältesten und die Propheten, die Apostel, die Märtyrer, Bekenner und Jungfrauen, denen es gewährt ist, die Herrlichkeit Gottes zu schauen.« Die Einzelwohnungen der Seligen sind nicht von IKEA möbliert, sondern mit kostbarsten Materialien ausgestattet, lichtdurchflutet und von Wohlgeruch erfüllt.[1]

Klären wir noch zwei Fragen. 1. Wer darf in den Himmel? 2. Wie wird es im Himmel sein? Eine schweizerische Jesus-Seite gibt auf die erste Frage eine schlüssige Antwort: »Der Himmel ist der Ort, an dem Gott ist. Er ist die vollkommene Liebe, das unendlich Gute, das pure Leben. Logisch, dass normale Menschen, die eben auch lieblos und nicht immer gut sind, dort nicht sein können.«[2] Schade; dann kommen Du und ich nicht rein. Aber versäumen wir dadurch etwas?

»Wie wird es im Himmel sein?«, fragt eine fromme Seite im Netz. Und wird es im Himmel nicht langweilig werden? Eine Frage, die angeblich oft von Kindern gestellt wird. Gerrit Setzer, der Autor der Seite, erklärt, dass wir erstaunt sein werden, im Himmel Menschen anzutreffen, die wir dort nicht erwartet haben. Andrerseits werden wir ebenso erstaunt sein, »dass wir dort manche nicht antreffen werden, von denen wir meinten, sie seien Kinder Gottes.«[3] Wir werden also vergeblich nach den Hunderten Gottesmännern Ausschau halten, die Kinder missbraucht haben. Aber wir haben die auch nicht im Himmel erwartet, sondern eher in einem irdischen Knast.

Wenn wir Normalos auch nicht in den religiösen Himmel kommen, dürfen wir dennoch vom siebten Himmel der Liebe träumen. Ein Jahr vor dem Judenpogrom der Nazis in der sog. »Reichskristallnacht« des 9. November 1938 trällerten Willy Fritsch und Lilian Harvey:

Ich tanze mit dir in den Himmel hinein,
in den siebenten Himmel der Liebe.
Die Erde versinkt, und wir zwei sind allein
in dem siebenten Himmel der Liebe.[4]

Hölle: Heulen und Zähneklappern

Dass es in der Hölle langweilig sein wird, hat noch kein Theologe behauptet. Dass das Leben des Menschen mit seinem physischen Tod unwiderruflich beendet ist, ist eine moderne Vorstellung. Unsere Vorfahren entwickelten schon früh Jenseitsvorstellungen und pflegten, wie wir sahen, Ideen über das Weiterleben des Verstorbenen in einer anderen Welt. Die Differenzierung des Jenseits in Freuden- und Qualorte konnte erst dann voll ausgeprägt werden, wenn Priester ein Sittengesetz als göttliches verkündet hatten. »Es lässt sich beobachten, dass überall da Höllen als Qualörter – und zwar überall im Wesentlichen mit den gleichen Farben gemalt – ersonnen worden sind, wo eine Theologenschaft die Erziehung der Menschheit zum Ziele hat, so in Indien, in China, in Japan, in Iran, in Ägypten, in den antiken Sekten, im Christentum, Judentum und Islam.«[5]

Das Christentum baute die schon vorhandenen orientalischen und jüdischen Vorstellungen eines Jenseits in der Hölle massiv aus. Die jüdische Thora kennt keine Hölle, das 1. Buch Henoch malt sie umso plastischer aus. Die Hölle ist ein Ort der Finsternis, aber auch »ein tiefes Tal mit loderndem Feuer«. Feuer ist das wesentliche Kennzeichen der Hölle. Das Buch Henoch »ist deswegen von Bedeutung, weil es von den Christen der ersten Jahrhunderte viel gelesen wurde und ihre Höllenvorstellungen beeinflussen konnte.«[6]

Im Neuen Testament erscheint die Hölle als feuriger Strafort, als Feuerofen, wo Heulen und Zähneklappern sein wird und es ewig brennt. Und die Höllenqual wird noch dadurch gesteigert, dass die Verdammten die Freuden der Seligen auch noch anzusehen gezwungen sind. Höllischer Voyeurismus.

In der Petrusapokalypse (um 135 nach Chr.) stehen die Verfolger der Gerechten »in der Hölle bis zur Leibesmitte in Flammen, sie werden an einen finsteren Ort geworfen und gegeißelt, nie ruhendes Gewürm frisst ihre Eingeweide. Lästerer werden an der Zunge aufgehängt, unter ihnen Feuer, oder sie zerbeißen sich die Zunge, flüssiges Eisen wird ihnen in die Augen gegossen. Die um des Scheines willen Almosen gaben, sind blind und stumm und fallen auf nie verlöschende Kohlen. Zauberer werden an sich drehenden Feuerrädern aufgehängt. In einem kotigen See stehen die Wucherer. Die Bedrücker der Witwen, Frauen und Kinder werden in eine Feuersäule, spitzer als Schwerter, geworfen. Huren werden an den Haaren über einem glühenden Schlammsee aufgehängt, ihre Liebhaber hängen hier an den Schenkeln, die Köpfe im Schlamm.«[7] Usw. Usf.

Woher kommt die Fokussierung auf das Feuer als das wesentliche Element der Hölle? Im Hinduismus besitzt das Feuer eine reinigende Kraft. Das reinigende Feuer wurde auf dem Weg über verschiedene Religionen zum Höllenfeuer. Die Kirchenväter machten aus dem dunklen Totenreich der Antike ein flammendes Inferno, an dem sich Dante und andere Erzähler bedienen konnten.

Möglich wäre auch, dass das Erlebnis vulkanischer Eruptionen den Glauben an schreckliches Höllenfeuer verstärkte. Vulkane galten als Eingang zur Hölle. Die Vorstellung, wegen begangener Missetaten ewig im Feuer zu schmoren, konnte durchaus disziplinierend wirken. Aber Höllenvorstellungen hatten noch eine andere soziale Funktion, schreibt das *Handwörterbuch des deutschen Aberglaubens*: »Es ist bemerkenswert, dass in den Höllenschilderungen gern von den Mächtigen der Welt die Rede ist, die im Jenseits gepeinigt werden. Gelegentlich haben dazu politische Wünsche beigetragen, vielleicht ist diese Erscheinung aber in anderer Weise zu erklären. Der Arme, Unterdrückte weidet sich an dem Bilde der jenseitigen Rache. Die sozial Schwachen sind es, die in erster Linie Höllen- und Paradiesvorstellungen pflegten. (…) So ist besonders die erste Zeit des jungen verfolgten Christentums reich an Jenseitsschilderungen.«[8]

Im nachbiblischen Judentum ist die Hölle ein Strafort, »in 7 Abteilungen geteilt, die nun der Schwere der Sünde entsprechen. (…) ›Gewöhnliche‹ jüdische und heidnische Sünder werden nur 12 Monate in der Hölle gerichtet, hören danach jedoch zu existieren auf, die Höllenqualen werden jeden Sabbat ausgesetzt, nur Häretiker, die andere zum Abfall bewegen, sind für immer der Höllenstrafe verfallen.«[9]

Das Christentum mag auch heute nicht auf die Hölle verzichten, weil sie ja nun mal in den verschiedensten Texten der frühen christlichen Propagandisten vorkommt. Die katholische Enzyklopädie formuliert klipp und klar:

1. »Die Höllenstrafe dauert ewig.
2. Das Strafmaß des einzelnen Verdammten ist verschieden je nach dem Grade seiner Schuld.«[10]

Im Frühjahr 2018 lud Papst Franziskus den bekennenden italienischen Atheisten Eugenio Scalfari zu einem Gespräch ein, »weil er offenbar den kontroversen Austausch mit Scalfari schätzt.«[11] Ausgerechnet am Gründonnerstag hatte Scalfari ein Interview mit dem

Papst publiziert, in dem er den Stellvertreter Gottes sagen ließ: »Die Hölle gibt es nicht. Es gibt lediglich die Auslöschung sündhafter Seelen.«[12] Nach der Veröffentlichung in der Zeitung *La Republicca* war die Hölle los. Erleichterung und Entrüstung brachen sich in gleichem Maße Bahn, und der Hl. Stuhl sah sich zu einem Dementi genötigt. Franz habe das so nie gesagt.

Von den Höllenqualen eines gehörnten Liebhabers singt seit 1983 der mit dem Höllenmythos offensichtlich wohl vertraute Wolfgang Petry:

Wahnsinn! Warum schickst du mich in die Hölle?
Eiskalt lässt du meine Seele erfrier'n.
Das ist Wahnsinn! Du spielst mit meinen Gefühlen
Und mein Stolz liegt längst schon auf dem Müll.[13]

Wann immer dieses Lied im CD-Player eines Reisebusses ertönt, erschallt es vielstimmig von den hinteren Reihen: »Hölle, Hölle!«

19. KAPITEL

ENGEL & TEUFEL

Engel: »Metaphysische Fledermäuse«

Die Religionswissenschaft bezeichnet Engel als »numinose Zwischenwesen verschiedenster Art und Herkunft, die zwischen der göttlichen Sphäre und den Menschen vermitteln sowie höheren Mächten dienstbar sind.«[1] Bereits im Zoroastrismus, einer altiranischen Vorreligion des Judentums, spielten Engel eine große Rolle. Im Alten Testament sind die Engel immer im Umfeld Gottes dabei, meistens im Plural als Engelsscharen. »Die Zahl der Engel wurde immer größer, schon die Apokalypsen des A.T.s und des Spätjudentums sprechen von tausendmal tausend und zehntausendmal zehntausend.«[2] Es entstand eine Engelshierarchie. Die vier Chefs heißen Gabriel, Michael, Raphael, Uriel. Cherubim haben Securityfunktionen und bewachen das Paradies; die sechsflügeligen Seraphim sind für Entertainment zuständig. Sie sind ein stimmgewaltiger Chor, der den Lobpreis Jahves verkündet und die Menschen entsündigt. Bei den Griechen sind Engel Götterboten. Hermes, der Vorläufer des gleichnamigen Paketdienstes, ist so einer.

In der christlichen Überlieferung bilden Engel Gottes Hofstaat, geschlechts-, nahrungslos und unsichtbar, also eigentlich ziemlich uninteressant. Sie materialisieren sich den Menschen in »Visionen, in Träumen, in gefährlichen Situationen; vorgestellt als Jünglinge, verbunden mit weißen Kleidern und Lichterscheinungen.«[3] Das Konzil von Nicaea (787) stellte Engel mit Heiligen gleich. Seitdem dürfen Engelsbilder abgeknutscht und kniefällig verehrt werden. Engelsflügel gelten als »Symbol für die Zugehörigkeit zum himmlischen Bereich und zeichnen sie [die Engel] als schnelle Helfer und Boten Gottes aus.«[4]

Seit der Renaissance gibt es den Putto, den niedlichen Engel in Kindergestalt. Die putzigen Putten waren eine Reminiszenz an antike Amor-Darstellungen und entfernten sich sehr weit von ihrem ehedem religiösen Symbolgehalt. Weltberühmt und millionenfach nachgemacht wurden Raffaels Engelchen in der Sixtinischen Kapelle in Rom. Bei amazon kann man mehr als 100 verschiedene Engels-Putten kaufen. Das geht von der Engelfigur mit Geige, dem Engelspaar mit Herz (zu Hochzeit, Geburt und Taufe) bis zum »Grabschmuck Garten Putte«. Als Regenschirmhalter empfiehlt sich eine gusseiserne Putte für € 23,19. Wegen ihres Gefieders bezeichnete der evangelische Theologe Karl August von Hase (1800 –1890) Engel spöttisch als »metaphysische Fledermäuse.«[5]

Was Juden und Christen für gut befanden, durfte im Islam nicht fehlen. Auf Seiten des Propheten Mohammed kämpften auch Engel. Allerdings nicht als niedliche Putten. Im Traum erschienen sie ihm in Männergestalt.[6]

In den Medien des 20. Jahrhunderts waren die Engel sehr präsent. Als erste deutsche große Filmproduktion zum Thema Engel sei hier die Filmkomödie *Wenn wir alle Engel wären* (1936) nach dem gleichnamigen Roman von Heinrich Spoerl genannt. Es handelt sich dabei um eine harmlos-nette Eifersuchtsgeschichte aus dem Mittelstand. Ein bis zwei Jahrhunderte früher gingen die Engel-Skeptiker mit den geflügelten Wesen nicht so freundlich um. Georg Christoph Lichtenberg (1742–1799): »Wer einen Engel sucht und nur auf die Flügel schaut, könnte eine Gans nach Hause bringen.«

Der Frauenfreund Heinrich Heine holte die Engel vom Himmel und gab ihnen einen Platz auf der Erde:

Doch die Existenz der Engel
Die bezweifelte ich nie:
Lichtgeschöpfe sonder Mängel
Hier auf Erden wandeln sie.

Und ab 1954 war es der ADAC, der mit seinen »Gelben Engeln« das Wunder einer Weiterfahrt nach einer Autopanne Wirklichkeit werden ließ. Die Engelschar beschränkte sich anfangs auf 60 ungeflügelte Kfz-Mechaniker auf Motorrädern mit Beiwagen. Heute gibt es 1.760 vierrädrige Pannenhelfer.[7]

Teufel: Gefallene Engel mit Bocksfuß und Gehörn

Nicht nur Engel sind wundermächtig. Auch Teufel besitzen diese Kraft. Teufel handeln grundsätzlich in böser Absicht. Und es gibt unglaublich viele Formen des Teufels, was schon aus der Vielzahl von Namen für ihn sichtbar wird: Satan, Beelzebub, Luzifer, Mephisto, Samiel. Der Mephisto in Goethes *Faust* ist ein spitzfindiger, nicht unsympathischer Bursche. Mit dem grobschlächtigen Teufel in der Oper *Freischütz* von Carl Maria von Weber ist nicht gut Kirschen essen. Im 2. Akt, 2. Szene beschwört der böse und eifersüchtige Kaspar in der nächtlich gruseligen Wolfsschlucht den Teufel: »Samiel! Samiel! Erschein!« Kaspar hat seine Seele dem Teufel verschrieben. Wenn er Samiel bis Mitternacht ein Menschenopfer präsentieren kann, ist er von dem Fluch befreit. Samiel: »Es sei. Bei den Pforten der Hölle! Morgen er oder du!« – Die Uraufführung der gefälligen und bis heute gern gespielten Schmonzette (»Alles wird gut!« ist der Tenor des Stücks) am 18. Juni 1821 in Berlin war ein triumphaler Erfolg, der selbstverständlich jede Menge Parodien nach sich zog.

Den Teufel als eigenständiges übernatürliches Wesen, als Negation des Guten, gibt es in fast allen Religionen. Schon in der Religion Zarathustras gibt es den Dualismus von guten und bösen Geistern. Im Jesidentum allerdings »existiert die Gestalt des Bösen nicht. Die jesidische Vorstellung ist, dass Gott allmächtig ist und neben Gott keine zweite Kraft existieren kann.«[8]

Das Christentum übernahm viele Motive aus früheren Religionen. Das gut katholische *Kirchenlexikon* von 1899 definiert: »Teufel heißt nach unserem Sprachgebrauch vorzugsweise derjenige der gefallenen Engel, welcher sich an der Spitze der aufrührerischen Geisterwelt gegen Gott empörte und zur Strafe dafür mit seinem ganzen Anhang der ewigen Verwerfung anheimgegeben wurde.«[9]

Der Islam kennt Dschinn, Geistwesen, die die Welt neben den Menschen bevölkern. Es können »sowohl sichtbare als auch unsichtbare Wesen Teufel sein. Die Teufel verursachen Leid, erschweren das Leben anderer, verursachen Zweifel an Gott und verführen zum Bösen.«[10]

Die Heilungswunder des Jesus von Nazareth waren je nach Ansicht Werke des Teufels oder Werke Gottes. Sehr schön heißt es bei Matth. 9, 34 nach der Heilung eines Stummen: »Und das Volk verwunderte sich und sprach: Solches ist noch nie in Israel gesehen worden. Aber die Pharisäer sprachen: Er treibt die Teufel aus durch der Teufel Obersten.« Bei Luther heißt der Teufel noch Teufel. In der neuen Einheitsübersetzung sind aus dem Angst und Schrecken erregenden »Teufel« blutleere »Dämonen« geworden.

Die christliche Theologie wurde nicht müde, sich mit Wesen und Eigenarten des Teufels zu beschäftigen. Die Synode von Braga (574) verwarf die Meinung, der Teufel könne »Donner, Blitz und Unwetter« bewirken.[11] Damit sprach sie ihm jegliche mögliche Wunderwirksamkeit ab. Für Thomas von Aquin (~1224–1275) war der Teufel ein Engel, der aus Stolz seinem göttlichen Schöpfer den Gehorsam verweigert hatte und seitdem in allen Bereichen des Lebens und Denkens gegenwärtig war. Plötzliches Auftreten von Krankheiten, Naturkatastrophen und Todesfällen war durch den Teufel verursacht.

In diesem Kontext »machten die mittelalterliche Dämonologie und Satanologie die Teufelsvorstellung zu einem umfassend einsetzbaren gesellschaftlichen Erziehungs- und Disziplinierungsinstrument und zur Legitimation des Vorgehens gegen nichtkonforme Ideen, Verhaltensweisen und Gruppen; hierzu gehörten im Mittelalter Minoritäten wie die Juden, die man u. a. mit dem Antichristen in Verbindung brachte, aber auch politisch oder religiös abweichende Gruppen wie die Katharer, denen man ähnlich wie den aufständischen Stedinger Bauern 1233/34 oder den Angehörigen des Templerordens Teufelsverehrung vorwarf.«[12] Die »Theophilus-Legende prägte die antijüdische Vorstellung vom Juden als rechter Hand des Teufels und als Teufelsbündner.«[13]

Dass der Teufel hinkt, kommt nicht von ungefähr. Beim Sturz aus dem Himmel holte er sich einen lahmen Fuß, wie vorher in der griechischen Mythologie Hephaistos, der von Zeus herabgeschleudert wurde.[14] Im Volksglauben hat der Teufel auch zuweilen einen Bocks- oder Pferdefuß, was ihn aber nicht daran hindert, ständig auf die Suche nach Opfern zu gehen. Und außerdem stinkt er nach Schwefel.

In der bildlichen Darstellung des Teufels bedienten sich die mittelalterlichen Künstler antiker Vorbilder und bewiesen ungeheure Fantasie. Als tiergestaltige Verkörperung des Teufels gibt es Schlange, Drachen, Löwe, Bär, Bock und Fledermaus, außerdem jede Menge Mischwesen.

Kann der Teufel mit Menschen Sex haben? Diese wichtige Frage beschäftigte viele Theologen im Mittelalter und in der frühen Neuzeit. (Sie litten vermutlich am Zölibat.) Eher nicht, lautete die verbreitete Antwort. Christa Agnes Tuczay erwähnt allerdings die abweichende Meinung des Jesuiten Martin Delrio (1551–1608). Der glaubte »an eine mögliche Verbindung von Dämonen und Menschen, die wegen der feinstofflichen Körper der Dämonen und da diese keinen Samen besäßen, nicht einfach zu bewerkstelligen sei. Daher müsste bei einer geschlechtlichen Verbindung von Dämon und Mensch zuerst ein Incubus, also ein Dämon in weiblicher Gestalt, einem kräftigen Mann den Samen entziehen und dann ein Succubus, ein Dämon in männlicher Gestalt, den Samen einer kräftigen, gesunden Frau einpflanzen.«[15] Toll, womit sich die schlauen Jesuiten im Einzelnen beschäftigten.

Auch im deutschen Liedgut des 20. Jahrhunderts hat der Teufel seinen Platz. Udo Jürgens sang seit 1973:

Der Teufel hat den Schnaps gemacht
Um uns zu verderben.
Ich hör' schon, wie der Teufel lacht,
wenn wir am Schnaps einmal sterben.[16]

Der Teufel ist immer und überall

Wer nun meint, es habe sich in der Gegenwart ausgeteufelt, irrt. Im offiziellen Katechismus der katholischen Kirche heißt es in Nr. 395: »Dass Gott das Tun des Teufels zulässt, ist ein großes Geheimnis.«

»Gibt es einen Teufel?«, fragt eine evangelikale Seite im Netz. Die Antwort fällt eindeutig aus. Als »grauenvolle Beweise teuflischer Macht« werden mehrere schreckliche Ereignisse der letzten Jahre aufgelistet:

- »2002, Amoklauf des Robert Steinhäuser, der im Gutenberg-Gymnasium in Erfurt 17 Lehrer und Schüler erschoss.
- 23.7.2011, Amoklauf des Anders Behring Breivik, der auf einer norwegischen Ferieninsel 85 Menschen überlegt und kaltblütig erschossen hat.
- 15.12.2012, Amoklauf in Newtown, 28 Ermordete, davon 20 Kinder.
- 24.3.2015, Co-Pilot bringt Airbus mit 149 Passagieren, u. a. mit 14 Schülern und zwei Säuglingen, vorsätzlich zum Absturz.«[17]

Die Liste geht weiter, aber mir stockt der Atem. Der – grausam – erweiterte Selbstmord des psychisch kranken Eurowings-Piloten war ein Werk des Teufels? Ja, logo, meint biblisch-lutherisch.de: »Erscheinen die Taten und Täter nicht wie von einem geheimen geistigen Programmierer vorbereitet und gesteuert?«[18] Abgesehen von den Taten einzelner psychisch sehr kranker Menschen ist es doch wohl eher die US-Waffenlobby, die, von (teuflischem) Profitstreben getrieben, die Menschen mit Schießeisen ausrüstet und Schulmassaker am laufenden Band produziert.

Das Wirken des *diabolo*, des Teufels, beschränkt sich aber laut biblisch-lutherisch.de nicht auf Morde, sondern auf die von Menschen in unserer Zeit betriebene Umwertung aller Werte: »Der Mord an ungeborenen Kindern wird zur überfälligen Befreiung und Selbstbestimmung der Frau, die Homosexualität wird als Vielfalt der Schöpfergaben deklariert. Jesu und der Apostel Warnung vor Geiz ist überholt, denn ›Geiz ist geil‹!«[19] Und der Teufel ist auch im Spiel, wenn das Pariser Attentat auf das Satireblatt *Charlie Hebdo* am 7. Januar 2015 Millionen Menschen zur pauschalen Solidarisierung mit einer Zeitschrift veranlasst, »zu deren Hauptziel die Gotteslästerung gehört«, so der evangelisch-lutherische Teufelsbefund.[20]

Wie diagnostiziert man den Teufel und treibt ihn aus?

Wie merkt man, dass man vom Teufel besessen ist, und was kann man tun, um ihn loszuwerden? Eine Organisation in der Schweiz leistet dazu praktische Hilfe:

»Typische Kennzeichen nach okkulter Betätigung sind:

- nicht mehr beten können (Widerwille)
- Abneigung gegen Bibellesen, Geweihtes, Maria, die Heiligen, Weihwasser …
- Nachlassen des Gottesdienstbesuches.«[21]

Als häufige Schäden okkulter Behaftung werden angeführt: »Angst, Depressionen aller Art, Alpträume, Spuk, Stimmen, Neurosen, Schizophrenie, Epilepsie, Umsessenheit, ev. gar Besessenheit (…) Erbkrankheiten, Nikotinmissbrauch, perverse Sexualität, Selbstmordwahn.«[22]

Happy End gibt's nicht bei den vom Teufel Besessenen: »Das Ende okkult behafteter Personen und ihrer Nachkommen [sic!] gipfelt erschreckend häufig in

- Tod im Irrenhaus
- Schwermut
- Selbstmord
- tödl. Unglücksfall.«

Nach der Diagnose kommt die Therapie als »Befreiung von okkulter Behaftung« in einem 9-Stufen-Plan. »1. Erkennen der Sachlage, 2. Absage: Sich bewusst vom Teufel und seinen Dämonen und all seinen Werken (Sünden, Okkultismus …) abwenden. (…) Zur Absage gehört auch das Entfernen/Vernichten aller für okkulte Zwecke gebrauchten Gegenstände, z. B. Verbrennen der Zauberbücher (Apg 19,18) und das Befreien der Wohnungen und Häuser durch priesterlichen Exorzismus«. Die neunte und letzte Stufe ist »Hilfe durch Exorzisten. In einigen Fällen muss zur Befreiung der Exorzismus-Dienst der Kirche (…) in Anspruch genommen werden. Man erkundige sich beim Priester oder beim Bischof.«[23]

Dass die Inanspruchnahme der bischöflich unterstützten Hilfe tödlich enden kann, zeigte sich im Fall der Anneliese Michel aus dem unterfränkischen Klingenberg, die im zarten Alter von 23 Jahren an Unterernährung starb. Bei ihrem Tod wog sie ganze 31 Kilo. Nach 73 Exorzismus-Sitzungen mit zwei katholischen Priestern war die an Epilepsie leidende Studentin ein psychisches und physisches Wrack. Die Eltern und die Teufelsaustreiber hatten Ärzten den Zutritt zur angeblich vom Teufel Besessenen verboten. Eltern und vermeintliche Teufelsaustreiber wurden wegen fahrlässiger Tötung zu einer Bewährungsstrafe verurteilt, der durchaus für den Tod des Mädchens mitverantwortliche Würzburger Bischof, der den Exorzismus genehmigt hatte, kam straflos davon und schmort hoffentlich bald in der Hölle.[24]

Im Zeitalter der Digitalisierung ist Exorzismus 2.0 für die katholische Kirche angesagt. Der diensthabende Exorzist der Diözese ist ein Roboter und glücklicherweise 24 Stunden erreichbar. Er greift mit dem Beistand himmlischer Bits und Bytes per Internet in das Geschehen ein. Da geht allen Teufeln die Muffe …

20. KAPITEL

HEXEN, FEEN, ELFEN UND TROLLE

Hexen: Die auf dem Besen reiten

Wenn Hexen auf einfachen Holzbesen durch die Luft reiten können, sind sie zweifellos zu Wundern fähig. Hexen gehören zu Deutschland wie die Eiche, das Bier und Grimms Märchen. Und natürlich gehören sie auch in dieses Buch.

Das Wort »Hexe« fand erst im 13. Jahrhundert Verbreitung. *Das Grimmsche Wörterbuch* leitet von der Etymologie her folgende Bedeutung ab: »Die Hexe ist demnach die das Landgut, Feld und Flur Schädigende.«[1] Damit kommen wir schon zur ersten der vier Komponenten, die in dem seit 1480 üblichen Hexenbegriff enthalten sind:

1. Schadenzauber
2. Flug durch die Luft und Verwandlung in ein Tier
3. Pakt und Buhlschaft mit dem Teufel
4. Ketzerei, d. h. Kult fremder Gottheiten und Abweichen von der kirchlichen Lehre.[2]

Die Komponenten 1 und 2 entspringen altem volkstümlichen Zauber- und Gespensterglauben, die Punkte 3 und 4 sind Produkte der spätmittelalterlichen Theologie und ihres religiösen Wahns, der geradezu terroristische Formen und Ausmaße annahm. Schadenzauber kannten schon Griechen, Römer und Germanen. Verbreitet sind Liebes-, Wetter-, Heil- und Wahnsinnszauber, ferner der Böse Blick. Mit dem Wetterzauber verwandt sind die für die Landwirtschaft bedeutsamen Ernte- und Milchzauber. »Auf diesem Gebiet muss man weitgehenden Einfluss des bodenständigen Volksglaubens und -brauches annehmen. Die Hexen erhalten auf dem Sabbat Zaubermittel vom Teufel, vor allem ein Pulver wird immer wieder erwähnt, es richtet allen erdenklichen Schaden an. Es wird aus Eingeweiden, Lunge, Leber, Herz usw. bereitet; in die Luft geworfen, erzeugt es Pest.«[3]

Die alten Akkader kannten bereits auf Holzstücken reitende Hexen, und in der Antike war »der Hexenritt und der Ritt auf ungewöhnlichen Reittieren in das Jenseits bekannt.«[4] Die »Vorstellung der auf einem Stabe reitenden schädigenden Zauberfrau (ist) eine altgermanische Vorstellung.«[5] Aus dem Altertum ist sie nicht bezeugt. In der altnordischen Zauberkunst gab es schon früh eine wechselseitige Beeinflussung von Norwegern und Lappen. Das altnordische Wort *gandr* »wurde von den Lappen entlehnt und bezeichnet (…) die Seele des Schamanen, die in Form eines Tieres oder Stabes zu zauberischen Zwecken fortgesendet wird. (…) In einer Saga heißt: seinen Stab (*gandr*) schwingen, so viel wie Ritt durch die Luft.«[6] Unsere deutschen Hexen sind also bei den Schamanen in die Schule gegangen. Im altgermanischen Kult spielt die Fähigkeit, sich in Tiere zu verwandeln, eine große Rolle. »Die altnordische Hexe kann aus ihrem Körper schlüpfen, eine andere Gestalt, besonders die von Tieren, annehmen und in dieser den Menschen Unheil zufügen.«[7] In einem knurrenden Werwolf steckt womöglich eine Hexe. Aber wer weiß das schon!

Hexen treiben mit dem Teufel fröhlich Geschlechtsverkehr. Nach kirchlicher Auffassung der Zeit war es eine »sichere Erfahrung, dass mehr Frauen als Männer Umgang mit dem Teufel haben.«[8] Denn der Teufel war im Allgemeinen ein Mann. Die Teufelsbuhlschaft begann um 1100 »aus dem mythischen Wahne in den Bereich des tatsächlichen und gegenwärtigen Ereignisses hinüberzugleiten.«[9] Der angesehene Gründer des Benediktinerordens, Bernhard von Clairvaux, berichtete davon. Und Thomas von Aquin beschäftigte sich intensiv mit der Frage, ob aus der Verbindung von Teufel und Hexe Nachkommen hervorgehen könnten.

Menschen, die eine vom offiziellen Dogma abweichende Meinung vertreten, werden zu allen Zeiten als Häretiker oder Ketzer gebrandmarkt. Die Lebenserwartung von Ketzern war im späten Mittelalter gering. Waren sie einmal denunziert, mussten sie in der Folter ihre Vergehen gestehen.

Im Jahr 1487 erschien in Straßburg eine der berüchtigtsten Schriften des christlichen Abendlandes. Der von einem Dominikanermönch verfasste *Hexenhammer* (*Malleus maleficarum*) definierte im 1. Teil, was unter einer Hexe zu verstehen ist. Im 2. Teil schilderte das Buch in ca. 250 Beispielen das Treiben der Hexen. Im 3. Teil gab der Autor Ratschläge zur Ermittlung, Zeugenbefragung und Folter und stellte Normen für Hexenprozesse auf. Die hatte es allerdings schon vorher gegeben. Die Erfindung des Buchdrucks sorgte für eine maximale Verbreitung dieses Pamphlets. Von 1487 bis 1520 wurde der *Hexenhammer* 13-mal gedruckt, von 1574 bis 1669 erschienen16 Nachauflagen. Der *Hexenhammer* war sozusagen die Bibel des Hexenwahns und sollte in einer noch zu schreibenden Weltgeschichte der Fake News einen Ehrenplatz erhalten.

Im Zeitraum zwischen 1450 und 1750 hatten Hexenverfolgungen in Europa Hochkonjunktur. Allein in Deutschland fanden 40.000 Hexenverbrennungen statt. Eine simple Denunziation aus Motiven wie Antipathie, Neid, Eifersucht, Missgunst, Nachbarschaftsstreitigkeiten etc. genügte, um in den Verdacht der Hexerei oder Zauberei zu kommen. Der Denunziant wurde anteilsmäßig am Besitz des Opfers beteiligt.[10]

Und bei dem Überhandnehmen des Hexenwahns dürfen die sozialökonomischen Faktoren nicht außer Acht gelassen werden. Von Anfang des 15. Jahrhunderts bis ins 19. Jahrhundert herrschte klimamäßig gesehen die sog. »Kleine Eiszeit«. Die Folge: Massiver Rückgang der Agrarproduktion. Massenelend. Für die Jahre 1315 und 1317 sind extreme Missernten dokumentiert. Im Jahr der großen Dürre 1540 musste wegen Futtermangels alles Vieh notgeschlachtet werden.[11] 1347 brach die Pest in Europa aus und dezimierte während mehrerer Pandemien in den folgenden Jahrzehnten und Jahrhunderten die europäische Bevölkerung. Wer trug die Schuld an dem Elend? Sündenböcke mussten her, und man fand sie in Juden, religiösen Abweichlern und in Menschen, die angeblich vom Teufel verhext waren. »Selbst für Martin Luther und Philipp Melanchthon war die Existenz von weiblichen und männlichen Hexen eine ausgemachte Sache«, muss das liberale evangelische Magazin *chrismon* im Lutherjahr 2017 zugeben.[12]

Auch wenn Ketzerverfolgungen maßgeblich von der Kirche ausgingen, darf die Rolle der weltlichen Obrigkeit bei dem barbarischen Handeln nicht unterschätzt werden. Mit der Indienstnahme des *Hexenhammers* schuf sie in der frühen Neuzeit den gesetzlichen Rahmen für terroristische Umtriebe von Staats wegen.

Feen: Die Sanften

Das Gegenstück zu den bösen deutschen Hexen sind die zauberhaften Feen. Die Vorstellung dieser holden Wesen entstand – wie sollte es anders sein – »gerade im Gegensatz zum Fatalismus und abseits von jeder festen Gotteslehre aus dem heiteren Spiel der leichtbeschwingten keltisch-französischen Phantasie, die über die Abgründe menschlicher Schicksalsfragen hinweg in das Wunderland führte, ohne sich dabei um entthronte keltische Gottheiten und ihre Priesterinnen, um alte druidische Mysterien oder um römische Parzen und nordische Nornen zu kümmern«, schreibt anerkennend das *Handwörterbuch des deutschen Aberglaubens.*[13] Feen durchkreuzen mal hilfsbereit mit ihren Wundern das harte Leben der Menschen, mal verbringen sie »in seliger Anmut nur sich selbst zur Lust in märchenumwobenen Feenländern und Grotten ihr ewig junges Dasein«. Viele alte Häuser auf den Kanalinseln Guernsey und Jersey besitzen einen Mauervorsprung aus einheimischem Granit mit einer markanten Vertiefung. In die Vertiefung pflegten die Einheimischen etwas cider (Apfelwein) zu gießen. Das stimmte die Feen glücklich. Nicht zu verwechseln sind Feensteine mit steinernen Plattformen, die vor alten Häusern stehen. Darunter können sich bei schlechtem Wetter die Gnome aufhalten, ohne Schaden anzurichten. Die Feensteine sind übrigens auch ein Hinweis auf die galloromanische Herkunft der Inselbevölkerung, die jetzt allerdings von internationalen Multimillionären unterwandert wird.

Von der Kirche wurde der Feenglaube als heidnischer Teufelsdienst bekämpft, aber die Fee widerstand der Verfolgung und lebte durch die Jahrhunderte in Dichtung und Volksglauben als freundlicher Gegenpol zum diabolischen Hexenglauben. Selbstverständlich konnte die mittelhochdeutsche Dichtung, die unter französischem Einfluss steht, auf Feen nicht verzichten. Parzival erbte seine Schönheit von seiner Ahnmutter, der Fee Morgane (Wolfram von Eschenbach), und auch Gottfried von Straßburg singt das Lob der Feen.

In Shakespeares *Sommernachtstraum* entfaltet sich die ganze Feenwelt zu üppiger Gestaltung. »Das Deutschland des 18. Jahrhunderts, von Shakespeares Genie und französischem Geist angeregt, bemächtigt sich von Neuem der Feenromantik.«[14] Und auch heute lieben wir diese nicht alternden engelsgleichen Wesen, wenn wir sie auf Waldlichtungen im Mondenschein erspähen. Denn wir wissen: Aus einer Fee wird nie eine Hexe. Das beweist die historische Erfahrung. Oder?

Elfen: Die sich durch Straßen gestört fühlen

Elfen haben ein bisschen was Feenhaftes, weil auch sie Wesen sind, die im Wald und in der Landschaft leben. Die meisten Elfen leben in Island. Sie bevorzugen magische Orte, sind standorttreu und wollen nicht gestört werden. »60 Prozent der Isländer glauben an Elfen«, schreibt Bettina Seipp 2007 in einer Reportage. »Weitere 30 Prozent halten ihre Existenz immerhin für möglich.«[15]

So kam es, dass das Bauamt der Hauptstadt Reykjavik Erlá Stefansdóttir als Elfenbeauftragte einsetzte. Ihr Job war es (Erlá starb 2015), auf Stadtplänen und Landkarten elfenverdächtige Stellen zu markieren. So sollte das Planieren von Hügeln oder das Sprengen von Felsen unterbunden werden, in denen Elfen wohnen. Victor Ingolfsson, der Chef der isländischen Straßenbaubehörde, »glaubt selbst nicht an Elfen, gesteht jedoch ein, dass man die Elfen bei Straßenbauprojekten nicht außer Acht lassen kann.«[16] Ein isländisches Gesetz stellte 2012 magische Orte und Plätze unter Schutz.

Im Sommerloch 2018 erreichte die Elfenproblematik die deutsche Öffentlichkeit. Eine selbst ernannte Elfenbeauftragte soll mehrere Streckenabschnitte der Autobahn A 2 »energetisch versiegelt« haben, begleitet von einem Lkw der Autobahnmeisterei Braunschweig.[17] Wie kam es dazu? Friedhelm Fischer, der Leiter des regionalen Geschäftsbereichs der niedersächsischen Straßenbaubehörde, gibt bereitwillig Auskunft: »Frau Rüter hat uns gefragt, ob sie sich auf der Autobahn bestimmte Unfallpunkte anschauen kann. Ich sehe uns als offene Behörde, und da wir auch anderen Menschen Dinge zeigen und erläutern, sehe ich bei einer Heilerin kein Problem.« Frage der *Süddeutschen*: Was hat sie dort genau getan? Fischer: »Als wir zusammen im

Lkw saßen, hat sie sich die verschiedenen Stellen um Braunschweig herum angeschaut, an denen es immer wieder zu Unfällen kommt. Sie hat mir das so erklärt, dass sie … ich kann Ihnen das nicht erklären, das muss Ihnen Frau Rüter erklären.«[18] Frau Melanie Rüter aus Stadtoldendorf bezeichnet sich auf ihrer Homepage als »Elfenberaterin auf der A2«. »Ich habe das Wissen und die Gabe, allen Elementen dieser Erde zu helfen«, schreibt sie. »Ich kommuniziere mit der Natur und ihren sichtbaren und unsichtbaren Wesen.« Auch zum Reich der Toten hat die blonde Melanie gute Beziehungen. »Ich helfe verstorbenen Seelen, die nicht loslassen können, ihr Zuhause zu finden, weil sie hier auf der Erde noch etwas zu klären haben.«[19]

Wenn auch die Unfallzahlen auf der A2 seither nicht abgenommen haben, der Zulauf zur Privatpraxis der Heilerin dürfte nach der kostenlosen PR-Kampagne ordentlich angewachsen sein.

Trolle: Bösewichte, die sich in die sozialen Medien eingeschlichen haben

Es ist nicht bekannt, ob eine Elfenberaterin auch als Trollberaterin eingesetzt werden kann. Kommunikation mit einem Troll – das ist eine ganz harte Nuss. Denn wunderbegabte Trolle sind eigentlich böse Engel, welche, einem Beleg des *Handwörterbuch des deutschen Aberglaubens* folgend, »selbst einem Pfarrer, der sie vertreiben wollte, klagten, dass sie herabgestürzte Engel seien, die bis zum jüngsten Tage in dieser Dämonengestalt leben mussten.«[20] Trolle waren ursprünglich in Skandinavien beheimatet und wanderten später nach Mitteleuropa aus. Das *Grimmsche Wörterbuch* unterscheidet zwei Arten von Trollen: Erstens die erwähnten Nachfahren der primär norwegischen Unholde, Dämonen und Kobolde und zweitens den Troll als »groben, plumpen, bäurischen Mensch«. In dieser Bedeutung ist der Troll »seit dem 18. Jahrhundert bis in heutige Mundarten hinein belegt, hauptsächlich oberdeutsch und ostfränkisch.«[21]

Im Gegensatz zur Elfe machte der Troll Karriere in der digitalen Welt. Der *DUDEN* bezeichnet den Troll als »Internetnutzer, der die Teilnehmer einer Online-Community (z. B. eines Diskussionsforums, Chatrooms) durch regelwidriges, antisoziales Verhalten, besonders mit bestimmten (beleidigenden oder diskriminierenden) Kommentaren gezielt provoziert, um eine entsprechende Reaktion hervorzurufen.«[22]

Trolle »wollen provozieren, wütende Antworten auslösen und Diskussionen sabotieren.«[23] Trolle sind auch deshalb so schädlich, weil sie andere User in zeitraubende, mehr oder weniger sinnlose und randständige Diskussionen verwickeln. Dazu kommen noch ihre außergewöhnliche Halsstarrigkeit und Hartnäckigkeit. Eine kanadische Studie kam im Jahr 2014 unter dem Titel *Trolls just want to have fun* zu dem Ergebnis, dass Trolle sadistisch veranlagt sind. Internet-Trolle sind daher die geborenen Nachfolger aller teuflischen Wesen, die auf Schadenzauber spezialisiert sind.

Digitale Trolle kann man nicht wie die Dämonen früherer Zeiten durch analoge Gebete verunsichern und vielleicht sogar unschädlich machen. Höchstens durch wunderbare Algorithmen.

21. KAPITEL

WUNDER DER TECHNIK, WUNDER DER NATUR

Die sieben Weltwunder

Schon in der Antike gab es Wunder der Technik. Im 2. Jahrhundert v. Chr. beschrieb der Schriftsteller Antipatros von Sidon in einem Reiseführer des Mittelmeerraums und Vorderasiens die sieben imposantesten und prunkvollsten Bauwerke seiner Zeit und seines Kulturkreises. Die sieben Weltwunder waren Bauwerke, die durch ihre Größe, ihre Kunstfertigkeit, ihre Schönheit als außerordentlich und einmalig angesehen wurden. Warum sieben? Die Zahl Sieben war in der Antike, in der Bibel und im Islam von besonderer Bedeutung. Wenn sieben und nicht zehn oder fünf Bauwerke beschrieben wurden, erhöhte das noch zusätzlich ihre Bedeutung. Es waren dies

1. die Pyramiden von Gizeh in Ägypten
2. der Koloss von Rhodos
3. die hängenden Gärten der Semiramis zu Babylon
4. der Tempel der Artemis in Ephesos
5. die Zeus-Statue des Phidias in Olympia
6. das Grab des Königs Mausolos II. zu Halikarnassos
7. der Leuchtturm auf der Insel Pharos vor Alexandria

Von den sieben Weltwundern ist heute nur noch eines übrig: die Pyramiden von Gizeh. Alle anderen Bauten zerfielen durch Kriege oder Erdbeben.

Antipatros sprach seinerzeit nicht von Wundern, sondern, der Intention seines Buches entsprechend, von Sehenswürdigkeiten. Der Begriff der »sieben Weltwunder« tauchte erst viel später auf. Und es gab bald Alternativen und Ergänzungen zu den sieben Wunderbauten: das Kapitol in Rom, der Hörneraltar der Artemis auf Delos. Im Mittelalter wurden die ganze Stadt Rom, die Hagia Sophia in Konstantinopel und die Arche Noah in den Katalog hochkarätiger Bauwunder aufgenommen.

In der globalisierten Welt des 20. Jahrhunderts genügte der Verweis auf die alten Weltwunder nicht mehr. Bis auf die Pyramiden waren sie nicht mehr vorhanden. 1995 erstellten amerikanische Ingenieure eine Liste der »Seven Wonders of the Modern World«. Sie war von den Zielvorstellungen moderner Architekten und Bauingenieure geprägt.

1. CN-Tower in Toronto/Kanada
2. Deltawerke und Zuiderzeewerke in den Niederlanden
3. Empire State Building in New York/USA
4. Eurotunnel unter dem Ärmelkanal
5. Golden Gate Bridge in San Francisco/USA
6. Itaipu-Damm zwischen Brasilien und Paraguay
7. Panamakanal

Die Wahl der »New 7 Wonders of the World«, wenige Jahre später, wurde von einer Stiftung ins Leben gerufen und das Ergebnis nach einer Juryentscheidung und einem Internet-Votum, an dem angeblich insgesamt 100 Millionen Stimmen abgegeben wurden (Mehrfachabstimmung war möglich), am 7. Juli 2007 in einer Fernsehshow in Lissabon bekanntgegeben. In alphabetischer Reihenfolge:

1. Chichén Itzá, Maja-Pyramiden auf der Halbinsel Yucatán/Mexiko
2. Chinesische Mauer/China
3. Christus-Statue in Rio de Janeiro/Brasilien
4. Kolosseum in Rom/Italien
5. Machu Picchu, Inka-Ruinenstadt in den Anden/Peru
6. Petra, antike Felsenstadt/Jordanien
7. Taj Mahal, Grabmoschee/Indien

Schloss Neuschwanstein verpasste den Einzug in die Liste knapp und kam nur auf den 8. Platz. Vielleicht lag es daran, dass sich selbst in der Republik Mali mehr Menschen als in Deutschland an der Abstimmung beteiligt hatten.[1]

Der Teufel als Finanzier bei Großbauten

Die Großbauten des Mittelalters – Dome und Straßenbrücken über große Flüsse – erstaunten und beunruhigten die Menschen. Wie war solches Wunderwerk möglich? Es bildete sich die Vorstellung heraus, dass solche Bauten eigentlich nur Teufelswerk sein könnten, Ergebnis eines Paktes mit dem Teufel. Aber der mittelalterliche Städter war nicht so blöd, sich dem Teufel auszuliefern. Teufel sind grausam, aber dumm. Man kann sie überlisten. (Das machen die Balinesen auch heute noch mit den Dämonen, wie wir gesehen haben.) Zwei Beispiele mögen das veranschaulichen.

796 wurde mit dem Bau des Aachener Doms begonnen, dem bedeutendsten Bauwerk in der dunklen Zeit zwischen Spätantike und Mittelalter. Zuerst floss das Geld reichlich. Doch als Kaiser Karl die Ressourcen seiner Untertanen für die Bekriegung der Sachsen aufwandte, blieb für den Dombau nichts mehr übrig. Die Baustelle stand still. Der Teufel hatte den Dombau vermutlich mit Missfallen betrachtet – die Legende schweigt darüber –, umso mehr erfreute ihn die Not der Aachener. Er machte ihnen das Angebot, die für die Fertigstellung des gewaltigen Bauwerks erforderliche Goldmenge zur Verfügung zu stellen. Einzige Bedingung: Die Seele des ersten Lebewesens, das den Dom betreten würde, gehörte ihm. Die Aachener gingen auf den Deal ein. Der Dombau konnte fertiggestellt werden. Bei der feierlichen Eröffnung jagten die Aachener einen unschuldigen Wolf, den sie in der Eifel gefangen hatten, in das Gemäuer. Der betrogene Teufel warf wutentbrannt das schwere Domportal hinter sich zu. Dabei blieb er mit dem Daumen in der Tür hängen, worauf dieser abriss. Seitdem kann der Teufelsdaumen als Touristenattraktion in der Domtür bewundert und befingert werden. Wer an Berührungswunder glaubt, kann so leicht zum Teufel werden.

Der Teufel wollte aber seine Niederlage nicht hinnehmen und schwor Rache. Sein Plan: Das böse Aachen mit seinem Dom sollte mit Sand überschüttet werden. Er sammelte am Niederrhein Sand und machte sich mit Säcken schwer beladen auf den Rückweg nach Aachen. Irgendwann wurde es ihm zu viel. Er fragte eine Marktfrau, wie weit es noch bis Aachen sei. Die (Aachener) Marktfrau hatte an dem Pferdefuß und an dem fehlenden Daumen erkannt, wer da vor ihr stand, und gab ihrem Gegenüber mit einem Gleichnis zu erkennen, dass es noch ein sehr weiter Weg nach Aachen wäre. Der sowohl intellektuell als auch körperlich schwer beeinträchtigte Teufel warf erschöpft seine Sandladung auf den Boden und verschwand – in Unkenntnis der Tatsache, dass er sich kurz vor seinem Ziel befand. So entstand der Legende zufolge der 264 m hohe Lousberg, ein beliebtes Ausflugsziel am Nordrand der Stadt.[2]

Im Juni 2018 wurde nach achtjähriger Sanierung die Steinerne Brücke in Regensburg wiedereröffnet. Die älteste Brücke Deutschlands galt jahrhundertelang als »Weltwunder mittelalterlicher Baukunst«[3] Bei ihrer Fertigstellung nach elfjähriger Bauzeit im Jahr 1146 war sie die einzige Donaubrücke zwischen Ulm und Wien. Noch vier Jahrhunderte später schrieb der Dichter Hans Sachs: »Der pruck gleicht kaine in Deutschland.«[4]

Im reichen mittelalterlichen Regensburg führte nicht Geldmangel, sondern eine Wette zum Teufelspakt. Dombaumeister und Brückenbaumeister wetteten, wer als Erster sein Bauwerk vollenden werde. Der Dom wuchs und wuchs. Dem Brückenbaumeister lief die Zeit davon. »Der Teufel versprach ihm Hilfe und forderte im Gegenzug die ersten drei Seelen, die über die Brücke marschieren. Der Plan ging auf, die Brücke wurde zuerst fertig, doch der Brückenbaumeister trickste den Teufel aus. Statt Menschen auf die Brücke zu schicken, jagte er (zwei) Gockel und (einen) Hund darüber. Aus Rache wollte der Teufel die Brücke aus ihrem Fundament heben. Es gelang ihm nur in der Mitte – weshalb die Brücke dort einen Buckel macht und höher ist als an ihren Enden.«[5]

In Aachen und Regensburg ließ sich der Teufel auf ähnliche Weise übertölpeln, doch die Sache in Regensburg ist noch erniedrigender als die Pleite in Aachen: Die Seele eines wilden Wolfes ist wohl mehr wert als die Seelen von zwei Gockeln und einem räudigen Straßenhund zusammen.

Wissenschaft und Wunderglaube vertragen sich schon seit der Antike nicht. Religiös motivierter Wunderglaube bekämpfte und bekämpft bis heute Naturwissenschaftler und ihre Erkenntnisse. Die katholische Gegenreformation verfolgte im 17. Jahrhundert nicht nur protestantische Abweichler, sondern den unaufhaltsamen Vormarsch eines naturwissenschaftlichen Weltbildes. Giordano Bruno musste am 17. Februar 1600 den Scheiterhaufen besteigen, weil er behauptet hatte, das Universum sei unendlich und von ewiger Dauer. Das machte ein Jüngstes Gericht und ähnliche theologische Vorgaben überflüssig.

Galileo Galilei blieb einige Jahre später der Scheiterhaufen erspart. Er widerrief seine wichtigen Erkenntnisse über das Sonnensystem, in dessen Mittelpunkt keineswegs die Erde stand, verfluchte seine Publikationen und entkam so dem tödlichen Hass der Inquisition. Erst im Jahr 1992 akzeptierte die römische Kirche Galileis Thesen und hob den Kirchenbann gegen ihn auf.

Darwin deckte auf, dass nicht ein Gott für den Artenreichtum auf der Erde verantwortlich ist, sondern die Entwicklung der Arten ein zugleich chaotischer und gesetzmäßiger Prozess in der Natur ist. Darwins Erkenntnisse stoßen noch im 21. Jahrhundert im evangelikalen Milieu der USA und anderswo auf totale Ablehnung.

Die zeitgenössische Biologie versucht, über immer genauere Kenntnisse der Bausteine der Natur dem Geheimnis des Lebens auf die Spur zu kommen. Das könnte für religiöse Weltbilder eng werden. Aber noch ist es nicht so weit.

Der blutende Gletscher

Seit mehr als 100 Jahren erschreckten sich Besucher der eisigen Wildnis der Antarktis über ein Naturwunder. Dort scheint ein Gletscher wie eine Jesusstatue in manchen Wallfahrtsorten zu bluten. Und das bei Durchschnittstemperaturen von minus 17 Grad Celsius. Tiefrot wie ein Blutsturz ergießt sich ein mächtiger Strom aus den Tiefen des Taylor-Gletschers ins Tal. Die *Blood Falls* gaben ein Rätsel auf, das nun offenbar gelöst ist. »Neu ist die Entdeckung, dass der große Druck einer Grundwasserquelle ein kompliziertes Netz aus unterirdischen Soleströmen über dem Gefrierpunkt hält.«[6]

Hinzu kommt ein hoher Salzgehalt, der das Durchfrieren verhindert. Und die gruselige Rotfärbung kommt vom hohen Eisengehalt der Quelle. Ein entzaubertes Wunder.

Eigentlich schließen sich naturwissenschaftlich-technische Gesetze und Realitäten einerseits und Wunder andrerseits aus. Moderne

Technik, breit eingesetzt, widerspricht dem Ausnahmecharakter des Wunders, das ja vor allem ein singuläres Ereignis ist. Wenn wir von Wundern der Technik sprechen, dann schwingen Bewunderung und Staunen über eine technische Meisterleistung mit.

Der Industriepionier Friedrich Harkort war von der technischen Innovation des neuen Verkehrsmittels Eisenbahn, das er in England studieren konnte, total überwältigt. 1833 schrieb er: »Die Eisenbahn von Liverpool nach Manchester hat, einem Wunder gleich, die bisherigen Begriffe von Zeit und Raum miteinander in anscheinenden Widerspruch gebracht.«[7] Und er war von den Möglichkeiten schienengebundener Fahrzeuge so begeistert, dass er die berühmte Denkschrift *Die Eisenbahn von Minden nach Cöln* verfasste. In ihr legte er seine Vision einer Eisenbahnlinie quer durch die preußischen Provinzen Rheinland und Westfalen dar.

Technische Innovationen faszinieren, schlagen den Menschen in ihren Bann, und die Medien spielen gerne mit der emotionalen Überhöhung. »Darüber hinaus wurde die Technik häufig dann zum Wunder überhöht, wenn sie wie im Fall der Golden Gate Bridge und des Panamakanals (…) besondere Hindernisse in den natürlichen Gegebenheiten zu überwinden hatte und damit die Herrschaft des Menschen über die Natur mit aller Nachdrücklichkeit verkörperte.«[8]

Gelegentlich ist auch eine religiöse Verbrämung der Technik anzutreffen, so im 1936 erschienenen Buch *Rätsel und Wunder der Funkwellen*. Autor Domenico Ravalico bedient sich einer fast ausufernden Wunderrhetorik und schwärmt über »zahllose Zauberwirkungen dieser geheimnisvollen Wellen«.[9] »In Form und Inhalt«, urteilt Alexander Gall, »kam Ravalicos Buch damit der nationalsozialistischen Rundfunkpolitik recht nahe, da diese ebenfalls einen Hang zur Irrationalität aufwies.«[10]

»Grundsätzlich dient das ›Wunder‹ im Titel von Sendungen, Büchern und Zeitschriften- beziehungsweise Zeitungsartikeln als Signal, das Überraschung, Staunen, Spannung oder eine exklusive Auswahl besonderer Themen verspricht, nicht zuletzt, um damit die Entscheidung des potentiellen Rezipienten unter einer Vielzahl konkurrierender Angebote zu beeinflussen.«[11]

22. KAPITEL

FUSSBALLWUNDER

Unglaubliches, Unerwartetes und Wunderbares passiert Medienberichten zufolge besonders in einer Sportart: beim Ballspielen von 22 Menschen auf dem Rasen- oder Aschenplatz. Bei der Fußballweltmeisterschaft 2018 in Russland hofften viele Deutsche auf das Wunder, Deutschland möge seinen WM-Titel von 2014 siegreich verteidigen und den fünften Stern gewinnen. Es kam – wir erinnern uns – anders. Aber als im zweiten Spiel der Vorrunde Toni Kroos in der 95. Minute das erlösende Siegtor gegen Schweden schoss, twitterte Moderator Christoph Azone wortspielerisch: »Gott ist Kroos.«[1] Kroos hatte im Spielverlauf einen schweren Fehler begangen und stand kurz vor der Kreuzigung. Nun stand er vor der Heiligsprechung. Das ruhmlose Ausscheiden der deutschen Spieler nach dem dritten Vorrundenspiel ließ alle Träume von der Göttlichkeit der »Mannschaft« platzen. Und so konnte die *Süddeutsche* orakeln: »Es herrscht im Fußballhimmel ein Rotationsprinzip, dem zufolge Toni Turek möglicherweise der erste Fußballgott war, aber Toni Kroos gewiss nicht der letzte.«[2]

Das Wunder von Bern

Am 4. Juli 1954 fand im Wankdorf-Stadion in Bern vor 60.000 Zuschauern ein Sportereignis statt, das als »Wunder von Bern« in die Geschichte eingehen und später als Vorlage zahlreicher Filme dienen würde. Die deutsche Nationalelf schlug die als unbesiegbar geltende ungarische Nationalmannschaft im Finale der Fußball-WM mit 3:2. Die hoch favorisierten Ungarn waren bereits in der sechsten Minute in Führung gegangen und legten in der neunten Minute zum 2:0 nach. Nur fünf Minuten später gelang den Deutschen der Anschlusstreffer. Und zwei Minuten später stand es unentschieden. In der 84. Minute fiel das entscheidende Tor von Helmut Rahn, und neun Jahre nach der vernichtenden deutschen Niederlage im Zweiten Weltkrieg konnten Deutsche hocherhobenen Hauptes den Kampfplatz verlassen. Gerne wird das »Wunder von Bern« als Beginn des deutschen Wiederaufstiegs und internationaler Anerkennung gesehen.

Wo es ein Fußballwunder gibt, darf auch ein Fußballgott nicht fehlen. Hörfunkreporter Herbert Zimmermann kommentierte: »Schuss! – Abwehr von Turek! Turek, du bist ein Teufelskerl! Turek, du bist ein Fußballgott!«

Zimmermanns Reportage löste einen Shitstorm bei Politik und Kirche aus. Die Gleichsetzung von Teufelskerl und Fußballgott erzürnte die Geistlichkeit, und selbst der eher gemütliche schwäbische Bundespräsident Theodor Heuss äußerte: »Bei aller Begeisterung, das geht zu weit.« Zimmermann drohte der Verlust seines Jobs als Sportreporter. Er wurde zum Rapport beim Intendanten beordert und musste sich öffentlich für seine blasphemische Wortwahl entschuldigen. Die Sache endete damit, dass später die Bezeichnung »Fußballgötter« auf die gesamte deutsche 1954er-Mannschaft übertragen wurde.[3]

Die deutsche Nationalelf konnte sich bei ihrem unerwarteten Sieg auf sehr irdischen Beistand stützen. Zeugwart Adolf »Adi« Dassler, der Gründer der Sportartikelfirma Adidas, rüstete die Mannschaft mit Schuhen mit Schraubstollen aus. Das war eine sensationelle Neuheit. Der eigentliche Erfinder der Stollenschuhe soll aber Rudolf Dassler, Adolfs Bruder, gewesen sein. Die Ungarn besaßen solche Schuhe nicht. Da es regnete, konnten die Schuhe in der Halbzeitpause ausgetauscht und den neuen Bodenverhältnissen angepasst werden.

Während der Fußball-WM 2018 in Russland beanspruchte die Chemieindustrie in einer Zeitungsanzeige das »Wunder von Bern« für sich. »Das eigentliche Wunder von Bern: Fußballschuhe mit den ersten Schraubstollen aus Polyamid.«[4]

Als zweites Wundermittel neben den neuen Stollenschuhen diente der Nationalmannschaft die Injektion eines pharmazeutischen Präparats, dessen Zusammensetzung nie aufgeklärt wurde. Die Spritzen, die den Fußballern verabreicht wurden (und die vereinzelt zu Infektionen führten; es gab noch keine Einwegspritzen), waren angeblich Vitaminspritzen, enthielten aber vermutlich Pervitin, ein schon im Zweiten Weltkrieg von deutschen Landsern gern benutztes Aufputschmittel.

Mit Polyamid und Pervitin – da geht der Mythos hin.

Erhoffte Fußballwunder, die nicht geschahen

Für Horst Eckel, den letzten lebenden Teilnehmer des »Wunders von Bern«, war die Hoffnung auf ein Wunder für den Klassenerhalt des FC Kaiserslautern am 25. April 2018 noch nicht gestorben. »Ich kann es immer noch nicht begreifen. Und ich hoffe bis zuletzt, dass sich die Mannschaft durch ein Wunder noch retten kann.«[5] Doch das Wunder blieb aus. Am Abend des 27. April 2018 stand fest: Der FC Kaiserslautern, mehrmaliger Deutscher Meister, ist drittklassig.

Ein Rettungswunder blieb auch für den FC Köln im Frühjahr 2018 aus. Allerdings bemühte sich schon Monate vor dem absehbaren Abstieg aus der 1. Liga niemand um ein Wunder. Anders beim HSV. Nach seinem Sieg über Freiburg meldete dpa: »Hamburger SV glaubt wieder an das Fußball-Wunder«. Der Bundesliga-Dino hatte sich in den letzten Jahren häufig über Relegationsspiele gerettet und glaubt nun an das »Unmögliche«, eine Formulierung, die der religiösen Wunder-Definition entspricht.[6] Nach dem Abstieg des HSV in die 2. Bundesliga am 12. Mai 2018 meldete sich das Hamburger Fußball-Idol Uwe Seeler zu Wort: »Wir haben ja in den letzten Jahren immer wieder Wunder erlebt. Aber immer wieder Wunder gibt es nicht.«[7]

Vom Nachrücker zum Europameister

Bei der Europameisterschaft 1992 ereignete sich ein Fußballwunder, das vor allem bei Fans der deutschen Nationalmannschaft ungute Erinnerungen weckt. Jugoslawien wurde wegen des aufgeflammten Bürgerkrieges kurzfristig vom Wettbewerb ausgeschlossen. Die Dänen hatten sich zwar nicht für die EM qualifizieren können, aber nun durften sie nachrücken. Die eilends aus dem Sommerurlaub zusammengetrommelte Mannschaft spielte völlig unbeschwert auf. Im ersten Spiel konnten die Dänen ein 0:0 gegen

England erzielen. Dann erhielten sie einen Dämpfer durch den Gastgeber Schweden. Anschließend kam Frankreich dran, das 2:1 besiegt wurde. Das Halbfinale gewann Dänemark im Elfmeterschießen gegen die Niederlande. Im Endspiel am 26. Juni 1992 in Göteborg unterlag der unter Erfolgsdruck stehende Weltmeister Deutschland der unbekümmerten sog. Big-Mac-Truppe verdient 0:2. Die Wikinger-Nachfahren konnten allerdings ein solches Wunder nicht wiederholen.

Die vier Wunder von der Weser

Im Folgenden geht es nicht um ein, sondern gleich um vier Fußballwunder. Sie sind folgerichtig auch als »vier Wunder von der Weser« bekannt und Inhalt eines gleichnamigen Liedes, das bei YouTube in voller Schönheit anzuhören ist. Offensichtlich besitzt das Weser-Stadion eine ganz besondere Aura.

Das erste Wunder ereignete sich am 4. November 1987. Nach einer 1:4-Niederlage bei Spartak Moskau gewann Bremen 6:2 nach Verlängerung und erreichte das Achtelfinale des UEFA-Cups.

Ein ähnliches Wunder ereignete sich fast ein Jahr später. Bei Dynamo Berlin hatte Bremen in der ersten Runde des Landesmeister-Wettbewerbs mit 0:3 verloren. Im Rückspiel am 11. Oktober 1988 konnten die Bremer mit einem 5:0 gegen den DDR-Meister begeistern und kamen eine Runde weiter.

Das dritte »Wunder von der Weser« ereignete sich am 8. Dezember 1993. Der RSC Anderlecht war der Gegner im Champions-League-Spiel. Nach einem 0:3-Pausenrückstand schossen die Bremer innerhalb von 24 Minuten einen nicht mehr für möglich gehaltenen 5:3-Sieg heraus.

Beim UEFA-Pokal-Gastspiel 1999 in Lyon handelten sich die Bremer eine 0:3-Schlappe ein. Doch das Rückspiel am 4. Dezember 1999 im Weser-Stadion gegen Olympique Lyon endete mit 4:0. Das Weiterkommen war gesichert.[8]

Das Wunder von der Grotenburg

Der Bayer-Konzern besaß in früheren Zeiten zwei bedeutende Fußballmannschaften. Neben der heute noch in der Bundesliga aktiven Werksmannschaft Bayer 04 Leverkusen gab es in früheren Zeiten den Verein Bayer 05 Uerdingen mit seinem Stadion, der sog. Grotenburg-Kampfbahn. Am 19. März 1986 wurde dort Fußballgeschichte geschrieben. »Bayer 05 Uerdingen vollbrachte gegen Dynamo Dresden im Rückspiel des Viertelfinales im Europapokal der Pokalsieger eine Sensation. Die Blau-Roten drehten nach einem 0:2 im Hinspiel und einem 1:3-Pausenrückstand noch das Rückspiel und ebneten sich in der zweiten Halbzeit mit sechs Toren den Weg ins Halbfinale gegen Atlético Madrid: das Wunder von der Grotenburg.«[9]

Der DFB-Pokalsieger von 1985 heißt heute KFC Uerdingen und gehört einem russischen Oligarchen namens Mikhail Ponomarev. Der und die Stadt Krefeld hoffen gerade auf zwei neue Wunder: Erstens möge die Sanierung der Grotenburg gelingen und nicht mehr als 8,7 Millionen Euro kosten (die der Krefelder Steuerzahler berappen muss), und zweitens möge sich der Wiederaufstieg des KFC in die 2. Liga ebenso schnell vollziehen wie der frühere Abstieg des Pokalsiegers in die 5. Liga. Das erste Wunder wird, wie im Baugeschäft üblich, nicht eintreffen, und falls das zweite Wunder überhaupt geschieht, kann es viele Jahre auf sich warten lassen.

NACHLESE

Geschehen heute weniger Wunder als in der Bibel? –Der Eindruck täuscht«, schreibt eine wundergläubige Seite im Netz. »Letztlich gab es in der Bibel weniger Wunder, als man wohl vermutet, und heute gibt es mehr Wunder, als wir vermutlich wissen.«[1] Diese schöne unbewiesene Behauptung lassen wir jetzt einfach mal so stehen. Versuchen wir mal, ordentlich Wunder geschehen zu lassen.

Do-it-yourself-Wunder – Wunder zum Selbermachen und Genießen

Wunder kann man nicht bei OBI oder Hornbach kaufen. Trotzdem kann sich jeder seine Wunder selbst zusammenbasteln. Lassen Sie sich von den folgenden wundertätigen Phänomenen und ihren vielfältigen Möglichkeiten inspirieren.

Bei Spaziergängen können Sie eventuell **Kobolde**, **Zwerge**, **Waldschrate** und **Rübezahl** persönlich anlocken.

Im Winter könnten Sie es mal mit **Frau Holle** oder in Süddeutschland mit **Frau Percht** versuchen.

Zu Wasser empfiehlt sich die Anrufung des **Klabautermanns**. Vielleicht erscheint auch der **Fliegende Holländer**.

Wenn Sie es sich im Liegestuhl bequem gemacht haben, können Sie mit dem **Mittagsdämon** kommunizieren.

Sollten Sie ein Faible für **Poltergeister**, **Weiße Frauen** und sonstige **Gespenster** haben, wäre in der Abenddämmerung der Besuch eines Abbruchhauses am wirkungsvollsten.

Ein Besuch in Trump-Land, dem Land der unbegrenzten Unmöglichkeiten, lohnt sich. **Aliens**, **Marsmenschen** und andere Geschöpfe, die **UFOs** entsteigen, sind überall anzutreffen. Doch Vorsicht. Vermeiden Sie es, in eines der fast täglichen Schulmassaker zu kommen.

Der Volksglaube sagt, dass der Erfolg von Aussaat und Ernte auch von der Mondkonstellation abhängt. Das gilt im Alpenraum auch für das Fällen und Sägen von Bäumen. Die Brauerei Locher im schweizerischen Appenzell bedient sich dieses Volksglaubens und produziert Bier nach Mondstand. Eine schöne spirituelle Sache. »Gebraut in der Vollmondnacht aus biologischen Rohstoffen«, belebt das genauso genannte alkoholreiche »Vollmondbier« die Sinne und setzt die Fantasie frei.

Aber es gibt auch ein alkoholfreies Bier, das wohl eher geeignet ist, Dämonen abzuschrecken. »Das vollmundige, dunkelblonde Bier wird aus drei verschiedenen Malzen und zwei Hopfensorten bei ›Leermond‹ [d. i. Neumond auf hochdeutsch] gebraut.« Es wird bei sehr tiefen Temperaturen gelagert und bei 4–5 Grad Celsius getrunken.[2] Teuflisch kalt!

Die Hoffnung auf Wunder stirbt nie

Ein religiös-politisches Wunder, das sich nach der Lektüre dieses Buches aufdrängt, wäre: dass die Religionen ihren Frieden untereinander und mit Skeptikern machen. Die Zeit der Glaubenskriege sollte endgültig vorbei sein. Wer an göttliche Wunder glaubt, sollte wenigstens tolerant gegenüber seinen Mitmenschen sein und die etwaige Bestrafung »Ungläubiger« seinem lieben Gott überlassen.

Ganz viele Wunder, die wir erhoffen, hängen mit Mobilität zusammen. Dahinter steckt der Wunsch, unsere Lebenszeit sinnvoller zu verbringen als im Stau oder im Warten auf Anschlusszüge. Wie wunderbar wäre es, wenn die Eisenbahn pünktlich führe, sodass wir keine Anschlüsse verpassen.

Ein weiteres Wunder wären Autobahnen ohne größeren Stau. Das wäre ein klassisches Wunder im Sinne des Ereigniswerdens des Unmöglichen.

Mit Mobilität, aber auch mit menschlicher Ingenieurskunst zusammen hängt die Fertigstellung des Flughafens BER. Zyniker sagen, auch das wäre ein klassisches Wunder, weil einfach überhaupt nicht denkbar. Rein theoretisch ist es aber möglich, dass dieses höchst unwahrscheinliche Ereignis irgendwann eintritt. Es ist sozusagen nicht vollständig ausgeschlossen.

Ein Wunder im gesellschaftlichen Bereich könnte sich ereignen, wenn die Wutbürger ihre Wut verlören und die Menschen unseres

Landes wie durch Zauberhand von schlechter Laune, Nachbarschaftsstreit und Sankt-Florian-Syndrom befreit würden. »O heiliger Sankt Florian, verschon mein Haus, zünd andere an!« Das war schon immer der Wahlspruch der braven Wutbürger.

Eines der schönsten Wunder könnte auch sein, wenn Politikern für ihre Lügen lange Nasen wüchsen wie bei Pinocchio. Mit jeder Lüge würden die Nasen länger. Bei manchen Politikern würden die Nasen dann sogar den Erdboden berühren. Zum Beispiel bei Donald Trump. Der ist sozusagen der Lügenmeister. Er machte allein an einem einzigen Tag, am 20. Juni 2018, 77 Falschaussagen. Das rechnete Glenn Kessler von der *Washington Post* mit buchhalterischer Pingeligkeit nach.[3]

Wahrheitswunder – diese Kategorie ist noch völlig unentwickelt. Vielleicht wollen Sie, liebe Leserin, lieber Leser, bei dieser großartigen humanistischen Angelegenheit mitmachen?

Danksagung

Kumpelinen und Kumpels haben den Fortgang dieses Buches mit freundlichem Interesse verfolgt. Ruhm sei dem Donnerstagvormittag-Wochenmarkt-Stammtisch im Herdecker *Kornspeicher*! Wertvolle Hinweise steuerten mein Bruder Prof. em. Bernhelm Booss-Bavnbek (Roskilde), meine heilkundige Nichte Ulrike Meyer (Bonn) sowie mein Schwager Prof. em. Wilhelm Meyer (Meckenheim bei Bonn) bei. Meine Gattin Ulla war bei Übersetzungen hilfreich und ertrug klaglos, dass ihr freigeistiger Gatte sich anderthalb Jahre mit mehr oder weniger abstrusen religiösen Fragen beschäftigte.

Abgekürzt zitierte Schriften

- **Anfechtungen:** Rainer Walz, Ute Küppers-Braun, Jutta Nowosadtko (Hrsg.): Anfechtungen der Vernunft. Wunder und Wunderglauben in der Neuzeit, Essen 2006
- **HWA:** Eduard Hoffmann-Krayer / Hans Bächtold-Stäubli (Hrsg.): Handwörterbuch des deutschen Aberglaubens, Band I–X, CD-ROM-Ausgabe 2006
- **Legenda aurea:** Jacobus de Viragine: Legenda aurea, übers. aus dem Latein. von Jacques Laager, Zürich 1972
- **LkR:** Horst Herrmann: Lexikon der kuriosesten Reliquien. Vom Atem Jesu bis zum Zahn Mohammeds, Berlin 2003
- **LMA:** Lexikon des Mittelalters, Band I–IX, München 2002
- **Maier:** Bernhard Maier: Die Ordnung des Himmels. Eine Geschichte der Religionen von der Steinzeit bis heute, München 2018
- **Mensching:** Gustav Mensching: Das Wunder im Glauben und Aberglauben der Völker, Leiden 1957
- **Signori:** Gabriela Signori: Wunder. Eine historische Einführung, Frankfurt/M, New York 2007
- **Schöpfungsmythen:** Dietrich Steinwede (Hrsg.): Die Schöpfungsmythen der Menschheit, Düsseldorf 2004
- **SZ:** Süddeutsche Zeitung, Abonnentenausgabe NRW
- **WR:** Westfälische Rundschau, Zeitung für Wetter und Herdecke (FUNKE-Mediengruppe)
- **Wunder 20. Jhdt:** Alexander C. T. Geppert / Till Kössler (Hrsg.): Wunder. Poetik und Politik des Staunens im 20. Jahrhundert, Berlin 2011
- **ZuW:** Werner H. Ritter/Michaela Albrecht (Hrsg.): Zeichen und Wunder. Interdisziplinäre Zugänge, Göttingen 2007

Quellenangaben

VORBEMERKUNG

1 Ulrike Popp-Baier: »Mir ist alles Wunder« in: ZuW 114
2 Ebd.
3 Ebd.
4 Ebd. 116 f.
5 Matthias Drobinski: Botschaft sucht Empfänger, in: SZ 28.03.2018
6 Wunder 20. Jhdt 14
7 DER SPIEGEL Nr. 34/ 18.08.2018
8 Julian Hans: Zum Heulen, in: SZ 03.03.2017. Am Rande: Mehr als die Hälfte der Russen glaubt an schwarze Magie und religiöse Wunder. Die Faszination des Wunderglaubens erlebte nach dem Zusammenbruch der Sowjetunion einen Boom. Und auch heute noch hat das Land mehr Wunderheiler als Ärzte. (Weltspiegel, ARD, 3.12.2017)

1. KAPITEL

1 Max Weber: Wirtschaft und Gesellschaft. Grundriss der verstehenden Soziologie, Studienausgabe, 5. A. Tübingen 1976, S. 246
2 Ebd. 247
3 Maier 50
4 Ebd.
5 Ebd. 51
6 Ebd. 53
7 Ebd.
8 Schöpfungsmythen 17
9 wikipedia.org/wiki/Enuma_elis; abgerufen 21.07.2018
10 Mensching 14
11 Maier 39
12 Schöpfungsmythen 48
13 wikipedia.org/wiki/Chinesische_Mythologie
14 Ebd.
15 Rigveda X, 129, 1-7; Textfassung von Dietrich Steinwede, zit. nach Schöpfungsmythen 35, 37
16 Maier 100
17 Mensching 17
18 Maier 104 f.
19 Zit. nach Maier 105
20 wikipedia.org/wiki/Germanische_Schöpfungsgeschichte; abgerufen am 27.08.2018
21 Schöpfungsmythen 76
22 Schöpfungsmythen 84
23 wikipedia.org/wiki/Fliegendes_Spaghettimonster
24 www.pastafari.eu/index.php?kategorie=1
25 Hanno Charisius: Im Bauch der Erde, in: SZ 04./05.08.2018
26 Zit. ebd.

2. KAPITEL

1 Mensching 33
2 Mensching 34
3 Mensching 35
4 Mensching 37
5 Zit. nach Mensching 38
6 Ebd.
7 Zit. nach Mensching 39
8 Robert Ford Campany: Signs from the Unseen Realm. Buddhist miracle tales from early medieval China, University of Hawai'i Press 2012. Ulla Booß fasste für das vorliegende Buch wichtige Ergebnisse zusammen, suchte die Beispiele heraus und übersetzte sie.
9 Campany 75
10 Campany 83
11 Campany 121
12 Campany 59 f.
13 Zit. nach www.diewunderseite.de/erscheinungen/heilender_buddha.htm; abgerufen am 28.03.2018
14 www.russlandjournal.de/foren/thema/das-wunder-des-buddhismus-in-sibirien-hambo-lama-daschi-dorsho-itigelow; abgerufen am 28.03.2018
15 www.berliner-zeitung.de/wissen/moench-mumie-aus-sibirien-das-raetsel-des-lebenden-leichnams-3064332#
16 Ebd.
17 Zit. nach www.welt.de/vermischtes/article137217929//Unerklaerliches-Raetsel-der-lebenden-Mumien-Moenche.html; abgerufen am 13.07.2018
18 www.berliner-Zeitung ebd.
19 dpa/WR 03.07.2018

20 https://en.wikipedia.org/wiki/Doi_Nang_Non; übers. von Ulla Booß
21 Arne Perras: Operation Tageslicht, in: SZ 09.07.2018
22 Ebd.
23 WR 19.07.2018
24 www.chinabuddhismencyclopedia.com/en/index.php …iddhi …; übers. von Google; abgerufen am 05.07.2018

3. KAPITEL

1 Rainer Kellers: Der Hinduismus, in: www1.wdr.de/dossiers/religion/hinduismus/hinduismus120.html
2 www.spiegel.de/reise/fernweh/neujahr-auf-bali-die-bunte-ogoh-ogoh-parade …21.3.2015
3 SZ 02./03.12.2017
4 Dudi Anggawi/Silke Behl: Bali, München 2016, S. 114
5 Axel Michaels, Der Hinduismus. Geschichte und Gegenwart, S. 244
6 SZ 23./24.09.1995, zit. nach www.diewunderseite.de/milchwunder/sz.htm
7 AZ 25.09.1995, zit. nach www.diewunderseite.de/milchwunder/az.htm
8 Siehe bei www.stillbeziehungen.tk

4. KAPITEL

1 Theologische Realenzyklopädie Bd XXXVI, S. 384
2 Zit. nach Mensching 29 f.
3 SZ 06.02.2018
4 Kathrin Zinkant: Ohne Männer geht es nicht. Die Weibchen vieler Tierarten können ganz alleine Nachwuchs zeugen, in: SZ 20.02.2018
5 Kristin Romey: Wer war er wirklich? In: National Geographic, dt.spr. Ausgabe, Dezember 2017, S. 47 f.
6 Ebd. 52
7 ZuW 41, Anm. 17
8 Signori 97
9 Eckart von Hirschhausen: Wunder wirken Wunder, Reinbek 2016, S. 84
10 Signori 103
11 Ebd.
12 Alexander Smoltczyk: Heilige. Das Wasserzeichen Gottes, www.spiegel.de/spiegel/print/d-125300610.html 01.03.2014
13 Pausanias, Beschreibung Griechenlands VI 26, 1-2
14 Lucian, Ver. hist I 7
15 wikipedia.org/wiki/Kindheitsevangelium_nach_Thomas
16 wikipedia.org/wiki/Wunder_Jesu
17 wikipedia.org/wiki/Kindheitsevangelium …
18 ZuW 191, 188
19 Jürgen Spieß: Dann lebt er also doch? Die Auferstehung des Jesus Christus aus der Sicht eines Historikers, in: www.kirche-mv.de/Die-Auferstehung-von-Jesus-Christus-aus-der-Sicht.2900.0.html 20.04.2014
20 DER SPIEGEL Nr. 14/31.03.2018, S. 13
21 wikipedia.org/wiki/Jesus_von_Nazaret
22 Clemens Höges/Dietmar Pieper: Seine letzten Tage, in: DER SPIEGEL 14/31.3.2018
23 Kathrin Zeilmann: War es überhaupt Jesus, der am Kreuz gestorben ist? Theorien zu Christi Auferstehung, in: www.focus.de/wissen/mensch/religion/christentum/tid-13928 (…) 20.04.2014
24 Ebd.
25 Burkhard Weitz: Ist er wirklich auferstanden? In: chrismon 04.2018, S.45

5. KAPITEL

1 wikipedia.org/wiki/Apollonios_von_Tyana
2 Vgl. Matthias Skoweran: Wunder in der Antike, München 2000, GRIN Verlag
3 Ebd.
4 wikipedia.org./wiki/Apollonios_von_Tyana
5 National Geographic, Dt. Ausgabe, August 2017, S. 58 – 69

6. KAPITEL

1 Maternus Hilger: Reliquien im Rheinland. Schaut her! Das ist die Windel Jesu! In: www.express.de/news/reliquien-im-rheinland-schaut-her-das-ist-die-windel-jesu-5551736 19.12.2012
2 Zit. nach Hilger ebd.
3 www.tagesspiegel.de/kultur/glaube/die-beschneidung-des-herrn-das-wunder-der-goettlichen-vorhaut/6988830.html
4 Ebd.
5 LkR 26; wikipedia.org/wiki/Agnes_Blannbekin

6 Ebd.
7 Ebd.
8 LkR 176
9 LkR 23 f.
10 Diese und weitere Beispiele in LkR 22 -25
11 LkR 23
12 Legenda Aurea 173 – 186
13 Legenda Aurea 174
14 Legenda Aurea 180
15 www.religion-ethik.de/jesus-christus/kreuz.html
16 SZ 28./29.04.2018
17 Siehe bei wikipedia.org/wiki/Turiner_Grabtuch
18 LkR 190
19 Dieses Lied ist in einer schönen Fassung, gesungen von Hannes Wader, bei YouTube zugänglich.
20 wikipedia.org/wiki/Heiliger_Rock
21 LkR 190
22 www.endlicheifel.de/heiliger-latschen; abgerufen am 5.9.2018
15 LkR 168
16 LkR 119
17 LkR 164
18 www.bild.de/news/religionen/nach-grals-fund-in-spanien-die-10-wertvollsten-reliquien-der-welt-35337586.bild.html
19 LMA IX, Sp. 352
20 Zit. nach Mensching 68
21 wikipedia.org/wiki/Katholischer-Männer-verein-Tuntenhausen
22 www.bild.de/ratgeber/2014/jesus-christus/sind-das-die-windeln-von-ihm-36460544.bild.html
23 Signori 64 f.
24 wikipedia.org/wiki/Gnadenkapelle_(Altötting)
25 www.taz.de/!1831475/
26 Mensching 63
27 Mensching 64
28 Zit. nach LMA II, Sp.145
29 Zit. nach Mensching 65
30 Ebd.

7. KAPITEL

1 wikipedia.org/wiki/Heiligsprechung
2 www.katholisch.de/glaube/unsere-vorbilder/heiligsprechung 01.03.2015
3 www.spiegel.de/panorama/gesellschaft/mutter-teresa-heiligsprechung-wunder-gibt-es-immer-wieder-a-1082385.html 15.03.2016
4 Wunder 20. Jhdt 21
5 SZ 09.04.2018
6 Zit. nach www.spiegel.de/spiegel/print/d-40616861.html
7 Esther Meier: Handbuch der Heiligen, Darmstadt 2010, S. 8
8 Meier 28
9 Legenda aurea 196
10 Legenda aurea 201
11 Ebd.
12 www.faz.net/aktuell/feuilleton/geisteswissenschaften/wunderforschung-die-produktion-von-heiligen-laeuft-auf-hochtouren-1627991.html
13 Ebd.
14 »Das Rosenwunder der heiligen Elisabeth erscheint uns sinnvoll«. Zauber und Wunder in der Soziologie Max Webers, in: ZuW 200

8. KAPITEL

1 https://adorare.ch/EWGUM.PDF; abgerufen am 13.2.2018
2 Zit. nach Handelsblatt Morning Briefing, 27.03.2018
3 David Blackbourn: Wenn ihr sie wieder seht, fragt wer sie sei, Hamburg 1997, S. 32
4 k-l-j.de/marienerscheinungen.htm
5 www.spiegel.de/panorama/mexiko-stadt-millionen-pilgern zur-jungfrau-von-guadalupe-a-1182844.html 12.12.2017
6 Paul Badde, zit. nach www.kathpedia.com.index.php?title=Guadelupe
7 Es handelt sich um La Salette
8 www.atheisteninfo.at/downloads/Lourdes.pdf
9 Ebd.
10 Lourdes. Das Wunder des Dr. Dozous, in: DER SPIEGEL, 02.05.1956, S. 44
11 Wunder 20. Jhdt 89
12 Holger Fuß: Wunder gibt es immer wieder; in: www.stern.de/reise/europa/lourdes-wunder-gibt-es-immer-wieder-3216562.html 11.2.2008
13 www.focus.de/reisen/service/brennpunkt-lourdes_aid_237293.html 11.2.2008

14 www.heiligenlexikon.de/BiographienT/Therese_von_Lisieux.htm
15 Zit. nach wikipedia.org/wiki/Therese_von_Lisieux
16 WR 02.11.2017
17 www.kathpedia.com/indes.php/fatima
18 faz.net/aktuell/politik/vatikan-bezweifelt-marienerscheinungen-in-medjugorje-15111340.html 18.07.2017
19 faz.net ebd.
20 www.katholisch.de/aktuelles/aktuelle-artikel/alles-deutet-auf-anerkennung-von-medjugorje-hin
21 faz.net ebd.
22 Oliver Meiler: Ewiges Rumoren in der Bank Gottes, in: SZ 12.03.2018
23 www.evangelisch.de/inhalte/144566/24-06-2017/vatikan-kommission-erkennt-wunder-medjugorje
24 chrismon 09.2018 2. Umschlagseite
25 Zit. nach Helmut Zander: Maria erscheint in Sievernich. Plausibilitätsbedingungen eines katholischen Wunders, in: Wunder 20. Jhdt 161
26 http://kath-zdw.ch/maria/sievernich.html; abgerufen am 18.05.2018
27 Ebd.
28 www.aachener-zeitung.de/lokales/dueren/seherin-laesst-sich-nur-noch-einmal-blicken-1.42615
29 nzzas.nzz.ch/gesellschaft/maria-erscheint-um-18-uhr-20-wie-sievernich-zum-pilgerort-wurde-ld.149416
30 Zander, Wunder 20. Jhdt 165
31 charismatismus.wordpress.com/2013/07/20/gab-es-in-sievernich-botschaften-des-himmels-an-die-seherin-manuela/;abgerufen 18.5.2018
32 Zit. nach Zander, Wunder 20. Jhdt 165
33 Zit. nach http//kath-zdw.ch/maria/sievernich.html#26_Juni_2017
34 http//sievernich.eu/Infoblatt/2018/02.htm
35 www.vettweiss.de/aktuelles/tankstelle-september-2017.php; abgerufen am 18.5.2018
36 kath-zdw.ch/forum/index.php?topic=4213.0; abgerufen am 21.03.2018
37 Ebd.
38 Ebd.
39 WR/dpa 17.03.2018
40 WR 19.03.2018
41 SZ 20.03.2018
42 kurier.at/chronik/oesterreich/tausend-hoffende-und-ein-sehender/227.993.091 29.10.2016
43 Zit. nach WR 03.09.2018

9. KAPITEL

1 www.kathpedia.com/index.php?title=Stigmatisation; abgerufen am 16.07.2018
2 wikipedia.org/wiki/Christina_von_Stommeln
3 wikipedia.org/wiki/Nikolaus_von_Flüe; in: Esther Meier: Handbuch der Heiligen, Darmstadt 2010, S. 66 sind's nur zwei Kinder; im Ökumenischen Heiligenlexikon fünf Jungen und fünf Mädchen
4 Joachim Schäfer, in: www.heiligenlexikon.de/Biographien/Nikolaus_von_Flüe.htm
5 Ebd.
6 wikipedia ebd.
7 Marie-Louise von Franz: Die Visionen des Niklas von Flüe, Einsiedeln 1991, S. 130
8 www.droemer-knaur.de/historische-romane/ahnengalerie/%20+Laminit.7762014.html; Ursula Niehaus hat in ihrem 2008 erschienenen Roman *Das Heiligenspiel* das Leben der Anna Laminit wundervoll erzählt.
9 kath-zdw.ch/maria/emmerick.html
10 So wikipedia.org/wiki/Anna_Katharina_Emmerick; kath-zdw.ch behauptet, A.K.E. sei in das Klarissenkloster in Münster eingetreten.
11 www.duelmen.de/1001.html
12 kath-zdw.ch/maria/emmerick.html
13 wikipedia.org/wiki/Louise_Lateau
14 www.psiram.com/de/index.php/Louise_Lateau
15 Friedrich Hofmann: Vor dem Hause der Louise Lateau, in: Die Gartenlaube Nr. 5/1875, S. 88
16 Ebd.
17 wikipedia.org/wiki/Therese_Neumann
18 Hanauer S. 206
19 http://home.benecke.com/publicatations/selige-dns-analysepicture
20 Ebd.
21 www.br.de/nachrichten/oberpfalz/inhalt/konnersreuth-erhaelt-begegnungszentrum-100.html

22 www.indian-sceptic.org/html/hanauer/schw8.htm; Anna.Maria Göbel – Die stigmatisierte Opferseele von Bickendorf/Eifel – gloria.tv
23 www.spiegel.de/panorama/pater-pio-papst-franziskus-laesst-gebeine-im-petersdom-ausstellen-a-1045026.html
24 Ebd.
25 Urte Krass: Stigmata und yellow press. Die Wunder des Padre Pio, in: Wunder 20. Jhdt 390 f.
26 www.pater-pio.de/content/index.php?id=371
27 Krass 370
28 www.vatican.va/roman_curia/congregations/csaints/documents/rc_con_csaints_doc_19990502_padre_pio_ge.html; abgerufen am 27.05.2018
29 wikipedia.org/wiki/Pio_von_Petrelcina; abgerufen am 27.05.2018
30 Ebd.
31 Jörg Bremer, faz.net/aktuell/gesellschaft/menschen/ …14054380.html 05.02.2016
32 www.pater-pio.de/content/produkte.php?charts=1
33 SZ 23.07.2018
34 Ebd.
35 Ebd.
36 Birgit Schönau: Der letzte Heilige, www.zeit.de/2008/13/Padre-Pio; abgerufen am 06.06.2017
37 wikipedia.org/wiki/Marthe_Robin
38 www.kathpedia.com/index.php?title=Jungfrauenweihe
39 wikipedia.org/wiki/Marthe_Robin
40 Zurad Karumidze: Dagny oder Ein Fest der Liebe, aus dem Englischen von Stefan Weidle, 2017, S. 206 f.

10. KAPITEL

1 Ein bayerisches Mirakelbuch aus der Karolingerzeit I, 18, 181 – 183; zit. nach Signori 90
2 www.heiligenlexikon.de/BiographienE/Elisabeth_von_Thueringen.htm
3 LMA Bd III Sp. 1838 f.
4 wikipedia.org/wiki/Rosenwunder
5 www.heiligenlexikon.de/BiographienE/Elisabeth_von_Thueringen.htm
6 Meier, Handbuch der Heiligen 150 f.

11. KAPITEL

1 Übersetzung von Dorothea Tieck
2 https://books.google.de/ …Heilkraft+der+Könige …
3 Ebd.
4 Marc Bloch: Die wundertätigen Könige. Aus dem Französischen von Claudia Märtl, München 1998
5 Bloch 90 f.
6 Bloch 93
7 Ebd.
8 Nach einer Aussage des dänischen Geschichtsschreiber Saxo Grammaticus, bei Bloch ebd.
9 Bloch 188
10 Zit. nach Bloch 193 f.
11 Bloch 179
12 Bloch ebd.
13 Bloch 402
14 Zit. nach Bloch 387
15 Bloch 388
16 Bloch 451

12. KAPITEL

1 Susanne Michl. »Gehe hin, dein Glaube hat dir geholfen.« Kriegswunder und Heilsversprechen in der Medizin des 20. Jahrhunderts, in: Wunder 20. Jhdt 211 f.
2 Ebd.
3 Ebd. 215
4 Ebd. 119
5 Ebd. 121
6 Ebd. 222
7 Ebd. 226
8 Hirschhausen, Wunder 20
9 Ebd. 21
10 Ebd. 22 f.
11 Ebd. 24

13. KAPITEL

1 wikipedia.org/wiki/Talismanhemd
2 Theologische Realenzyklopädie Band XXXVI, S. 380, Berlin New York 2004
3 Florian Harms: Allah in der Wassermelone, in: www.spiegel.de/panorama/wunderglaube-allah-in-der-wassermelone-a434323.html 04.09.2006
4 Ebd.
5 Ebd.

6 www.20min.ch/panorama/news/story/Flugballettt-ums-Minarett-20598593
7 Moritz Baumstieger: Gehet hin und duschet, in: SZ 07.02.2018

14. KAPITEL

1 wikipedia.org/wiki/Orakel_von_Delphi
2 www.jurclass.de/jurclass/griechisch/griechenlandfahrt/pdf S. 10
3 X. Landerer: Über die Quelle des Äskulap bei Epidaurus, in: Balneologische Zeitung. Correspondenzblatt der Deutschen Gesellschaft für Hydrologie, Band IX, 05.12.1859, S. 53
4 Th. Trede: Wunderglaube im Heidentum und in der alten Kirche, Gotha 1901, S. 21
5 Mensching 22 f.
6 Zit. nach Titus Arnu: Das Tor zur Hölle, in: SZ 16./17.06. 2018; www.huffingtonpost.de/entry/pergamon-antike-archaeologie-unterwelt; abgerufen am 16.06.2018
7 www.archaeologie-online.de/nachrichten/der-hauch-des-todes-am-tor-zur-hoelle-3828/
8 Ebd.
9 SZ 16./17.06.2018
10 wikipedia.org/wiki/Felsendom
11 www.deutschlandfunk.de/der-tempel-in-jerusalem-nur-die-klagemauer-ist-erhalten.886.de …
12 Kristin Romey, a. a. O., S. 49
13 www.welt.de/kultur/history/article13780650/Kaiser-Konstantin-der-brutale-Machtpolitiker.html
14 www.heiligenlexikon.de/biographienH/Helena.html
15 Weitere Infos bei wikipedia.org/wiki/Grabeskirche
16 Kristin Romey, a. a. O., S. 72
17 DER SPIEGEL, Nr. 14/31.03.2018, S. 18
18 wikipedia.org/wiki/Grabeskirche
19 Clemens Höges/Walter Mayr: Im Namen Gottes. Vatikan. Nach dem Pfingstwunder zogen die Apostel in alle Welt – die Kirche entstand, in: DER SPIEGEL Nr. 21/19.05.2018
20 Ebd.
21 Meier, Handbuch der Heiligen 149 f.
22 Ebd.
23 Ebd.
24 LMA IV, Sp. 1616
25 Ebd. Sp. 1617
26 Ebd.
27 www.welt.de/kultur/article1881680/Hitlers-Forscher-und-die-Jagd-nach-dem-Urarier.html 08.04.2008
28 wikipedia.org/wiki/Sakrileg_Roman
29 Zit. nach wikipedia.org/wiki/Lohengrin#Historischer_Hintergrund_und_Deutungshinweise
30 wikipedia.org/wiki/Kaaba
31 Ebd.
32 Zit. nach Kai Strittmatter: Spa und Tempel, SZ 24.04.2018
33 Ebd.

15. KAPITEL

1 Zit. nach www.swisseduc.ch/altphilo/antike/realien/as/aktuell/2000/02_divinatio/iecur.htm; Quelle: Judith Rickenbach: Aus Eingeweiden die Zukunft lesen, NZZ 29.01.2000
2 Ebd.
3 Ausführliche Darstellung im Artikel : Die Auspizien – Deuten des Götterwillens aus Zeichen; incipesapereaude.wordpress.com/2014/03/14/die-auspizien-deuten-des-gotterwillens-aus-zeichen/; abgerufen am 01.07.2018
4 HWA VII, 445
5 Ebd.
6 Entspricht diese Darstellung von wikipedia.org/wiki/orakel in allen Einzelheiten den Verhältnissen des Jahres 2019?
7 HWA II, S. 574 f.
8 Ebd. S. 580 f.
9 HWA II 578
10 Wen das interessiert: HWA IV, 280 – 283
11 Vgl. den umfangreichen, informativen und sehr ausgewogenen Artikel bei wikipedia.org/wiki/Nostradamus; abgerufen am 28.08.2018
12 Ebd.
13 bild.de/news/ausland/hellseher/das-kommt-2018-angeblich-auf-uns-zu-54293892.bild.html; abgerufen am 28.08.2018
14 Siegfried Gehrmann: Scharlatanerie und Wunderglaube am Vorabend des »Dritten Reiches«, in: Anfechtungen 160

15 Ebd. wie auch Folgendes über Hanussen
16 www.maz-online.de/Lokales/Teltow-Flaeming/Hellseher-Leiche-im-Wald-Vor-80-Jahren-wurde-Erik-Jan-Hanussen-von-einem-SA-Kommando …
17 wikipedia.org/wiki/Erik_Jan_Hanussen
18 www.maz-online.de ebd.
19 Zit. nach Gehrmann a. a. O. 265
20 Zit. nach www1.wdr.de/stichtag/stichtag-erik-jan-hanussen-100.html; 24.03.2018
21 Zit. nach www.maz-online.de ebd.; Maria Paudler nur in SZ 02./03.06.2018 erwähnt
22 WR 23.06.2018

16. KAPITEL

1 focus.de/wissen/mensch/geschichte/in-feierlichen-zeremonien-getoetet-grausame-menschenopfer-darum-nutzen-unsere-vorfahren … 06.04.2016
2 welt.de/geschichte/article180080032/Goetter-der-Germanen-Menschenopfer-und-wilde-Orgien-in-Walhalla.html
3 HWA VI Sp. 161
4 HWA VI. Sp. 162
5 Ebd.
6 welt.de/geschichte/article119883590/Fuer-ihre-Goetter-zerstueckelten-die-Maya-Gefangene.html
7 zeit.de/wissen/2013-07/inka-menschenopfer-studie?print
8 SZ 21./22.07.2018
9 Ebd.
10 HWA IX N, 41

17. KAPITEL

1 www.welt.de/kultur/history/article13780650/Kaiser-Konstantin-der-brutale-Machtpolitiker.html 03.01.2012
2 LkR 46
3 LdK 44; wikipedia.org/wiki/dreikönigenschrein
4 Signori 152
5 Signori 155
6 Signori 156
7 Rudolf Kriss/Hubert Kriss-Heinrich: Peregrinatio Neohellenika. Wallfahrtswanderungen im heutigen Griechenland und in Unteritalien, Wien 1955, S.33
8 Kurt Frischler: Wunderwaffen. Vom Steinbeil zum Laserstrahl, Wien/München 1965, S. 256
9 Ebd. 229
10 Zit. nach Falko Schmieder: Unfassbares Produzieren. Zur politischen Epistemologie des Wunderbegriffs im 20. Jahrhundert, in: Wunder 20. Jhdt 320
11 Ebd.
12 Ebd.
13 Vgl. Adam Tooze: Ökonomie der Zerstörung. Die Geschichte der Wirtschaft im Nationalsozialismus. Aus dem Englischen von Yvonne Badal, München 2007, S. 587
14 Tooze 636
15 Tooze 674
16 Frischler a. a. O. 288
17 Zit. nach Frischler 288
18 Helmut Heiber (Hrsg.): Goebbels-Reden, Bd. 2, S. 207
19 Ralf Georg Reuth (Hrsg.): Joseph Goebbels. Tagebücher 1924 – 1945, Bd. 1, S. 40
20 Reuth, S. 32
21 Heiber a. a. O. 156
22 Zit. nach Wunder 20. Jhdt 28
23 Heiber ebd. 343
24 Heiber ebd. 349
25 Georg Nagel: Durchhalteschlager und Widerstandslied, in: deutschelieder.wordpress.com/2015/06/08/zarah-leander-bruno-balz-ich-weiss es wird …
26 Josef Goebbels: Der Kampf und seine Mittel (1934), zit. nach Peter Wicke: Populäre Musik im faschistischen Deutschland, in: www2.hu-berlin.de/fpm/textpool/texte/wicke-populaere-musik-im-faschistischen-Deutschland …
27 www.bruno-balz.com/index.php/lebenslang-lich-verfolgt-175
28 Wunder 20. Jhdt 28
29 Wunder 20. Jhdt 9
30 Falko Schmieder in: Wunder 20. Jhdt 322 f.
31 www.faz.net/aktuell/politik/20-jahre-mauerfall/9-november-1989-das-wunder-von-berlin-1881327.html
32 www.augsburger-allgemeine.de/guenzburg/Deutsche-Einheit-war-ein-Wunder-id31551622.html
33 https://heukelbach.org/deutsche-einheit/ 30.09.2017; abgerufen am 18.02.2018

34 www.faz.net./aktuell/wirtschaft/arbeitsmarkt-in-deutschland-das-wunder-geht-weiter-15176813.html
35 Zit. nach Peter Münch: Jubiläum ohne Jubel, in: SZ 17./18.02.2018
36 Zit. nach www.stern.de/politik/deutschland/gregor-gysi-ueber-wagenknecht-sarah-ist-keine-goettin-und-das-weiss-sie-auch-8112048.html …
37 Zit. nach SPIEGEL 27/2017, S. 91
38 SZ 15./16.07.2017
39 www.spiegel.de/politik/deutschland/moschee-eröffnung-warum-das-wunder-in-marxloh-funktioniert-586613.html
40 Ebd.
41 www1.wdr.de/themen/kultur/religion/moschee_duisburg/100407.jhtml 09.04.2010
42 SZ 30./31.05.2018
43 www.br./de/br-fernsehen/sendungen/unkraut/themen-nach-rubriken/regionales-gesundes/suedtiroler-dorf-mals-kaempft-gegen-pestizide …
44 Z. B. WR 14.03.2018

18. KAPITEL

1 LMA V, Sp. 23
2 www.jesus.ch/information/glaube/himmel/304553-wer_schafft_es_in_den_himmel.html; abgerufen am 29.08.2018
3 www.bibelstudium.de/article/3055/wie-wird-es-im-himmel-sein.html; abgerufen am 01.09.2018
4 Musik aus dem Film *Sieben Ohrfeigen*, Text von Hans Fritz Beckmann, Musik von Friedrich Schröder; Originalversion gibt's auf YouTube anzuhören
5 HWA IV, 206. Zur Themenwoche »Leben mit dem Tod« brachte die ARD 2012 eine kurze Übersicht über Jenseitsvorstellungen der Weltreligionen heraus. Abzurufen im Internet unter www.rbb-online..de/schulstunde-tod/das_danach/was_kommt_nach_dem.file.html/ …
6 HWA IV, 249
7 Ebd.
8 Ebd.
9 LMA V, Sp. 97
10 kathpedia.com/index.php?title=Hölle; abgerufen am 11.08.2018
11 Zit. nach faz.net/aktuell/gesellschaft/menschen/vatikan-dementiert-nichtexistenz-der-hoelle-15524671.html#void
12 Ebd.
13 Zit. nach genius.com/Wolfgang-petry-wahnsinn-lyrics; abgerufen am 11.08.2018, Zeichensetzung geändert

19. KAPITEL

1 Religion in Geschichte und Gegenwart (= RGG), 4. Auflage, Band 2, Spalte 1279
2 HWA II, 825
3 RGG ebd.
4 Ebd. 1285
5 Ebd. 1283
6 Ebd. 1289
7 Quelle: ADAC e.V.
8 wikipedia.org/wiki/Teufel
9 Wetzer und Welte's Kirchenlexikon, 2. Auflage, Freiburg 1899, Band 11, Sp. 1439
10 Ebd.
11 LMA VIII, Sp. 578
12 Ebd. Sp. 582
13 Ebd. Sp. 583
14 HWA IV, 59
15 Christa Agnes Tuczay: Geister, Dämonen – Phantasmen, Wiesbaden 2015, S. 41 f.
16 Udo Jürgens: Es ist Zeit für die Liebe, Text von Michael Kunze, Album, 1973
17 biblisch-lutherisch.de/glaubensfragen/gibt-es-einen-teufel/; abgerufen am 11.8.2018
18 Ebd.
19 Ebd.
20 Ebd.
21 kath-zdw.ch/maria//okkulte.behaftung.html#Befreiung; abgerufen am 19.05.2018
22 Ebd.
23 Ebd.
24 Der Fall des bedauernswerten Exorzismus-Opfers Anneliese Mädel wurde im Jahr 2014 in einer Dissertation wissenschaftlich dokumentiert. Mehr unter www.sueddeutsche.de/bayern/dissertation-zu-exorzismus-tod-und-teufel-1.1936680

20. KAPITEL

1 Jacob und Wilhelm Grimm, Deutsches Wörterbuch, Bd. 10, Sp. 1299
2 HWA III, 1828

3 HWA III, 1848 f.
4 HWA III, 1851
5 Ebd.
6 Ebd.
7 HWA III, 1852
8 HWA III, 1840
9 HWA III, 1844
10 Vgl. den sehr ausführlichen Wikipedia-Artikel »Hexenverfolgung«
11 SZ Magazin 10.08.2018 Axel Hacke: Die Hitze, der Sommer, der Durst und die Zlimazatazztrophe (sic!)
12 chrismon 07.2017, S. 37
13 HWA II, 1286
14 Ebd. 1289
15 www.welt.de/print-welt/article715330/Island-und-die-Elfenbeauftragte.html; 19.01.2007
16 www.dw.com/de/island-jeder-kann-hier-elfen-sehen/a-2648998
17 SZ 07.08.2018
18 Ebd.
19 www.melanie-geistiges-heilen.de
20 HWA II, 826
21 Jacob und Wilhelm Grimm: Deutsches Wörterbuch, Bd. 22, Sp.798
22 Abgerufen am 04.09.2018
23 www.tagesspiegel.de/medien/internet-foren-woran-erkennt-man-einen-troll/11635908.html; abgerufen am 03.09.2018

21. KAPITEL

1 wikipedia.org/wiki/Weltwunder
2 Über den Aachener Teufelspakt gibt es im Netz viele und durchaus widersprüchliche Storys.
3 Andreas Glas: Herz aus Stein, in: SZ 09./10.06.2018
4 Ebd.
5 Ebd.
6 DER SPIEGEL Nr. 18/2017, S. 102
7 Zit. nach Heimsoth: Ein Wunder der Technik? In: Anfechtungen 243
8 Alexander Gall. Wunder der Technik, Wunder der Natur, in: Wunder 20. Jhdt 278
9 Domenico Ravalico: Rätsel und Wunder der Funkwellen, Berlin 1936, S. 6; zit. nach Gall a. a. O. 282
10 Ebd.
11 Gall 300

22. KAPITEL

1 Zit. nach SZ 25.06.2018
2 Ebd.
3 wikipedia.org/wiki/Fu%C3%9Fballgott
4 SZ 10.07.2018
5 Zit. nach www.rtl,de/cms/horst-eckel-hofft-fussball-wunder-fuer-kaiserslautern-4153869.html
6 Zit. nach www.sueddeutsche.de/news/spoert/fussball-hamburger-sv-glaubt-wieder-an-das-fussball-wunder-dpa.urn-newsml-dpa-com … 22.04.2018
7 Zit. nach WR 14.05.2018
8 www.welt.de/sport/article837656/Die-vier-Wunder-von-der-Weser.html
9 WR 24.03.2018

NACHLESE

1 www.jesus.ch/themen/glaube/327240-geschehen_heute_weniger_wunder-als_in_der_bibel.html
2 www.appenzellerbier.ch/de/bier/ …
3 SZ 02.07.2018

RUTGER BOOSS, geb. 1944, ist promovierter Germanist und Historiker. Das Kriegskind glaubt nicht an Wunder und Wunderheiler, sondern pflegt eine von Religionen unabhängige Altersweisheit, die es sich auf Reisen in alle fünf Kontinente erwarb. In Peru, Kirgistan und Sibirien lernte der Autor die Arbeit von Schamanen kennen und in Mexiko die Geheimnisse der Mayas. In Indien und auf Bali befasste er sich mit dem Hinduismus; auf Reisen in Thailand und in Myanmar mit dem Buddhismus. Im Iran wurde er mit dem schiitischen Islam und den noch vorhandenen Resten des Zoroastrismus konfrontiert. Booß veröffentlichte zuletzt im Jahr 2017 den SPIEGEL-Bestseller *Immer diese Senioren. 111 Gründe, warum sie uns in den Wahnsinn treiben*.

Rutger Booß
WER'S GLAUBT, IST SELIG
Eine kurze Geschichte der Wunder
und warum wir an sie glauben

ISBN 978-3-86265-756-8

VERLAG
Schwarzkopf & Schwarzkopf Verlag GmbH
Kastanienallee 32, 10435 Berlin
Telefon: 030 – 44 33 63 00
Fax: 030 – 44 33 63 044

INTERNET | E-MAIL
www.schwarzkopf-schwarzkopf.de
www.facebook.com/schwarzkopfverlag
info@schwarzkopf-schwarzkopf.de